A DÉCADA ROUBADA

JORGE LANATA

A DÉCADA ROUBADA

DADOS E FATOS NOS ANOS DA ARGENTINA KIRCHNERISTA

Tradução:
Adriana Marcolini
Eduardo Szklarz
Simone Biehler Mateos

Planeta

Título original: *La decada robada*

Pesquisa de arquivo: JL, Maria Eugenia Duffard, Marcela Pagano, Gonzalo Sánchez
Preparação do texto: Lizete Mercadante Machado
Revisão: Márcia Benjamim e Fernanda Iema
Diagramação: SGuerra Design
Capa: Departamento de Arte do Grupo Editorial Planeta S.A.I.C.

CIP-BRASIL. CATALOGAÇÃO NA PUBLICAÇÃO
SINDICATO NACIONAL DOS EDITORES DE LIVROS, RJ

L237d

Lanata, Jorge
A década roubada / Jorge Lanata ; tradução Adriana Marcolini , Eduardo Sklarz , Simone Mateos. - 1. ed. - São Paulo : Planeta, 2014.

Tradução de: La decada robada
ISBN 978-85-422-0444-5

1. Argentina - Política e governo. I. Título.

14-16750 CDD: 918.2
CDU: 94(82)

2014
Todos os direitos desta edição reservados à
Editora Planeta do Brasil Ltda.
Rua Padre João Manuel, 100 – 21º andar – cj. 2101 e 2102
Ed. Horsa II – Conj. Nacional – Cerqueira César
01411-901 – São Paulo – SP
www.editoraplaneta.com.br
atendimento@editoraplaneta.com.br

A Lola Lanata,
a Bárbara Lanata
e a Sarah Stewart Brown

Sumário

Prólogo

A "década roubada" não se refere apenas à corrupção. Também é a década desperdiçada: as condições objetivas de crescimento para a Argentina nunca tinham sido antes melhores. Nessa década[1], o país foi cenário da última batalha da geração dos anos 1970 que chegava ao poder, geração esta que deixou sua marca em todos os campos: foi vanguardista, inescrupulosa, atribuiu a si própria o monopólio moral e o *copyright* da verdade. Também será lembrada como a "Década do Confronto": desde os anos 1950, o país não pulsava ao ritmo de uma divisão que começou como política e se transformou em cultural. Foi necessário reinventar a História, criar inimigos imaginários e separar a realidade da linguagem, de uma forma como nunca havia sido feita antes. O kirchnerismo transformou-se em uma seita religiosa apoiada por fanáticos que aboliram a realidade objetiva. Assim como todo processo de alienação, este também foi gradual; por isso se vinculou aos meios de comunicação: eram os únicos que podiam funcionar como um espelho. Néstor Kirchner, um espertalhão, um caudilho do interior, transformou-se em San Martín; Cristina, no poder, acreditou ser sua própria mentira. O paliativo clientelista da Ajuda Universal por Filho transformou-se em ocupação a tempo pleno; o Instituto Nacional de Estatística e Censos (Indec) deixou de calcular a inflação até voltar a fazê-lo por sugestão do Fundo Monetário Internacional (FMI); a dívida – que havia sido paga – cresceu como nunca;

[1] 2003-2013, compreendendo os governos de Néstor e Cristina Kirchner. (N.E.)

a pirâmide social manteve-se intacta: a distribuição da renda da época de Carlos Menem não sofreu alteração, e à lista dos donos da Argentina acrescentaram-se dois habitantes do Sul e um de Córdoba. Ao mesmo tempo, a década roubada manteve o arraigado costume argentino de gastar mais do que se produz, embora a continuidade de três períodos tenha apresentado um problema: os mesmos que gastaram tiveram de adequar seus excessos. Este é o dilema que o governo enfrenta hoje e que decidiu resolver mesmo se for desmascarar o Relato[2], encerrado em um paradoxo: cabe a um inexperiente ministro marxista-keynesiano (como se isso fosse possível) trazer de volta o crédito externo, pagar as dívidas, desvalorizar... indenizar os credores e pedir dinheiro com taxas incomuns.

Este livro não é um resumo cronológico e completo da década roubada. Mostra apenas alguns pontos marcantes em que o Relato entrou em curto-circuito, aqueles fatos impossíveis de esconder ao longo desses anos, em que a Justiça e os meios de comunicação oficiais fizeram o possível para olhar para o outro lado.

JORGE LANATA
Buenos Aires, março de 2014

---

[2] O Relato é o termo que se usa na Argentina para se referir ao discurso utilizado pelo casal Kirchner para legitimar suas ações no poder. Esse discurso começou a ser adotado em 2008, com a crise entre o governo e os produtores rurais. Chama-se "Relato" justamente porque a maioria, senão todas, das afirmações do casal são baseadas em mentiras. Seguem alguns exemplos do Relato: a inflação gira em torno de 10% ao ano (quando na realidade chega a 40%); imprimir papel-moeda não gera inflação; a insegurança é uma "sensação"; as grandes corporações são culpadas pelas mazelas do país; os meios de comunicação querem destituir a presidenta e "aterrorizam" o povo quando publicam notícias negativas; os Kirchner foram os primeiros a prestar atenção à questão dos direitos humanos; o *default* argentino se deve exclusivamente à ação dos fundos "abutres". Todo esse Relato é repetido à exaustão por intelectuais kirchneristas e jornalistas militantes que trabalham em veículos de comunicação sustentados pela publicidade oficial, enquanto os jornais críticos quase não recebem publicidade oficial. Este é o sentido do Relato que Jorge Lanata e outros jornalistas independentes denunciam. (N.T.)

Capítulo I

O efeito borboleta

Todas as grandes histórias começam por acaso.

"Disseram-me que Moreno ia embora três meses depois e De Vido depois de seis. Eu me dava ao trabalho de tomar café da manhã com Moreno todos os dias para ver que asneiras ele ia fazer" (Martín Lousteau, 31 de julho de 2013).

O "efeito borboleta" é uma das condições da Teoria do Caos: diante de determinadas condições iniciais de um sistema caótico, a sua mínima variação pode levar o sistema a evoluir de formas completamente diferentes. Esse modelo foi obtido a partir das pesquisas do meteorologista e matemático Konrad Lorenz ao trabalhar nas previsões do clima atmosférico. Um clássico conto de Bradbury narra essa experiência: um grupo de caçadores viaja no tempo e mata por erro uma borboleta pré-histórica. Quando os caçadores voltam para o presente, o mundo que eles conheciam é totalmente diferente do que haviam deixado. Será que Martín terá o papel da borboleta nesse conto? Visto de longe, foi o funcionário que se "arrependeu" mais depressa do kirchnerismo. Ao mesmo tempo, também foi quem expôs suas contradições com mais obstinação, e após cinco meses de gestão saiu do governo.

A Resolução 125[3] é hoje lembrada como um incidente menor que, tal como a borboleta, desencadeou problemas maiores: uma derrota

[3] A Resolução 125 estabeleceu um sistema de alíquotas de exportação móveis para alguns grãos, que acompanhariam a oscilação dos preços das *commodities* no mercado internacional. (N.T.)

eleitoral que o governo soube reverter com inteligência e audácia, e um fato que até agora não tem sido considerado na sua verdadeira dimensão: este foi o momento do nascimento do Relato. Esse "jovem urbano" de trinta e tantos anos, com o cabelo cuidadosamente despenteado como o de um anjo desobediente, preenchia muito bem os requisitos do *casting* presidencial para ministros: jovem, informal, sólido em termos acadêmicos (formado pelo Colégio Nacional de Buenos Aires[4], diploma *Cum Laude* da Universidade de San Andrés, mestrado na London School of Economics, admirador de Keynes). Outra Argentina: Cristina estava preocupada em exorcizar os fantasmas dos escândalos de corrupção herdados de Néstor: o Valijagate de Antonini Wilson[5] e a inoportuna sacola de dinheiro no banheiro de Felisa Miceli[6].

Ainda mais, Lousteau respeitava os códigos do clube de economistas, algo que não acontecia com Miguel Peirano ou Miceli. O rapaz de cabelo de anjo havia trabalhado como professor de pós-graduação da Universidade Torcuato Di Tella e de graduação na Universidade de San Andrés, e também tinha publicado alguns trabalhos acadêmicos. Até que alguém pisou na borboleta.

A posse de Lousteau no Gabinete aconteceu em meio a uma distorção: de um lado estavam De Vido[7], Jaime[8] e Moreno[9] e, do outro,

[4] O Colégio Nacional de Buenos Aires é considerado a melhor escola pública da Argentina. É administrado pela Universidade de Buenos Aires e forma a elite do país. (N.T.)

[5] O Valijagate, também chamado de Maletinazo, Malagate, Maletagate ou Escândalo da Mala aconteceu em 2007 quando um empresário venezuelano, Alejandro Antonini Wilson, desembarcou na Argentina de um avião oficial fretado por Venezuela e Argentina, carregando US$ 800 mil em cash, quantia que não havia declarado na alfândega. O incidente repercutiu na amizade entre os dois países. (N.E.)

[6] Felisa Josefina Miceli (1952-...), economista argentina, ex-ministra de Economía y Producción durante o governo kirchnerista (2005-2007). Em 2007 deixou o cargo quando a imprensa divulgou que uma sacola de dinheiro havia sido encontrada no banheiro de seu gabinete, fato que foi associado à corrupção. (N.E.)

[7] Julio De Vido é o ministro de Planejamento do governo de Cristina Kirchner. (N.T.)

[8] Ricardo Jaime foi secretário de Transportes do governo de Cristina Kirchner. (N.T.)

[9] Guillermo Moreno foi secretário de Comércio Interior do governo de Cristina Kirchner. (N.T.)

Alberto Fernández – então chefe de Gabinete – auxiliado por Graciela Ocaña, Jorge Taiana e Carlos Tomada. Lousteau tinha a resistência de De Vido, herança de uma relação anterior ruim com Felipe Solá, que se transferiu para a gestão de Lousteau no Banco Provincia: os principais devedores do banco eram as autoestradas, e quem controlava essas concessões era Claudio Uberti, homem de De Vido que, envolvido no Malagate[10], renunciaria ao cargo mais tarde. Lousteau estava na Índia dando conferências sobre federalismo quando escutou a voz de Alberto Fernández do outro lado do telefone:

– Martín, Peirano não vai mais ficar. Você está disposto a ser ministro?

– Estou na Índia; quando eu voltar fazemos uma reunião.

O diálogo que se seguiu difere de acordo com a fonte.

Lousteau argumenta que Fernández lhe garantiu: "Fique tranquilo, você tem o meu apoio. De Vido ficou por um fio e Moreno vai embora em março. Vou mexer no Gabinete. Você pode fazer as mudanças que quiser, mas em curto prazo não pode tocar em Moreno; ele deixa o cargo em março".

Fernández garante que, quando deu aquele telefonema, já não queria ficar na chefia do Gabinete e Néstor tentava convencê-lo a permanecer. Sempre de acordo com a sua versão, ele tinha oferecido a Néstor a saída de De Vido, e inicialmente Cristina havia aceitado, mas logo voltou atrás. Com a renúncia de Peirano, precisou nomear um novo ministro e propôs Mercedes Marcó del Pont e Lousteau, alertando-o para possíveis problemas com Moreno.

Consigo controlar Moreno – disse-lhe Martín.

– Creio que ele acreditou ser mais esperto do que foi na prática – resume hoje Fernández.

Lousteau apresentou à Cristina um *paper* de 38 páginas, intitulado "Desafios macroeconômicos 2008-2011", no qual elogiava as conquistas conseguidas pela gestão de Néstor, mas advertia sobre as fragilidades a

[10] O outro nome pelo qual ficou conhecido o escândalo Valijagate. (N.E.)

serem corrigidas. O *paper* elogiava o superávit fiscal e o crescimento; destacava que pela primeira vez em cem anos o país conseguia crescer durante cinco anos consecutivos a uma taxa anual superior a 4% e sublinhava a criação de empregos: em 2007 tinham sido criados 300 mil novos postos de trabalho e 1.300.000 pessoas haviam saído da pobreza. Mas os 80% de elogios não importavam: o texto mencionava o fantasma da inflação. Uma semana depois, o documento foi enviado pela presidenta de volta para o autor, mas com correções e desaprovações de Néstor Kirchner.

– O que você pensaria se houvesse estado no governo anterior e alguém lhe dissesse essas coisas?

– Que está tentando me ajudar. Pois estou dizendo que muitas coisas foram benfeitas e agora temos inflação.

– Não, não, não, isso não funciona assim.

Lousteau telefonou para Alberto Fernández, preocupado:

– Você precisa entender o que Néstor quer – disse-lhe Fernández. – Um tipo de câmbio competitivo e superávit fiscal alto.

– Se a receita para crescer muito e rápido fosse ter taxa de câmbio competitiva e superávit fiscal, todos os países do mundo seriam ricos. É uma besteira o que você está dizendo.

Poucas horas depois de ter assumido o cargo de ministro, Lousteau encontrou-se com Néstor em seu *bunker* de Puerto Madero: o quarto andar do edifício de vidros azuis com o nome de Costero. Lousteau lhe falou sobre o mundo e afirmou que a Argentina vivia um processo de alavancagem muito arriscado:

– Não tenho medo de 2008; tenho medo de 2009, que é um ano eleitoral e teremos problemas econômicos – concluiu.

– Isso é filosofia: quando Bush colocar o dinheirinho, acaba tudo. – Com essa frase, Néstor deu por encerrada sua conversa sobre macroeconomia.

Néstor, Fernández e Lousteau se levantaram para se despedir. Em volta deles havia seis televisores. Uma das telas exibia a notícia do crescimento na venda de automóveis: 12% a mais que no mesmo período de 2006. Néstor escutou, virou-se, apontou a tela para Lousteau e lhe disse:

– Está vendo? Isto é economia.

Lousteau saiu do escritório convencido de que Néstor não havia entendido uma palavra do que tinham conversado.

A outra parte da equação ficou confirmada durante uma viagem ao Brasil, quando acompanhou Cristina em um encontro com Lula. O ministro aproveitou o trajeto para apresentar uma série de medidas à presidenta. Lousteau percebia o esforço dela para parecer interessada nos temas econômicos, mas também as respostas automáticas.

– Quem é seu assessor em economia? Com quem conversa? – animou-se a lhe perguntar.

– Com ninguém – ela respondeu. – Minha referência é Néstor.

Lousteau pisava em ovos: todas as segundas-feiras, às oito da manhã, tomava café com Moreno para evitar que ele tomasse decisões que prejudicassem sua gestão. O cavalo de Troia entre as *medialunas*[11] durou pouco.

– Por que você parou de ir aos cafés da manhã de Moreno? – perguntou-lhe rispidamente De Vido durante um almoço. – O louco estava tão contente de poder falar sobre economia com alguém.

As fissuras começaram a ter repercussão na imprensa: Fernando Krakowiak, do *Pagina/12*, escreveu em 24 de fevereiro de 2008 sobre as diferenças que classificava como irreconciliáveis: "Um deles vê o outro como um ministro paralelo que faz o que quer, enquanto aos olhos do outro seu colega é um *yuppie* seduzido pelo mercado e sem histórico de militância". E prosseguia: "Se Lousteau renuncia vão colocar outro em seu lugar, mas Moreno vai continuar onde está, porque ele é Kirchner".

A borboleta morreu esmagada pelo montante dos subsídios: haviam passado de 1,5 bilhão de pesos em 2003 para 15 bilhões em 2007, e projetavam-se para chegar a 30 bilhões em 2008. Trinta bilhões de uma quermesse administrada por Jaime, De Vido e Moreno.

Lousteau apresentou a Cristina um plano para reduzir os subsídios à eletricidade e ao gás: tratava-se de segmentar as tarifas residenciais e comerciais dos serviços públicos de água, luz e gás em função do valor

[11] Pãezinhos em formato de meia-lua. (N.T.)

fiscal dos imóveis e do consumo. Cristina não estava convencida. Lousteau tentou fazê-la entender que se aproximava uma catástrofe econômica mundial e que era provável que o preço da soja caísse.

Até então, ninguém tinha imaginado que havia mais no fundo do copo: a estatização das AFJP[12] e as caixas da Anses[13] e do Banco Central.

Cristina assistiu à discussão entre Lousteau e Moreno em torno das retenções, o imposto sobre a soja. O secretário de Comércio propôs fixar o preço da soja em US$ 180[14], o que equivalia a 63,4% de impostos (veja o quadro na página seguinte).

– A principal crítica que fiz foi que, quando o produtor passava dos US$ 600, o Estado ficava com 95% do preço. Era um disparate, não tinha sentido – lembra agora Fernández. – A única pergunta que fiz a Martín foi: "Você consultou os produtores rurais?". "Sim", disse-me ele, "foram todos consultados." No dia seguinte percebi que não era bem assim. Na primeira reunião com os produtores, Eduardo Buzzi[15] me disse: "Isso é uma loucura, porque 80% da soja são produzidos por 20% dos produtores, e os outros 20% são produzidos por 80%. Por que não se concentraram nesses 20%?", recriminou-me ele.

A estatística estava no site oficial do Ministério da Agricultura. Ninguém no governo a tinha visto. A borboleta já tinha movido as asas: para além das discussões percentuais ou da qualidade da aplicação das retenções, o plano do governo obedecia a um antigo costume argentino: gastar a mais sem se preocupar com quem deve pagar a conta nem

---

[12] As Administradoras de Fundos de Aposentadorias e Pensões (AFJP na sigla em espanhol) eram empresas privadas que administravam os fundos gerados pelas contribuições de aposentadoria dos trabalhadores que optaram pelo regime de capitalização individual – estabelecido na reforma previdenciária de 1993, durante o governo de Carlos Menem. (N.T.)

[13] A Administração Nacional de Seguridade Social (Anses) é o órgão equivalente ao INSS na Argentina. (N.T.)

[14] O preço da soja é estabelecido por tonelada (no caso acima seriam US$ 180 por tonelada). (N.T.)

[15] O produtor rural Aldo Buzzi é um dos mais importantes líderes do setor na Argentina. Foi um dos dirigentes da greve dos produtores rurais em 2008. (N.T.)

Preço líquido de exportação

Redução de 46% do preço ao produtor de soja (32% em relação ao vigente em novembro de 2007)

Produto	Preço FOB US$/Ton.	$/Ton.	Retenção base (%)	Retenção adicional (%)	Nova retenção (%)	Retenção U$S/Ton.	Preço líquido ao produtor US$/Ton.	Queda do preço p/ produtor Com retenção adicional (%)	Preços para o produtor nov./07	Preço p/ produtor comparado a nov./2007 (%)
Trigo	335	1.069	28	–	28	(93,8)	231	0	183	26
Girassol	467	1.490	30	–	30	(140,1)	313	0	288	9
Milho	217	692	25	–	25	(54,3)	156	0	122	28
Soja	476	1.518	35	28	63,4	(301,8)	160	-46	237	–32
Óleo de soja	1.220	3.892	30	28	58,4	(712,5)	471	-42		

Cálculo do lucro (compensação)

Não há aumento do preço ao processador de soja (o lucro sobre o óleo de soja se reduz a zero)

	Preços para o processador do mercado interno em $/Ton.	Preços para o processador do mercado interno em U$S/Ton.	Preço líquido p/ produtor U$S/Ton.	Compensação U$S/Ton.	Aumento dos preços p/ o processador	Volume do consumo interno	Custo da compensação U$S/milhões
Trigo	407	128	231	(104)	0	5,4	(563)
Girassol	576	181	313	(132)	0	0,9	(118)
Milho	322	101	156	(55)	0	7,4	(407)
Soja	508	159	160	0	0	0,3	0
TOTAL						14,0	(1.089)
Óleo de soja	1.497	469	471	0	0		

Balanço da retenção e compensação

O aumento da arrecadação é 60% em relação ao original. Volume exportação em grãos

			Milhões U$S			
	Volume de exportação em gramas	Preço FOB* U$S/Ton.	Arrecadação original	Arrecadação adicional	Custo da compensação	Diferença
Trigo	10,0	335	934	0	(563)	(533)
Girassol	3,1	467	435	0	(118)	(118)
Milho	14,4	217	780	0	(407)	(407)
Soja	48,5	476	8.086	6.561	0	6.561
TOTAL	76,0		10.235	6.561	(1.089)	5.472

quando deve fazê-lo. A desproporção do gasto e o incentivo ao capitalismo dos amigos necessitavam de índices suaves e manipuláveis. A intenção de Moreno com relação ao Indec foi provocada por uma ingenuidade atroz. Ele supunha que, se as estatísticas fossem controladas, seria possível economizar na dívida, uma vez que os títulos do Produto Interno Bruto (PIB) da renegociação do suposto pagamento da dívida estavam associados ao crescimento: se a inflação fosse baixa, o CEER (coeficiente que o Indec utiliza) seria baixo, assim como o nível a ser aplicado aos titulares de bônus. Seguindo esse raciocínio, se eles dissessem que cresciam menos, pagariam menos – é o mesmo raciocínio de um macaco em estado de coma.

Porém, quando se mente em relação aos índices da inflação, superestima-se o crescimento do país e quando o crescimento é superior a 3,3%, o país tem a obrigação de pagar juros aos que têm títulos PIB[16], de forma que o que se economizava por um lado saía pelo outro.

Lousteau argumenta que Cristina não entendia essa equação e insistia em passar o assunto para Fernández, que não mudava seu discurso: "Não reduzir o crescimento agora". Moreno, por outro lado, preferia continuar negando e sugeria tirar do índice o peso maior dos preços. Dois meses depois de ter começado a trabalhar em índices paralelos aos do Indec, Cristina telefonou para Lousteau:

– Você precisa anunciar o índice de preços de Moreno.

– Desculpe-me, mas não vou fazer isso. Estamos medindo na contramão do mundo, estamos reduzindo a amostragem de produtos.

Moreno havia convencido a presidenta a tirar 40% dos produtos e serviços que, na opinião dele, representavam "bens de luxo".

– Por que você quer fazer isso? – perguntou Lousteau.

– Porque os de cima são ricos e os de baixo não trabalham e não são peronistas. Os de baixo são *lumpens* e os de cima são ricos.

– E quando a imprensa perguntar por que estamos indo na contramão do mundo e, ao invés de incluir coisas, excluímos?

[16] Esses títulos garantem uma renda anual em função da evolução da economia. (N.T.)

– Porque somos um governo peronista e temos um índice peronista.

A conversa terminou rispidamente.

Cristina insistiu com seus telefonemas:

– Você precisa anunciar o índice de Moreno.

– Não vou anunciar.

– Por quê?

– Porque ele é um homem pouco sério e não merece respeito. Além disso, a essa altura temos um problema de inflação, não de índice. Temos uma inflação que é o dobro da que estamos dizendo.

No relato de Lousteau, Cristina ficou em estado de choque e respondeu-lhe aos gritos:

– De onde você está tirando isso?

Lousteau lhe explicou.

– E o que você propõe?

– O que venho propondo desde o começo.

– Isso é esfriar a economia. Não quero fazer isso.

Pouco depois, o telefone do ministro tocou de novo: era Alberto Fernández.

– Você não pode fazer isso com ela.

– Veja, se um ministro não pode dizer ao chefe de Gabinete e à presidenta que temos um problema de inflação, que procurem outro ministro e não me encham mais o saco.

– Você é muito ansioso.

– Moreno está louco e me deixa enfastiado. Você não queria tirá-lo? Vários empresários já me confirmaram as manobras e propinas que ele exige para manter os acordos de preços. Faça alguma coisa.

– Filme-o.

– Por que você não filma? Vá à merda! Você me disse que ele ia embora.

O resultado da discussão foi um novo *paper* de Lousteau. Nesse caso, era um texto de quatro páginas em que ele explicava por que seria negativo aplicar a metodologia de Moreno para o Índice de Preços ao Consumidor (IPC).

Claro agravamento da situação atual

- Os problemas de credibilidade do IPC (e do Instituto) vão se acentuar.
- Os erros da nova tecnologia:
  - Deixam clara a perda de representatividade do índice.
  - Não garantem uma taxa de inflação menor.
  - Suprimem níveis de liberdade no futuro.
  - Atingem o planejamento e a avaliação de políticas.

Erros da nova metodologia

- Exclui 60% da população de referência (a parcela 20% mais pobre e a 40% mais rica):
  - Deixa clara a perda de representatividade do índice.
  - Exclui 70% do total do consumo (estimativa segundo ENGH 96/97).
  - Torna-se indefensável do ponto de vista metodológico (nenhum país do mundo adota um nível de exclusão semelhante, no máximo chega a 5%).
  - Nenhum organismo internacional vai avalizar a nova tecnologia.
  - Risco por conferir um *peso maior dos alimentos* no índice (em um contexto de aumento dos preços internacionais) e de *menor incidência dos bens duráveis* (que já fizeram ajuste de preços).
  - Após uma análise cuidadosa, a exclusão do consumo de luxo deve ser adotada na hora de determinar as categorias cujos preços sofrerão aumento.
  - Não se deve confundir o *nível absoluto dos preços* com a *variação dos níveis* – fator este que determina a inflação.
    - Por exemplo: embora "turismo no exterior" possa ser muito "caro" atualmente em termos absolutos, é provável que no

futuro a variação desse preço seja constante ou eventualmente deflacionária.

- A redução drástica de categorias (de 818 a 430) deixa menos graus de liberdade em relação ao futuro ("menos categorias" implica que cada uma delas tenha um peso maior no índice).
  - Não se contará com alternativas para corrigir casos de variações "anormais".
  - Deixa mais "visível" qualquer "retoque" nas variações.
  - Embora seja verdade que, nos Estados Unidos, o IPC tenha uma quantidade menor de categorias, é importante distinguir o que significa "categoria" em cada caso: nos Estados Unidos, por exemplo, os "produtos medicinais" estão classificados como categoria; já aqui classificamos como categorias separadas os "analgésicos", os "anti-inflamatórios" etc.
- Continua-se a *considerar apenas a população da capital federal e da Grande Buenos Aires*, em vez de ampliar para todo o país.
  - Peso elevado dos gastos significativos somente na Grande Buenos Aires (gastos com metrô, despesas etc.), que ficarão menos evidentes quando se toma como base o país inteiro.
- Segundo o que foi informado, no cálculo não serão considerados os produtos sazonais que subam mais de 15% (*efeito substituição*).
- Embora seja correto excluir do cálculo os bens sazonais com preços "exorbitantes" (e não 15% de aumento, por exemplo), isto deveria ser feito apenas em caso de restrições severas e evidentes na produção e no comércio (do tomate, por exemplo).
- Embora seja verdade que alguns países incluam o efeito substituição, a metodologia utilizada difere radicalmente da proposta:
  - Nos Estados Unidos, o índice que considera este efeito (C-CPI-U) é uma alternativa ao IPC geral, mas se publica com um atraso de vários meses e está sujeito a sucessivas revisões.
  - Na Espanha, o cálculo do preço médio é atualizado uma vez por ano, com base em uma pesquisa trimestral de gastos dos lares (na Argentina a única pesquisa de gastos é realizada a cada dez anos).

A divisão entre as alas do kirchnerismo acentuou-se após a saída do ex-vice-chanceler Roberto García Moritán.

– Eu acreditava que houvesse dois grupos – disse Lousteau a Carlos Tomada durante um almoço. – Mas agora creio que a briga não seja Julio Moreno *versus* Alberto Fernández, mas sim Alberto Fernández *versus* Néstor Kirchner.

– Se for assim, estamos todos fodidos.

Na quinta-feira, 24 de abril, Lousteau apresentou sua renúncia, que foi anunciada à noite. Ele passou mais de duas horas no escritório de Alberto Fernández, que tentou convencê-lo a desistir da ideia. Mas o responsável pelo efeito borboleta tinha um truque: desde aquela manhã vestia uma gravata muito especial, presente de um amigo que estava internado em decorrência de um câncer de cólon. Nas poucas vezes em que titubeou durante a conversa diante da persuasão de Fernández, foi-lhe suficiente repousar a mão na borda da gravata de seda. O importante estava do outro lado.

Capítulo II

Ricos e famosos

Não existe política sem dinheiro. Assim poderia ser resumido o pensamento de Néstor Kirchner sobre o assunto. Foi com dinheiro que ele conseguiu superar os 22% iniciais da derrota com Menem e evitar o *ballotage*; foi com dinheiro que controlou sua própria eleição interna no partido. Mas nesse ponto reside uma das maiores diferenças em relação à administração de Menem: nos tempos de Carlos Saúl Menem as propinas eram um hábito e chegaram a níveis exagerados. Durante o Yomagate[17], no *Página/12* nos tocou sermos testemunhas e ao mesmo tempo protagonistas daquilo: o jornal publicou uma carta da embaixada estadunidense ao governo argentino, em que não se colocava em dúvida a existência de propinas, mas sim seu valor: 40% é demais, diziam os ianques. Aquele escândalo levou o cunhado do presidente, Emir Yoma, a perder o cargo, e poderia servir como um símbolo da época.

Mas com o kirchnerismo foi diferente: Néstor participava das empresas.

– Sabe por que vendi? – disse-me uma tarde a ex-proprietária de uma autoestrada, num escritório do centro. – Porque estava farta de levar a bolsa do consórcio com o dinheiro, todo dia 5.

[17] Escândalo político ocorrido no governo Menen, em 1991, envolvendo sua cunhada e secretária Amira Yoma e relacionado a lavagem de dinheiro supostamente originado no tráfico internacional de drogas. (N.E.)

Não era uma metáfora: todo dia 5, ela se apresentava em uma *cueva*[18] de Puerto Madero com 10% dos lucros líquidos de sua empresa, em euros, em espécie. A estratégia dos euros também foi nessa década uma característica cultural e prática: ocupam menos espaço que os dólares e existem notas de quinhentos. A decisão de participar das empresas (dou para você a licitação para determinada autoestrada; você me dá 10% da empresa e eu coloco alguém na direção) definiu um tipo de corrupção mais estruturado e permanente ao longo do tempo.

Alguns anos atrás, lendo *O nascimento do fascismo*, de Angelo Tasca, descobri com surpresa que esta também foi a técnica adotada por Mussolini no começo de seu governo (que sejam evitadas as comparações, não acredito que kirchnerismo e fascismo sejam o mesmo, embora a década K – como veremos adiante – tenha apresentado muitas características de uma democracia autoritária). Nesse caso, seria preciso dividir o capitalismo nacional K (Ferreyra, López, Báez) e o resto das empresas com ações "liberadas" (na gíria da política as ações entregues ao governo são chamadas assim). O conflito de interesses começou a se tornar público quando, diante da morte de Néstor, foi necessário separar as águas: o que era de quem? A ilusão de Cristina, que pensava fosse possível se manter de fora daquela confusão, não deu em nada: vieram à tona seus vínculos econômicos com Lázaro, La Rosadita e as contas no exterior. Na hora de divulgar publicamente sua renda, o maior problema da classe política argentina é não conseguir justificar sua declaração de imposto de renda "oficial": se formos levar em conta as declarações assinadas de próprio punho pelos interessados, elas não têm substância.

A fortuna de Néstor e Cristina Kirchner cresceu 46 vezes entre 1995 e 2010: isto equivale a mais de 4.567%. Estamos nos referindo a dois ex-funcionários públicos com uma longínqua atividade privada em um pequeno escritório jurídico de Santa Cruz[19].

---

[18] Termo pejorativo para designar agência de câmbio.

[19] Província da Patagônia argentina (sul do país). (N.T.)

O primeiro cargo público de Néstor foi na Caixa de Previdência Social de Santa Cruz, em meados de 1984. Em seguida ele começou sua carreira política como prefeito de Río Gallegos, em 1987, até dezembro de 1991; depois foi governador de Santa Cruz entre 1991 e 2003; e presidente da República até 2007. Segundo as informações oferecidas pelos contadores do casal, entre 2003 e 2012 o patrimônio de ambos passou de 7 milhões para 89,3 milhões de pesos, incluindo os bens herdados pelos filhos após a morte de Néstor: 12 apartamentos, seis casas, seis terrenos, quatro lojas, um furgão, ações, créditos e depósitos em dinheiro. Se forem considerados os imóveis declarados, o casal chegou à Presidência com 5.626 metros quadrados e no final de 2011 contava com 203.148 metros quadrados: trinta e seis vezes a mais.

A única vez em que Cristina se referiu a seu patrimônio não o fez diante de jornalistas, mas diante de uma aluna de Harvard: Lind, uma estudante estadunidense que morou seis anos na Argentina.

– Senhora presidenta, levando em conta que a senhora não é economista, gostaria de perguntar como se explica o aumento do seu patrimônio de 3,2 milhões para 79 milhões de pesos em oito anos?

– Veja, na verdade não sei de onde você pegou esses números, mas não é isso. No meu país houve denúncias sobre essas questões, não apenas dirigidas a mim, mas também a muitíssimos outros funcionários, e a Justiça estabeleceu a verdade. Durante toda a vida tive uma determinada posição econômica, mesmo antes de chegar à Presidência. Sempre exerci a profissão livremente, meu escritório de advocacia era um dos maiores e realmente posso responder por todos os meus bens, e de fato o fiz por meio de perícias e coisas que me vi obrigada a fazer. Você não é economista, não? Ah, bom, eu sou advogada. Em qualquer lugar do mundo, segundo um princípio do Direito, todo mundo é inocente até que se prove o contrário. Na Argentina é o oposto: o acusado é que precisa provar que é inocente. Os números que você usa [...], informe-se bem, não são esses. Eu tinha, tínhamos, e tenho uma determinada posição econômica porque trabalhei toda minha vida e fui uma advogada de muito sucesso. Agora também sou uma presidenta de sucesso, obrigada.

O ano de 2008 foi chave no crescimento econômico exponencial do casal. Kirchner deixa a Presidência e retoma a direção dos negócios no Sul. Paralelamente à briga com o setor rural, passou a declarar 63,5 milhões de pesos em ativos – contra os 26,5 milhões anteriores. Nesse período, além da renda pela venda de propriedades que ele havia comprado durante a ditadura – mais de 14 milhões de pesos – o casal obteve mais de 10 milhões com a cobrança de aluguéis, e mais de 4 milhões na cobrança de juros por prazos fixos em pesos e em dólares. Ainda em 2008, o casal fundou a empresa El Chapel, dedicada à consultoria financeira, e a Hotesur AS, que explora o hotel Alto Calafate. Ao mesmo tempo, o casal expandiu a firma Los Sauces, que administra o hotel boutique homônimo. Néstor Kirchner também ampliou o patrimônio da Comasa, da qual tinha 90% das ações. Tudo isso aconteceu enquanto governavam a Argentina. Os salários representaram 3,62% da renda do casal, algo tão insignificante que em 2010, por exemplo, ambos se esqueceram de informar o salário de Néstor como deputado na declaração juramentada de Cristina.

O forte do patrimônio inicial dos K foram os bens imóveis. Na declaração juramentada que Néstor apresentou em 2003, o casal possuía 13 casas, dois apartamentos e uma loja em Río Gallegos; uma casa e um terreno em Calafate e um apartamento em Buenos Aires. Cristina Kirchner, então senadora nacional, era proprietária de outras três casas em Río Gallegos e um apartamento no bairro portenho da Recoleta, o 5 D da calle Juncal 2166. A maioria das propriedades foi comprada pelo casal entre 1977 e 1982.

Néstor e Cristina voltaram para Santa Cruz em fins de 1976, depois de se casarem na cidade de La Plata no ano anterior. O pai de Néstor era funcionário dos Correios em Río Gallegos e o de Cristina era motorista de ônibus em La Plata. No escritório de advocacia que abriram, dedicaram-se a "cobranças e recuperação": seus clientes lhes pagavam um valor fixo mensal para que conseguissem cobrar dos devedores mediante intimações e estratégias jurídicas. Se, ao final, o devedor não pagava, Kirchner lhe confiscava o bem adquirido. Na época, seus principais clientes eram a Casa Sancho, a Automores de Dios e a Electro Bercom.

É importante lembrar o contexto da época: Martínez de Hoz em plena ditadura ocupava a pasta da Economia. Havia um elevado endividamento externo, congelamento salarial e a famosa "tablita", um calendário de desvalorizações preanunciadas que indicavam ao público que valor seu dinheiro iria perdendo. No dia 1º de junho de 1977, por meio de uma nova lei de entidades financeiras, o mercado de dinheiro ficou liberado e deu-se garantia estatal a todos os depósitos com prazo fixo. Dessa forma, se um banco quebrava, era o Estado que devolvia o dinheiro. A liberação das taxas levou-as a explodir até chegarem a ser usurárias. É então que surge a circular 1050 do Banco Central, que liberou as taxas dos créditos hipotecários para a flutuação do mercado, permitindo aos bancos dar créditos sem fixar os juros antecipadamente. Isto fez milhares de poupadores acabarem pagando taxas impossíveis, ou serem obrigados a entregar suas casas ao banco porque os empréstimos voltaram a ser impagáveis.

– Kirchner, que era advogado de uma financeira que outorgava esses créditos, colocava as casas em leilão. Isto lhe permitia comprá-las posteriormente a um preço muito mais baixo – lembra agora Rafael Flores, ex-deputado da Frepaso[20] em Santa Cruz.

O procedimento de compras daquela época é descrito por Javier Bielle, ex-legislador do Partido Radical[21]: "Era muito simples. Eles eram advogados da Findsur e basicamente foram comprando as casas das pessoas que não podiam pagar à financeira. Em seguida, graças à posição

---

20 A Frente País Solidário (Frepaso) foi uma confederação de partidos políticos da Argentina formada em 1994 pela Frente Grande, o partido Pais (Política Aberta para a Integridade Social), a Unidade Socialista (formada pelos partidos Socialista Popular e Socialista Democrático) e pelo Partido Democrata Cristão. Foi dissolvida após a crise de dezembro de 2001. (N.T.)

21 O Partido Radical argentino foi fundado em 1891, defendendo a abertura política, o fim da fraude eleitoral, e a ampliação dos direitos em favor das classes baixas e médias da sociedade, dos imigrantes e seus descendentes. (N.T.)

que ocupavam, tinham acesso a financiamentos que eles próprios usavam comprando por valores de leilão e ficando com as propriedades".

Naqueles anos, Néstor Kirchner sofreu um atentado: uma bomba explodiu em seu escritório de advocacia. De acordo com a história oficial, divulgada nos livros de Sandra Russo (*La Presidenta*, Sudamericana, 2011; "A presidenta") e Gabriel Pandolfo (*Néstor, el presidente militante*, Aguilar, 2011; "Néstor, o presidente militante"), o autor foi um chefe da polícia local. Em Santa Cruz conta-se outra história: para Rafael Flores, a bomba teria sido instalada por um cliente que não aguentou pagar sua dívida duas vezes, um homem que estava farto das fraudes dos Kirchner. O próprio Flores foi advogado de defesa de Ana María Aset, uma devedora hipotecária que sofreu a pressão do casal.

– Essa senhora não pôde pagar todas as prestações de sua casa e por isso eles entraram com um processo contra Ana María Aset. Procurou-me no meu escritório. À medida que eu avançava no caso e via o procedimento que tinha sido seguido para poder tirar a casa dela, não havia outra saída a não ser a indignação. Em outro momento, em um texto que escrevi, usei uma frase bastante ofensiva para definir o escritório dos Kirchner. A frase era uma comparação com Shylock, o personagem de *O mercador de Veneza* que pedia o saquinho de carne. Foi um excesso, não pegou bem e contei à Cristina. Eu lhe disse: "Olha, sei que não pegou bem, mas por que vocês têm um escritório que poderia se dedicar a outra coisa, mas fazem isso?". Cristina me disse: "Veja bem, Rafa, para fazer política é preciso dinheiro, nós vamos fazer política e precisamos juntar dinheiro".

Em seu livro *El último peronista* ("O último peronista"), Walter Curia (2006) conta que [...] em meados dos anos 1980 Kirchner tinha tantas propriedades que pensou em abrir uma imobiliária". Com relação ao atentado de 1981, Curia afirma: "Um intruso entrou no escritório à noite, cortou os canos do gás e colocou um cartucho de dinamite, sem detonador. Na manhã seguinte, quando abriu a porta do escritório o funcionário não acendeu a luz só porque era novembro; foi um milagre, caso contrário teria voado tudo. O rapaz nunca mais voltou. [...].

Por volta dessa época, a Surco, uma construtora que tinha a concessão das obras de esgoto de Caleta Olivia, havia entrado em insolvência financeira. Nesses casos, era comum que se formassem clubes de bancos credores em busca de uma saída benéfica para todos. O principal credor era o Banco da Província; o segundo era o Patagônico, representado pelo escritório Kirchner, que desconhecendo o acordo, adiantou-se e pediu a quebra da empresa, provocando o fim da firma, dos contratos em Caleta e um forte prejuízo para a província e para o resto dos bancos.

Néstor jurou para seu sócio e para a mulher que a quebra havia sido acordada com todos os bancos. Jurou por seu filho Máximo. No entanto, as testemunhas dizem que não era verdade. [...] Não havia se passado ainda um ano quando um desconhecido forçou a porta do escritório, reuniu um monte de pastas e papéis e botou fogo em tudo. Tratava-se de um ato improvisado: o escritório só ficou em brasas, cheio de fumaça e fuligem. Privadamente, o episódio foi atribuído a algum louco que quis responder à agressividade tradicional dos sócios do escritório para cobranças.

A primeira causa de enriquecimento ilícito contra Néstor Kirchner foi aberta em junho de 2004, um ano depois de ele assumir o governo. A causa caiu nas mãos do ex-juiz Juan José Galeano e, posteriormente, passou para Julián Ercolini, que o substituiu em 2005. Esse expediente foi apresentado pela primeira vez no PPT[22], onde foi possível se conhecer as declarações de bens pessoais de Néstor Kirchner para a AFIP[23] entre 1995 e 2003. Segundo a análise da ex-titular da Unidade de Informação Financeira (UIF), Alicia López, o casal K não tem como explicar a origem de seus recursos.

Em 1995 o casal possuía 22 propriedades adquiridas durante a ditadura. Considerando que eram tão jovens e que haviam recentemente dado início ao exercício profissional, como será que conseguiram comprar tantas propriedades em tão pouco tempo?

---

[22] "Periodismo para todos", ou "Jornalismo para todos" é a sigla do programa de TV do jornalista Jorge Lanata, veiculado pelo canal El Trece, do Grupo Clarín. (N.T.)

[23] A Administração Federal de Receitas Públicas (Afip) é a Receita Federal da Argentina. (N.T.)

– O que eu faria – afirma López – é enquadrá-lo em uma operação suspeita, aquela que não tem um fim econômico justificado. Tenho a mesma idade de Cristina; em 1977, 1978, ela devia ser estudante; creio que ela se formou em 1979 e Néstor um pouco antes. Como fizeram para comprar vinte propriedades? Essas operações me parecem suspeitas, assim como também me parece suspeita a origem dos recursos deles.

Nas declarações juramentadas de Cristina aparece que ela comprou com fundos próprios quatro propriedades entre 1979 e 1980: a casa de Río Gallegos, situada na rua 24 de Maio, a de Monte Elmos, a da rua Alvear esquina com a Tucumán, e o apartamento da Recoleta na rua Juncal: tudo isso um ano depois de ter se formado como advogada. Será que ela também foi uma estudante de sucesso?

Em fins de 2007 publicamos no jornal *Perfil* o seguinte artigo sobre o trajeto que os recursos cumpriram ao regressar ao país. Kirchner já não era governador de Santa Cruz, mas dirigia tudo a partir de Buenos Aires e estava a ponto de deixar o poder presidencial em favor de sua esposa. O artigo mostra o que aconteceu com esse dinheiro, em pleno auge da década "ganha":

Em 1993 o então governador Néstor K recebeu US$ 535 milhões de *royalties* do petróleo que haviam sido saldados pela União com um erro: US$ 320 milhões em bônus e ações da YPF e o restante em dinheiro. Seguindo o conselho do economista Domingo Cavallo, K depositou o dinheiro em um banco de investimentos de Nova York, o Dean Witter Reynolds, que mais tarde se fundiria com o Morgan Stanley. Até 2001, quase todo o dinheiro permaneceu depositado, e segundo os juros da época, poderia ter gerado dois tipos de rendimentos: "Money market", quando está em *cash* e parado, entre 1,25% e 1,75% por ano; a prazo fixo, por três anos, por exemplo, rendia na época entre 6% e 7% anuais... A única referência concreta sobre o destino do dinheiro durante esse período pode ser encontrada nos orçamentos aprovados pela legislatura da província entre 1995 e 2002, quando indica ano a ano os recursos provenientes dos ativos da província no exterior.

O termo "referência concreta" é, na verdade, uma metáfora: os legisladores da província de Santa Cruz aprovaram o montante total de entrada de dinheiro sem nunca perguntar o que se fez com ele. Assim sendo, sabe-se que:

- 1995 (Lei 2.114): entraram US$ 62 milhões.
- 1996 (Lei 2.455): US$ 102 milhões.
- 1997 (Lei 2.478): US$ 62 milhões.
- 1998 (Lei 2.516): US$ 65 milhões.
- 1999 (Lei 2.518): US$ 38,4 milhões.
- 2000 (Lei 2.540): US$ 145 milhões.
- 2001 (Lei 2.564): US$ 175 milhões.

Para dizer de outra maneira: entre 1995 e 2001, mediante leis do orçamento da província, aprovou-se o ingresso de US$ 649.479.591 milhões.

Aqueles oito anos misteriosos, no entanto, viram passar muito mais dinheiro: dos US$ 535 milhões iniciais, Kirchner investiu US$ 290 milhões em ações da YPF, comprando-as por US$ 19 cada uma. Em 1999, vendeu-as por US$ 44,78 e ganhou US$ 670 milhões. A soma do que sobrou dos US$ 535 milhões iniciais (US$ 245 milhões), somada ao lucro obtido com a venda (US$ 670 milhões) alcança US$ 915 milhões.

A taxa Libor (London Interbank Offered Rate) superou naqueles anos a cifra de 6% ao ano. Se, para calcular os juros se aplica essa taxa interbancária a uma média de 4%, durante nove anos, chega-se a US$ 329.400.000, o que, somado aos US$ 915 milhões, totaliza US$ 1.244.400.000.

Uma das contas possíveis, feita pelo ex-senador radical Carlos Prades, acrescenta os juros daqueles anos anteriores à compra de ações da YPF, o que totaliza rendimentos de US$ 58.800.000 e eleva a soma para um total de US$ 1.548.200.000.

A cifra apresentada por Prades não é muito diferente daquela trazida por um excelente relatório publicado pelo jornal *Río Negro* algumas semanas atrás, assinado por Javier Lojo: "Considerando um índice de mercado conservador", escreve Lojo, "a cifra pode ter chegado a US$ 1.980 milhões em um fundo de investimento. E um operador habilidoso poderia ter feito esse valor chegar até US$ 3.520 milhões."

Aquele período inicial foi agitado: no ano 2000, Aldo Ducler, futuro ministro de Palito Ortega, presidente, foi multado nos Estados Unidos por lavar dinheiro do cartel de Juárez. O MA Bank, seu banco nas Ilhas Caimã (na verdade, um endereço postal, 707 West End Road), tinha cerca de US$ 10 milhões dos fundos de Santa Cruz.

Em setembro de 2001, os contadores de Arthur Andersen e Paget Brown, residentes em Caimã, negociaram no Hotel Emperador com Carlos Sánchez Herrera em nome de Néstor Kirchner, que reconheceu que o dinheiro era da província. Herrera foi nomeado procurador-geral do Tesouro por Kirchner e renunciou quando se soube que tinha sido o advogado de defesa de Juan Sassiaiñ, chefe da Polícia durante a ditadura.

Em 2001, o atentado às Torres Gêmeas volta a desviar o destino dos fundos: o dinheiro chegou à Europa pelas mãos de Alfredo McLaughlin, ex-executivo do Deustche Bank, na sucursal do Morgan Stanley em Luxemburgo. Mais tarde, McLaughlin foi nomeado secretário de Finanças da gestão Felisa "Bolsa" Miceli, e demitiu-se, mas antes avalizou o pagamento do Estado ao Grupo Greco.

Para Lojo, naqueles anos "registram-se as maiores perdas dos ativos da província de Santa Cruz". Segundo dados extraoficiais, em fins de 2002 existiam US$ 720 milhões em várias contas suíças (que tinham sido US$ 840 milhões entre 2000 e 2003), mas no final de 2003 foi divulgado que os ativos eram de US$ 534 milhões. US$ 306 milhões a menos.

Outro dado curioso: no dia 17 de março de 2003, no mês anterior às eleições, a província de Buenos Aires depositou US$ 60 milhões na conta do Credit Suisse. Ao ser consultado na época pela equipe de jornalistas e pesquisadores que trabalhou para este livro, Felipe Solá negou ter conhecimento do fato.

O Tribunal de Contos

"Essa legislatura vai acabar aprovando hoje uma receita de fundos que tem sido operada de maneira personalíssima no exterior durante muitos anos, e de forma arbitrária porque nunca se prestou contas. Nem sequer pudemos ver um papel. Eu diria que quando esse projeto foi apresentado, a maioria dos que estão aqui não viu os comprovantes; caso contrário pelo menos deveria ter acompanhado a documentação dos fundos que hoje estão no exterior... pelo menos nos mostrem alguma coisa" (Versão taquigráfica, exposição do deputado Muñiz, pela minoria, em 27 de novembro de 2003).

O segundo capítulo dos fundos tem mais números, mas também poucas certezas. O expediente "Kirchner Néstor e outros sobre apologia do crime, defraudação contra a administração pública, abuso de autoridade, violação dos deveres de funcionário público e malversação dos bens públicos" nasceu em Buenos Aires e morreu em Río Gallegos de morte judicial duvidosa.

O juiz Santiago Lozada, um cordobês que chegou à magistratura pelas mãos do atual secretário de Legal e Técnica, Carlos Zannini, encerrou a causa. Para além do fato em si, o que chama a atenção no caso é que até o dia de hoje os argumentos do juiz que fundamentaram a sua decisão são secretos. A lei determina que uma sentença deve vir a público caso tal medida seja requisitada por qualquer cidadão, mas neste caso Lozada resolveu esconder sua sentença, inclusive do promotor Andrés Vivanco.

Quando, algumas semanas atrás, o mesmo juiz arquivou um pedido do mesmo promotor, transformou-se em um cachorro que morde o próprio rabo: nas considerações do arquivamento, argumenta sua decisão "conforme resolvi anteriormente", sem que ninguém saiba o que ele resolveu anteriormente.

À eterna solicitação do promotor somou-se agora outra, da deputada Patricia Bullrich, da Coalizão Cívica, que também tramita o caso na Comissão Interamericana. A segunda denúncia apresentada por Vivanco se baseia em dados técnicos apresentados pelo contador Pisani, conselheiro do Tribunal de Contas. Na denúncia ele pediu que Néstor Kirchner, Héctor Icazuriaga, Sergio Acevedo e Carlos Sancho fossem interrogados. A título de exemplo, apresentou várias irregularidades, ano a ano:

2003:

- Falta de US$ 1.174.863 na "renda pela posse de bônus". Possível peculato.
- Falta da data em que se transformaram os bônus em ações da YPF. Possível malversação.
- Falta de data de uma "venda obrigatória de ações por US$ 15.206.015". Possível malversação.
- Não se indicam a data da compra, o preço e a origem do dinheiro para adquirir 1.298.000 ações da YPF. Possível malversação.
- Imprecisões sobre depósitos no fundo de investimento Morgan Stanley de Luxemburgo. Faltam a data, os prazos, os juros e as condições. Possível malversação, peculato e descumprimento das obrigações.
- Não consta informação contábil da transferência de capitais para a Suíça. Possível malversação.

2004:

No início daquele ano foi decidido concentrar 100% do investimento no banco Credit Suisse, a metade em prazo fixo de curto prazo e a outra metade em Notas do Tesouro dos Estados Unidos. Não se apresentam os registros contábeis. Possível descumprimento das obrigações.

- Não se anexam contratos que indiquem o nível declarado de gastos.

- Os honorários do assessor do governo (US$ 214.240) chegam a 47,5% dos juros obtidos (US$ 451.018) sobre um investimento de US$ 50.437.321. Possível peculato.

2005:

- Não existe nenhuma prestação de contas sobre o fideicomisso de US$ 38.598.000, decreto provincial 393/05, "garantia de empréstimo projeto Construção e Instalação de uma linha de fabricação de Clinker de Cimento Portland em Pico Truncado".
- Não se pode justificar a diferença entre o valor declarado na origem dos Bônus da Província de Tucumán, de US$ 1.594.000, e o valor residual de US$ 341.571 e os bônus permutados Consadep por US$ 414.398. Possível malversação.

O promotor Vivanco observa com relação aos exercícios de 2003, 2004 e 2005, e aos exercícios em geral, que o Tribunal de Contas "nunca aprovou os relatórios sobre saldos emitidos pelo Poder Executivo Nacional, mas se limitou a atestá-los".

Na manhã de 24 de maio de 2007, o presidente Kirchner afirma, em entrevista a Magdalena Ruiz Guiñazú, na Rádio Continental: "Os fundos já estão repatriados. Estão no país em títulos e bônus. Deixei-os em segurança, embora pudesse tê-los gasto". No mínimo, a versão era singular: os fundos continuavam na Suíça, sob a administração e custódia do Banco de Santa Cruz, na Paradeplatz, 8, Zurique, Río Gallegos.

Tudo pode ser pior

Enquanto Néstor Kirchner foi governador da província, a maioria dos fundos foi depositada em seu nome. Ao assumir a Presidência da Nação, a titularidade do depósito passou para a província de Santa

Cruz. A partir da suposta "repatriação" durante o governo de Acevedo (quando dos teóricos US$ 521 milhões se trouxe apenas US$ 100 milhões que foram investidos na compra de Boden), o dinheiro esteve com um fideicomisso a cargo do Banco de Santa Cruz, tal como consta em um relatório apresentado pelo mesmo banco para o Tribunal de Contas, assinado pelo gerente geral do banco e membros do escritório de contabilidade Pistrelli, Henry Martin e Associados. A situação dos fundos em 31 de dezembro e 2006 era assim:

- Notas do Tesouro dos Estados Unidos: US$ 256.704.228
- Letras do Tesouro dos Estados Unidos: US$ 132.883.832
- Títulos em dívida pública argentina: US$ 89.999.972
- Total: US$ 479.592.961

A esta soma devem-se acrescentar US$ 38.888.528 em vários bônus (Mendoza 2018, Formosa, Par 2038 etc.). Isto totaliza US$ 518.481.489 – valor confirmado pelos organismos competentes.

Finalmente, na última quarta-feira, 26, em plena crise com os produtores rurais, o governador Daniel Peralta voltou a anunciar a repatriação dos fundos: US$ 380 milhões, de um total não especificado que – se supõe – será trazido em parcelas.

No fechamento desta edição, a única conta da província no Banco de la Nación, em nome do Tesouro da Província de Santa Cruz, não registrou movimentação alguma. Os fundos continuam na Suíça. Ao ser questionado se os fundos haviam ou não sido depositados, o porta-voz do banco, Ángel Coraggio, respondeu:

– Essa informação precisa ser fornecida pelo governo da província; nós não estamos autorizados. Devemos manter o segredo bancário.

Por que o anúncio foi anterior à transferência? Existe uma resposta possível. Logo depois do anúncio, o governo percebeu uma pequena desvantagem: para transferir o dinheiro, o Credit Suisse deve fazê-lo em dólares para uma filial do Banco de la Nación – neste caso, a sucursal do banco em Nova York.

Patricio Suárez Bayo, gerente de carreira em Manhattan, passou a semana em linha direta com as autoridades de Buenos Aires, sem conseguir dormir: o que acontece se a Justiça estadunidense resolver embargar a conta enquanto o dinheiro viaja de Zurique a Buenos Aires através de Nova York?

Existe algo pior que a incerteza dos fundos: são os *hold outs* estadunidenses, os detentores de bônus que ficaram de fora do acordo com o governo argentino. Eles exigem US$ 11 bilhões. Os principais são os fundos de investimento Ellis e Dart, que acionaram legalmente a Argentina solicitando a devolução de uma cifra entre US$ 4 bilhões e US$ 5 bilhões.

A estratégia do governo Kirchner, de manter em vigência a Lei de Emergência Econômica, não visa apenas a evitar o aumento das tarifas. Também permite que o país possa pagar com atraso as dívidas com os detentores de bônus que ficaram fora do acordo e com os credores do Clube de Paris. Em 2002, os juízes estadunidenses consideravam a Argentina um país falido. Será que ainda o consideram agora, com US$ 50,5 bilhões de reservas?

Como dissemos, o artigo citado anteriormente foi publicado em 2007. Hoje, no momento em que este livro está sendo finalizado, as reservas do Banco Central são menos de US$ 30 bilhões. Mais adiante abordaremos detalhadamente a economia da "década ganha".

Em seu escritório na sede de governo de Santa Cruz, o governador Daniel Peralta termina de fechar o círculo da história dos fundos em uma tarde de maio de 2013:

– Néstor sempre gostou de dinheiro. Ele gostava de açambarcar para antever. Por exemplo: o *royalty* saldado com um erro. Quando comecei a gastar esse dinheiro simplesmente porque não tinha fundos para pagar os salários atrasados, ficou irritado, mas na verdade para ele não importava tanto, porque foi Puricelli que começou essa operação.

– Como ele fez essa operação?

– Foi um processo pelo congelamento dos *royalties*. Suponha que o barril custasse US$ 10, mas pagavam US$ 60 para a YPF[24]. Pois bem, a YPF conseguiu a diferença na Corte Suprema e de repente apareceram US$ 700 milhões. Torramos a grana toda. Começamos a trazer aos poucos o que foi ficando e em 2009, 2010, comecei a colocar no banco. O que não sei é o que aconteceu com os primeiros US$ 700 milhões, porque Néstor sacou o dinheiro em seguida e então todos começaram a falar dos fideicomissos, quem ficou, com quanto dinheiro, não sei... aí se fazem acordos com quem aplica, que ninguém põe a mão. O cérebro dessa operação era um funcionário do Banco de Santa Cruz que se chamava Eduardo La Molida e era da linha do ex-vice-governador Arnold. Esse rapaz tinha muito conhecimento sobre engenharia financeira. Cavallo era contrário a tirar esse dinheiro do país, mas Néstor tirou e nunca trouxe de volta. Deixou a soma lá e negociava os juros com o banco que fosse e com quem aplicava.

[24] Yacimientos Petrolíferos Fiscales (YPF), empresa estatal argentina dedicada à exploração, refino e venda do petróleo e seus produtos derivados. (N.E.)

Capítulo III
O peso do dinheiro

Em 1991, quando Néstor Kirchner assumiu o governo de Santa Cruz, a província tinha 12 mil funcionários públicos. Hoje tem 70 mil.

– Néstor acreditava que precisávamos manter a população de Santa Cruz como refém e não discutir nada de liberdade econômica e autonomia – afirma um jornalista local sentado no bar de um hotel da Avenida Kirchner, em Río Gallegos. Nunca se produziu emprego de verdade na província. De fato, muitas vezes houve indústrias que quiseram se instalar e foram rechaçadas pelo kirchnerismo, que conseguiu deixar mais de 73% da economia de Santa Cruz dependente da administração pública. A única coisa que eles pensaram para gerar emprego foi o setor de obras públicas, com o fomento de cartel que vocês denunciaram. A partir de então houve uma obsessão pelo fluxo de dinheiro que corria solto.

Nos anos 1990 era apenas "esse Fulano", depois foi "o Negro" e logo depois foi "o Chefe". Como relata Lucía Salinas em seu livro *Quién es* Lázaro Báez ("Quem é Lázaro Báez"), o empresário resume o exemplo emblemático dessa política oficial: um caixa de um banco de província, muito próximo a Néstor, é quem acaba fundando a empresa Austral Construções em 2003, assim que Kirchner assume como presidente, e termina por comprar a maioria das construtoras da província. O último jantar de Néstor foi em seu chalé de El Calafate, ao lado de Lázaro Báez e das esposas de ambos. Além disso, foi

Lázaro quem construiu o monumental mausoléu que foi erguido no Cemitério de Río Gallegos para abrigar os restos do ex-presidente.

No dia 14 de abril de 2013, quando revelamos a rota do dinheiro de Kirchner, tudo mudou para sempre. Naquele dia o público pôde ver, através da câmera da TV, Leonardo Fariña e Federico Elaskar comentando as operações do Yabrán[25] de Cristina. "O dinheiro é tanto que deve ser pesado": esta imagem entrou no inconsciente coletivo e certamente resumiu a impunidade em torno do assunto. À medida que avançamos na investigação na Argentina e no exterior, ficou cada vez mais claro que Lázaro era Néstor e, consequentemente, Cristina.

O governo – Zannini e a Side[26] para sermos exatos – centralizou a defesa oficial na emissora América TV. Os novos negócios petrolíferos de Vila e Manzano encontraram uma missão patriótica: defender Fariña e Elaskar como se fossem Gandhi e Robin Hood. Aos poucos, o Estado foi reconhecendo que dispunha de várias informações e relatórios sobre operações suspeitas realizadas por ambos, que tinham sido protegidos pela unidade dependente do Ministério de Justiça que investiga lavagem de dinheiro.

- Um relatório do Banco Santander Río de 2010 sobre uma conta de 680 mil pesos de Elaskar.
- Um relatório do Banco Supervielle, de 2010, sobre uma conta de 670 mil pesos de Elaskar.
- Um relatório do Banco Central sobre SGI Argentina, relativo a um período de quatro meses, referente à soma de 15.600.000 pesos.

---

[25] Referência a Alfredo Enrique Nallib Yabrán (1944-1998), poderoso empresário argentino vinculado ao governo de Carlos Menem. Yabrán era neto de imigrantes libaneses. (N.T.)

[26] A Secretaria de Inteligência do Estado (Side) é o maior serviço de inteligência da República Argentina. (N.T.)

- Um relatório do Standard Bank de 2011 sobre Mario Acevedo Fernández, vinculando-o a Elaskar por uma quantia de US$ 90 mil.
- Um relatório da companhia de seguros La Holando Sudamericana sobre Elaskar, por tentativa de uma operação de 130 mil pesos e outra tentativa de outra firma ligada ao financista Vanquish Capital Group, de 330 mil pesos, ambos em 2011.
- Um relatório do Banco Hipotecário, de 2011, sobre a financeira SGI e Gustavo César Fernández, ligado à empresa, por quase 4 milhões de pesos.
- Um relatório de 2012 do Banco Central sobre a SGI, Don Francisco SRL, Agroganadera Los Toldos e outras sociedades ligadas à estrutura de Elaskar por 4.600.000 pesos.
- Um relatório produzido em 2011 pela Afip acerca de Fariña pela compra de um Audi e um BMW pela soma de 650 mil pesos.

– Na primeira e na segunda declaração de Elaskar as evidências de operações ilícitas são tão grandes que podem levá-lo direto para a prisão – afirma Alicia López, ex-presidente da UIF[27]. Percebe-se que está nervoso e cheio de incoerências. Telefonei para o Banco Central e soube que a financeira SGI não está autorizada para funcionar. Pode-se investigar? Sim, caso se queira. Mas estão deixando passar o tempo para que tudo se apague.

De acordo com um estudo da organização independente Tax Justice Network, milionários de todo o mundo têm entre US$ 21 trilhões e US$ 32 trilhões em paraísos fiscais. Desse total, US$ 399 bilhões são de argentinos, segundo o relatório *The Price of Offshore Revisited*. A cifra equivale a um PIB. A Argentina é um dos quatro países latino-americanos que mais enviaram dinheiro para paraísos fiscais entre 1970 e 2010.

[27] A Unidade de Informação Financeira (UIF) é o órgão do governo argentino responsável por investigar os delitos de lavagem de dinheiro. (N.T.)

A agência pública que falha no controle da evasão de divisas chama-se Procelac – Procuradoria Adjunta de Crimes Econômicos e Lavagem de Ativos, criada pela procuradora Alejandra Gils Carbó. Ela colocou Carlos Gonella na direção da agência, um promotor de Córdoba especializado em direitos humanos, sem experiência prévia em delitos financeiros. O único antecedente de Gonella é o processo de um estabelecimento comercial em Córdoba, que lavava dinheiro por meio da venda de drogas. A estrutura montada pelo Estado para a área só apresentou denúncias de lavagem de dinheiro em 9% dos casos.

– São vários negócios – afirma Mariana Zuvic, dirigente da Coalizão Cívica em Santa Cruz –, e ficaram em evidência quando vocês denunciaram a rota do dinheiro dos Kirchner. São negócios ligados à obra pública: a rota do dinheiro K se diversificou bastante nos postos de gasolina; mais de 80% deles não produzem renda; são circuitos para a lavagem de dinheiro. A compra de fazendas de forma compulsiva: mais de 25 fazendas, cerca de 500 mil hectares. São 12 fazendas em Santa Cruz, ele as comprou em dinheiro e em dólares, num período de tempo muito curto... as primeiras seis em apenas seis meses. Também fez incursões na atividade gastronômica, mas fechando locais para lavar dinheiro, e não porque não davam lucro. Naturalmente, hoje a empresa Austral Construções também está se desmantelando. Começaram reduzindo os cargos hierárquicos e agora seguem adiante com o resto dos trabalhadores. Noventa e cinco por cento das obras públicas da província foram destinados a Báez: são mais de 4 bilhões de pesos desde 2003 até hoje.

"Em apenas um mês ele apresentou cinco petições na Justiça", afirma Lucía Salinas em seu livro. "Trouxe mais quatro advogados novos, além dos que já tinha. Foi indiciado em uma causa com seu filho Martín e chamado a prestar depoimento. Denunciou Federico Elaskar, Leonardo Fariña, Jorge Lanata. Pediu que a empresa Artear S.A. fosse intimada. Não descartou denunciar Elisa Carrió. Falou sobre uma Justiça lenta; disse que não tem para quem acudir e quando lhe perguntaram se confiava na Justiça, escolheu o silêncio."

– Tenho a sensação de que Lázaro Báez não entende onde está metido. Tive pena ao vê-lo mostrando sua casa – diz o governador Peralta. – Não falei com o Negro depois dessa confusão, mas não me parece que esteja bem. O problema são as estruturas empresariais: tem 4 mil funcionários. Agora todos os negócios dele estão em baixa.

O chamado "Caso Gotti" revela com clareza até que ponto Lázaro Báez era Néstor, até onde recebeu proteção oficial para gerar dinheiro ilegal com contratos de obras públicas, e até onde, como declarou ele mesmo em uma entrevista ao seu próprio jornal *Prensa Libre*, poucos dias após a morte de Néstor: "Agora Cristina é a chefa".

Na gíria empresarial, usa-se o termo "fábricas" para se referir às empresas fantasmas localizadas em diferentes pontos do país, que se dedicam a emitir (vender) faturas falsas para outras empresas que necessitam de recibos falsos para evadir impostos. O caso de uso de faturas falsas emitidas por uma usina é o da construtora tcheca Skanska, que comprou recibos falsos para dissimular o pagamento de propinas a funcionários dos Kirchner em meio a uma licitação para a construção de um gasoduto. A propina foi admitida pelos executivos da companhia, mas a Justiça argentina não pôde encontrar nenhum culpado.

Formalmente, a Gotti S.A. não consta em nome de Lázaro Báez, mas ele tinha controle total sobre a empresa. O ex-caixa do banco de Santa Cruz e Sergio Gotti formaram a Construtora Austral em maio de 2003, com Guido Santiago Blondeau. Gotti e a Construtora Austral também compartilham o procurador legal Roberto Saldivia.

Diego Palleros, filho do traficante do caso de tráfico de armas durante a presidência de Carlos Menem, trabalhava na Palma S.A., outra empresa que fez parte da manobra de evasão. Era casado com Irene Báez. Outro personagem que teve papel decisivo nessa manobra foi Fernando Butti, contador e *alter ego* de Lázaro Báez, casado com Andrea Cantin, sobrinha dele e procuradora de Invernes, uma das empresas ligadas ao escândalo da rota do dinheiro dos Kirchner. Durante muito tempo, corria na *city* financeira de Buenos Aires o boato de que o nome da empresa escondia outro muito mais evidente: Inversiones Néstor (Investimentos

Néstor), mas na verdade foi operada por Ernesto Clarens. O terceiro acionista da Austral, Blondeau, foi diretor titular de Invernes. Todas as empresas compartilhavam o endereço de Pasaje Carabelas 241.

Em 2005, a Afip pôde confirmar o uso de faturas falsas por parte de grandes contribuintes do setor público. Após reunir a prova, Alberto Abad envia a denúncia à Justiça Penal Econômica, onde se abre a "Megacausa Di Biase", em que se investigam cerca de 3.500 companhias suspeitas de evasão. Abad resolve fazer a denúncia sem consultar o poder político e imediatamente começa a sofrer pressões. Em meados de 2006, o titular da Alfândega, Ricardo Echegaray, tem uma série de conflitos legais com Abad. Paralelamente, cresce o assédio da mídia sobre o titular da Afip.

No dia 7 de julho de 2006 surge o primeiro e-mail sobre as construtoras Gotti e Austral. O e-mail tem a assinatura de um inspetor geral e está endereçado a Norman Williams, diretor-geral da área sul da Afip, com sede operacional em Comodoro Rivadavia, mas com jurisdição em Santa Cruz. Na mensagem, o inspetor informa que apenas com os dados automáticos do sistema, sem fazer nenhuma pesquisa em particular, foi detectada uma evasão das empresas de Lázaro Báez, com faturas falsas de 120 milhões de pesos. Levando-se em conta apenas a evasão de Imposto sobre o Valor Agregado (IVA) entre 2003 e 2006, chega-se a 25 milhões de pesos.

"A relevância do contribuinte, a utilização de comprovantes por nós refutados, assim como de outros já classificados como apócrifos, e as consequências penais envolvidas, justificam que siga formalmente por esse caminho", conclui o e-mail. Essa mensagem deve ser entendida no âmbito de uma estrutura vertical como a da Afip: Williams não investiga a sós, mas sim subordinado ao seu chefe direto, o subdiretor nacional das Operações de Impostos, Jaime Mecikovsky, que por sua vez mantém informado seu superior, o titular da DGI, Horacio Castagnola – que faz o mesmo com Abad.

Em seu livro *El dueño* ("O dono"), Luis Majul traz uma parte dessa história:

"Williams, Mecikovsky e Castagnola são profissionais de carreira, mas não são ingênuos", escreve Majul, "por isso informaram a seus chefes sobre como estavam as coisas. Explicaram que a investigação dizia respeito às empresas consideradas 'amigas do poder'." [...] Este é o relato de um dos agentes que participou da preparação da investigação.

"Não fomos procurar as empresas amigas do Presidente. Entramos na base de dados dos fornecedores do Estado. A primeira informação que veio à tona, na região de Comodoro Rivadavia, foi uma grande fábrica de faturas apócrifas ligadas ao setor público. Encontramos esse tipo de procedimento junto a Gotti S.A., Construções Austral, Badial S.A., Gancedo S.A. e Casino Club S.A. Esta última pertence a Cristóbal López; o resto é de Lázaro Báez. Depois de confirmar tudo, enviamos o relatório para Abad, antes de proceder às inspeções completas. Alertamos a ele que sem ainda ter nos aprofundado, a evasão chegava a quase 9 milhões de pesos e que, se não começássemos a investigar, nós, fiscais da Receita, poderíamos ser presos, de acordo com o artigo 15 inciso C da Lei Penal Tributária."

Abad deu sinal verde a seus homens para que a investigação seguisse adiante. No dia 9 de agosto de 2007, Mecikovsky enviou um e-mail para Abad com cópia para Castagnola: "As fábricas estão na mira de duas diretorias regionais da capital que investigam a evasão fiscal em parceria com Comodoro Rivadavia". No dia 17 de agosto, uma semana depois, Williams recebeu outro e-mail, no qual seu supervisor lhe aponta que o desfalque com faturas falsas tinha chegado a 410 milhões de pesos em um ano, e que a evasão de IVA já atingia 86 milhões de pesos.

Os fiscais da Afip já sabiam onde começava o novelo: em Lázaro Báez. Mas os fatos se precipitaram. Cristina assumiu a Presidência em 10 de dezembro de 2007 e o kirchnerismo deu início à ocupação de todos os cargos da Afip. Majul recorda que em 11 de março de 2008 Abad enfrentou publicamente Ricardo Echegaray – que colocara em dúvida o Sistema María, uma base de dados que conecta todas as alfândegas do país. No dia 18 de março a presidenta aceitou a renúncia dos dois. Em 5 de maio, Claudio Moroni assumiu a direção da Afip. Dias depois, convocou Castagnola e comunicou:

– Estão me pedindo as cabeças de Mecikovsky e de Williams.

– Quem está pedindo? – perguntou Castagnola.

Moroni fez um gesto com o polegar, apontando-o para o alto.

Em junho de 2008, Williams, ciente das fortes pressões políticas, renunciou. Castagnola e Mecikovsky foram substituídos em 31 de julho. Depois começou o vendaval. Segundo o que foi publicado no *Boletín Oficial* ("Diário Oficial"), os chefes que foram transferidos ou se demitiram foram os seguintes:

- A contadora Mariana Schanzenbach (da Agência Río Gallegos para Bariloche).
- O contador Pablo Oleaga (Departamento Bariloche; renunciou).
- O contador Edgardo Arévalo (transferido do Depto. Caleta Olivia para Puerto Madryn).
- O contador Rodolfo Galizzi (de Puerto Madryn para a Agência Trelew).
- O contador Carlos Leturia (Agência Trelew; renunciou).

Mas o vento da burocracia continuava soprando o caso Gotti para Buenos Aires. Moroni só fez a primeira parte do trabalho sujo, e em seguida Echegaray reapareceu em cena, assumindo o cargo de titular da Afip em 30 de dezembro de 2008. Em menos de duas semanas ele conseguiu garantir para si o controle absoluto do sistema informático. A partir de então, nos primeiros meses de gestão, mudou o destino de mais de 300 chefes e pôs em prática mais de 1.200 transferências de serviços: dissolveu completamente a linha que investigava Lázaro Báez; passou o caso Gotti da Diretoria Regional de Comodoro Rivadavia para a Região Sul Metropolitana, onde foi formada uma nova equipe.

Mas o processo continuava seu trâmite na Justiça. Foi quando o governo resolveu fazer uma "lei com nome e sobrenome": em 1º de março de 2009 lançou uma polêmica lavagem de dinheiro e a moratória para o perdão das dívidas de impostos. Aqueles que recorressem à oferta de trazer o dinheiro de volta para o país eliminariam imediatamente a responsabilidade penal pela evasão de divisas e a Afip desistiria de acioná-los judicialmente.

Lázaro Báez conseguiu uma moratória fiscal de 75 milhões de pesos. Finalmente, em setembro de 2012, a Justiça encerrou a causa penal contra ele por uma evasão de 400 milhões de pesos. Composto por novos membros, o tribunal fiscal revogou a decisão da Afip que o deixava na iminência de outro processo jurídico por suposta lavagem de ativos. Por dois votos contra um, a empresa Badial S.A. conseguiu que a Sala A do Tribunal Fiscal revogasse as conclusões dos fiscais da Afip que a apontavam como responsável por evasão fiscal.

Capítulo IV

A caldeira do diabo

No começo da década Kirchner, a cidade de El Calafate tinha pouco mais de 3 mil habitantes. Hoje tem mais de 22 mil. Transformou-se em um lugar de contrastes: mansões milionárias e bairros pobres, casas de um ou dois milhões em San Bernardo ou Santa Teresita. Calafate era aonde a classe dirigente da província de Santa Cruz ia para comer um churrasquinho no fim de semana, o sonho almejado dos moradores da classe média alta da capital, Río Gallegos.

Assim como Chascomus ou Anillaco, El Calafate se instalou no mito dos argentinos quando Cristina Kirchner chamou-a de "seu lugar no mundo" ou talvez antes, quando Néstor Kirchner foi à geleira Perito Moreno para tirar uma foto ao lado dos reis da Espanha. Dez anos depois, a cidade está totalmente conectada com Buenos Aires: há 12 voos diários na alta temporada e 7.827 leitos de hotel, que permanecem a maior parte do tempo desocupados. O aeroporto de Calafate é operado pela London Supply, a mesma empresa que emprestou dinheiro para Vanderbroele a fim de comprar a gráfica Ciccone.

No aeroporto é preciso passar por um detector de raio X e entrar como se estivéssemos no exterior. No caminho para a cidade, é obrigatório parar diante de uma patrulha policial que identifica todos os visitantes assim que eles chegam.

Segundo os dados do Indec, em princípios dos anos 1980 cerca de 1,5 mil pessoas viviam em El Calafate. Os acessos para o povoado não eram asfaltados e não havia um aeroporto internacional como o que existe desde 2000, mas um com uma pista de pedrinhas onde a companhia aérea Lade aterrissava. Mas a maioria dos visitantes vinha de Río Gallegos, em uma linha regular de ônibus. Em 1995, Néstor Kirchner participou ativamente da campanha de Néstor Méndez para prefeito, e entre 1996 e 2006 Méndez se converteu em uma espécie de administrador de fazenda. Ninguém se esquece de suas brigas no El Gran Judas, o cabaré mais frequentado do lugar, localizado a apenas 500 metros da casa de Cristina Kirchner. Em setembro de 1996 o arquiteto Ernesto Cañas, secretário municipal de Obras Públicas, outorgou o certificado de proprietários a Néstor e Cristina Kirchner.

– Méndez me liga e diz: – lembra agora Cañas – "Olha, estive com Néstor e Cristina quer comprar um terreno arborizado. Acontece que o único terreno arborizado era um que eu tinha expropriado da Uocra porque eles o deixavam abandonado. Enviamos-lhe o decreto de adjudicação e ponto. Acho que eles pagaram US$ 54 ou US$ 56 mil, porque fui eu que assinei. Eram mais de 12 mil metros. Um dia veio Barreiro, o secretário, com o dinheiro".

Cañas foi também o arquiteto que projetou e construiu a casa de Néstor e Cristina – a casa em que Néstor morreu, em 27 de outubro de 2010. Em maio de 2013 ele explicou, no programa *Periodismo para todos*, que o ex-presidente resolveu que deveria haver uma cripta na casa para guardar documentos de teor financeiro e dinheiro.

– Escute, quero que você imagine uma cidade de 60 mil habitantes; quero uma Bariloche do sul.

Após essas palavras de Néstor a Méndez, teve início a entrega indiscriminada de terras do Estado para funcionários e amigos do poder, a 7,50 pesos por metro quadrado.

– Em El Calafate você pode observar tudo – afirma o dirigente ligado ao Partido Radical Álvaro De Lamadrid. – Podia-se ver uma pessoa começar a cercar um terreno sem nenhum atrativo e depois construir a casa. Não era alguém do lugar; era um recém-chegado. Enquanto isso acontecia à vista de todos, os que haviam solicitado sua terra havia vinte anos ainda continuavam esperando.

Certo dia, Jacinto Gómez, o açougueiro do lugar, apareceu no escritório de Lamadrid. Gómez tinha a propriedade de 150 hectares na área de Punta Soberana, uma planície natural com vista para o povoado e para o lago Argentino. Juan Domingo Perón havia lhe outorgado a posse da propriedade em 1946, quando Santa Cruz ainda era território nacional e não uma província, e não tinha prefeito. Na época, Gómez tinha que formalizar e pagar as terras para uma repartição do Estado.

Embora ocupasse as terras, Gómez ficou sem escritura durante décadas – até que lhe foram expropriadas no final dos anos 1990. Então ele iniciou um processo contra a província, que terminou na Suprema Corte provincial. O titular da Corte era Carlos Zannini, atual secretário-geral da Presidência. O ex-ministro Varizat (que ficou famoso em 2006 por atropelar um grupo de professores durante uma manifestação em Río Gallegos) propôs a Gómez ficar com 20 dos 150 hectares, "caso contrário você vai ficar sem nada, porque Néstor será presidente". Pressionado, Gómez aceitou.

No dia 3 de agosto de 2013, Mariela Arias, correspondente do jornal *La Nación* em Río Gallegos, revelou que Cristina Kirchner e Lázaro Báez compartilham a propriedade de um terreno em Punta Soberana, no mesmo local onde Jacinto foi expropriado. São 87 mil metros quadrados na margem sul do rio Argentino em terras do Estado que Cristina adquiriu em 2006, a 1,19 pesos por metro quadrado, e dois anos mais tarde, permutou a metade para a empresa Austral Construções. Trata-se do domínio 5285 do Registro de Propriedade Imóvel de Santa Cruz: nove hectares que estão a cerca de dez quilômetros do centro da cidade. No mesmo relatório consta que, em 11 de julho de 2008, a companhia Austral Construções comprou 50% do terreno pelo valor de 150 mil pesos através de uma permuta, e, dessa forma, transformou-se em coproprietária com Cristina Kirchner. Em 2009 a chefe de Estado informou na sua declaração de imposto de renda que o terreno tinha a metade do seu valor. Até então, a única ligação imobiliária entre o casal Kirchner e Báez eram os dez apartamentos construídos juntos na rua Mitre, em Río Gallegos.

Em 17 de dezembro de 2006, em parceria com Hector Barabino e Luciana Geuna, publicamos um artigo no jornal *Perfil* que comprometeria o futuro de Méndez como prefeito reeleito:

O presidente Kirchner, sua esposa, funcionários do governo federal e da província de Santa Cruz compraram nos últimos meses grandes extensões de terras do Estado na zona turística de El Calafate. As terras lhes foram entregues sem nenhum processo de licitação, em superfícies que pelo menos triplicam a extensão das que são entregues aos moradores comuns, e a um preço de 7,50 pesos por metro quadrado, enquanto o preço de mercado oscila entre 30 e 120 pesos. Enquanto isso, três mil pedidos de terrenos do Estado estão pendentes de aprovação municipal, e os serviços essenciais na cidade turística – cuja população cresceu mais de 150% nos últimos anos – está em colapso: falta água, energia, gás e esgotos.

As escrituras

O despacho 0030/06 do Cadastro Municipal, com data de 3 de janeiro de 2006, autoriza a venda em favor de Néstor Carlos Kirchner de 20.033 metros quadrados localizados na quadra 820, "ao preço de sete e cinquenta pesos ($7,50) por metro quadrado, destinados para o comércio".

Com a assinatura do prefeito Néstor Méndez, o decreto municipal esclarece que o valor deverá ser pago "em dinheiro ou por meio de um plano de pagamento em um prazo de trinta dias", e que se deve "pagar a soma de 350 pesos pela medição e demarcação". Antes do prazo de 30 dias, uma resolução do secretário de Fazenda (Nº 1229/2006) aprova o plano de facilitação de pagamento solicitado por Kirchner, por 165.002 pesos e 8 centavos. Esta propriedade – e outra de tamanho semelhante sobre a qual falaremos mais adiante – se soma às cinco propriedades dos Kirchner em El Calafate, incluindo a casa de 520 metros quadrados, dois andares e uma vista espetacular da Bahia Redonda. De acordo com sua declaração juramentada, o presidente comprou esse terreno em 2001 e declarou ter investido 578.708 pesos na propriedade.

Em 2002, ele adquiriu um lote com 2.100 metros quadrados a mais e, em março de 2005, comprou outros três terrenos com uma superfície total de 60 mil metros quadrados. Os terrenos foram comprados com um crédito do Banco de Santa Cruz pelo valor de 276.640 pesos, quase o mesmo que ele recebe anualmente – segundo sua declaração juramentada – por aluguéis: 276.793 pesos, cobrados regularmente por seu filho Máximo, Osvaldo "Bochi" Sanfelice (amigo íntimo do presidente e ex-diretor de Receita da província) e o vice-governador da província, Carlos Sancho.

A febre que tinha o presidente de acumular terras em El Calafate continuou em abril daquele ano, quando lhe foram concedidos 18.258 metros quadrados na fração CLVIb Lote 7, por meio do decreto municipal 479/2006 – também por 7,50 pesos por metro quadrado e destinados ao comércio.

Em 14 de fevereiro de 2005, a esposa do presidente, Cristina Elizabet Fernández, comprou 44.106,41 metros quadrados de terras do Estado destinadas à atividade comercial. Ela também desfrutou do preço promocional de 7,50 pesos por metro quadrado. Já tinha uma chácara instalada em 10.042 metros quadrados de terras do Estado na Propriedade Rural 178 Cadastro Municipal C11-Q178-000, e pagou na época 500 pesos para a realização da medição e demarcação. O vice-governador foi mais humilde: em 3 de agosto de 2005, o prefeito Néstor Méndez decretou que as obrigações de Carlos Alberto Sancho em relação a 1.297,60 metros quadrados de terras da província estavam cumpridas. Outras estrelas convidadas compraram seu lote de terras do Estado no Paraíso: Juan Antonio Bontempo (ministro da Economia da província, adquiriu 2.527 metros quadrados e também pediu facilitação no pagamento); Jorge Esteban Banicevich (deputado da província e ex-prefeito de 28 de Novembro, um povoado perto de Río Turbio, comprou 1.492 metros quadrados); Héctor María Espina (dirige a pasta dos Parques Nacionais da Argentina, adquiriu 1.390 metros quadrados); Jorge Alfredo Mac Leod (dirige o Partido Justicialista – PJ – local, adquiriu 10.400 metros quadrados para uma chácara); Rudy Fernando Ulloa Igor (ex-motorista presidencial, atual "Czar das Comunicações", comprou 1.336 metros quadrados); Osvaldo José Sanfelice (sócio da imobiliária do presidente, adquiriu 1.321 metros quadrados); Romina de los Ángeles Mercado (filha de Alicia Kirchner e Bombón Mercado, comprou 10.060 metros quadrados para uma chácara).

O negócio

El Calafate tem uma lei que torna obrigatória a licitação pública de terrenos do Estado. Em agosto de 2002, o prefeito Méndez exibia essa norma com orgulho: "Uma licitação pública é a melhor forma de dar transparência aos preços", dizia então para a imprensa local; "o município podia ter outorgado terrenos diretamente, até podiam ter sido outorgados como chácaras; dessa forma o preço é definido pelo mercado". E o mercado definiu, mas foi Bombón Mercado. "Divulgamos isso e houve investidores visionários que o conseguiram!", exaltava-se na época uma imobiliária na imprensa. "De 189 documentos com as especificações técnicas comprados, foram apresentados 140 envelopes. Todos os lotes têm vista para o lago."

A licitação de referência era a de Punta Soberana, uma área do Estado sem nenhum desenvolvimento, mas que parecia ser a mais cara no futuro e tinha tudo para ser uma área residencial. Vários amigos do poder compraram ali por 7,50 pesos por metro quadrado, e poucos dias depois puderam vender facilmente por 100 ou 120 pesos o metro. A avenida Libertador é um divisor de águas em El Calafate: do lado onde fica o lago, onde está a avenida Costanera, agrupam-se os ricos adeptos de Kirchner; já do lado do Cerro e da Estância Huyliche o lugar tem o aspecto de um bairro muito precário.

"Primeiro Santa Cruz, de dia sem água e de noite sem luz", diz o vice-presidente do Partido Radical local, Álvaro De Lamadrid, parafraseando o refrão oficial.

Na área do chamado Aeroporto Velho (uma pista inaugurada perto de 46 casas por Kirchner e Menem, que nunca chegou a funcionar como tal), o metro quadrado que a prefeitura concedeu a 7,50 pesos custa – de acordo com os jornais de Río Gallegos – entre 100 e 110 pesos; em Punta Soberana entre 30 e 45 pesos; e na área de chácaras, 120 pesos.

"Isto não é Anillaco. É outra coisa", irritou-se com *Perfil* o prefeito de El Calafate, em novembro de 2005. Néstor Méndez era motorista do Hospital Distrital José Formenti e prepara sua terceira reeleição. Nos últimos 12 anos, com um salário oficial médio de 2.500 pesos, conseguiu poupar somas incríveis: Méndez constrói um hotel ao lado de sua casa (aprovado pelo despacho 2388/05), que terá vista para a Costanera e 60 apartamentos. El Calafate não tem Lei Orgânica Municipal nem boletim oficial, de forma que os atos do governo são quase secretos. As cópias das leis devem ser solicitadas pessoalmente na Câmara de Vereadores. Em 1989, El Calafate tinha 1,6 mil habitantes. Segundo o censo oficial de 2001, a população chegava então a 6,55 mil e hoje deve estar próxima a 10 mil. Méndez não é mais motorista do hospital e agora o nome de José Formenti está ligado ao mundo *fashion*: nesse fim de semana acontece o "Calafate Mega Show", em seu benefício. O espetáculo tem uma passarela entre a Pousada dos Álamos até o campo de golfe do único cinco estrelas de Santa Cruz. Cristina K será a estrela da noite, e desfilarão Julieta Prandi, Eliana Guercio, Ivana Saccani, Soledad Solaro, Pía Slapka e Rocío Guirao Díaz. Como já disse Roberto Giordano por ocasião de um desfile anterior organizado com a ajuda de Cristina: "El Calafate é uma cidade ímpar. É melhor que Punta del Este".

O melhor desse artigo está nos seus desdobramentos, que vieram pouco depois. O advogado Álvaro De Lamadrid o incluiu como prova na petição judicial. A discussão que mantive com o prefeito Méndez no *Lanata AM*, o programa de rádio que produzíamos naqueles dias na Rádio Del Plata, foi a que selou o destino do prefeito. Méndez se expôs tanto nessa conversa que sua carreira política caiu em desgraça. A partir desse momento, Cristina afirmou que não podia existir um homem com esses modos comandando sua terra prometida e começou o jogo para a eleição de um novo candidato. A seguir reproduzimos os momentos mais importantes da entrevista:

MÉNDEZ: Boa-tarde, Jorge, informe-se antes de escrever, porque estava escutando o senhor Barabino, de Río Gallegos, e creio que vocês devem traçar um quadro claro do que acontece em Calafate, e precisar que se trata de uma opinião contra o governo e contra a minha pessoa.

LANATA: (Méndez continua a falar) Não, Méndez, veja... vamos...

MÉNDEZ: Esclareço isso, Jorge, porque você não pode falar sobre mim, e eu não posso falar de você... Deixo isso bem claro, escutei muitas vezes as pessoas dizerem que você é homossexual e não posso afirmar que você seja mesmo, porque não o conheço.

LANATA: (Risadas) Sabe, Méndez, isso me deixa fascinado (Méndez continua falando sem parar). Méndez? Méndez? Sou homossexual, não se preocupe com isso, Méndez; se o senhor me procura até podemos dar uma transadinha... Então eu lhe telefono por um roubo que o senhor autorizou. O senhor entende? (Méndez continua falando ao fundo.) Ouça-me, Méndez! O senhor está me perguntando se sou gay e eu estou perguntando se o senhor é ladrão, Méndez; estou perguntando se o senhor e o presidente para quem o senhor deu terras do Estado por decreto são ladrões.

MÉNDEZ: Jorge, eu dou para o senhor, para o presidente ou para a pessoa que queira investir em El Calafate. Fico contente que um terreno que vale 4,50 pesos valha 120 pesos; não pretendo vender às pessoas alguma coisa que valha 7,50 pesos e depois valha 4 pesos. Isso seria extremamente triste para uma cidade, digamos que o Estado tenha um preço fiscal no valor imobiliário local; para Calafate seria deprimente que a cidade tenha hoje um preço padronizado de 7,50 pesos e que depois valha menos. O bom é que em Calafate o que antes valia menos agora vale muito mais.

LANATA: Veja, Méndez...

MÉNDEZ: Jorge, me deixe falar! Deixe-me falar, afinal de contas, para que você me liga? Fale você se for assim...

LANATA: Não, não estou telefonando para lhe perguntar; parece-me que o senhor é um pouquinho valentão. Ouça-me, Méndez, isso aqui não é Calafate, esse programa está sendo transmitido por uma emissora de rádio, seja honesto, Méndez, seja digno, não estamos em Calafate, aqui não se intimidam as pessoas como em Calafate, vá com calma. Deixe-me fazer uma pergunta?

MÉNDEZ: Se você me ligou...

LANATA: Até agora não lhe perguntei nada, só lhe respondi sobre a minha sexualidade, Méndez.

MÉNDEZ: Bem, vou responder o que eu quero. Escute-me, Jorge: isso confirma o que às vezes me permiti dizer, que a única impunidade que existe neste país são as asneiras que vocês dizem; isto, sim, é grátis. Viu? Porque eu não tenho um hotel de 60 apartamentos, porque o hotel que fica perto da minha casa não é meu e não tem 60 apartamentos, mas 86, começando por aí divulgue informações um pouco mais exatas, porque caso contrário sempre vão jogar um peixe podre nas pessoas. Outra coisa, me parece incrível que o presidente e outras pessoas invistam em Calafate, eu seria um prefeito imbecil se lhes dissesse não comprem aqui porque os jornalistas vão me questionar, vão me criticar; vamos ver se Lanata me está escutando ou se vai divulgar informações que podem ser totalmente falsas, mas tudo bem... as pessoas também sabem alguma coisa, você está com o jornal *Perfil*, contra o governo, contra o doutor Kirchner; Barabino estará sempre contra o doutor Kirchner, e está contra ele desde que era governador. Ou seja, vamos dizer as coisas claramente para que as pessoas fiquem esclarecidas sobre o que nos querem vender.

LANATA: Quando o senhor queira lhe pergunto, ok? O senhor deve me dizer.

MÉNDEZ: Eu, como prefeito, o que eu quero? Que o presidente invista aqui, que todos os argentinos invistam aqui, que sejam bem-vindos e comprem.

LANATA: Posso lhe fazer uma pergunta, Méndez?

MÉNDEZ: O que eu lhe diria? Que a terra que a prefeitura vendeu a 4,50 pesos depois valha 4... tomara que depois que comprem a terra ela valha 120...130...!

LANATA: Posso lhe fazer uma pergunta, Méndez? Continuo esperando...

MÉNDEZ: ... Os preços variam, aqui as pessoas não só tem que ter o terreno, mas têm obrigações a cumprir. Precisam fazer a medição, a cerca, arborizar; precisam fazer algum investimento mínimo e obviamente que depois o terreno se valoriza mais... e eu dou para todo mundo, Jorge... e quando você veio em 1997 e se hospedou no El Mirador del Lago, se tivesse me pedido um terreno eu o teria dado a um preço baratíssimo, porque naquela época os terrenos nem valiam tanto, pelo menos nas imobiliárias.

LANATA: Posso fazer uma pergunta, Méndez?

MÉNDEZ: Sim.

LANATA: Vou lhe dar uma lista e quero que o senhor simplesmente a confirme.

MÉNDEZ: Veja, não tenho tanta memória, dei terrenos para mais de 10 mil pessoas.

LANATA: Não se preocupe, escute a lista, só isso... Desculpe, quem está assoprando do seu lado? Dá para escutar uma voz.

MÉNDEZ: (silêncio) Não, não, estou sozinho.

LANATA: Ah... sozinho? O senhor é ventríloquo? Escute, quero fazer uma pergunta para o senhor, por favor. O senhor deu terras para Claudio Kirchner, sobrinho do presidente; Rudy Ulloa Igor, ex-chofer de Néstor, agora empresário de um conglomerado de comunicação; Oscar Zaeta, escrivão oficial; Leandro Vidaurre, assessor jurídico; Pablo Grasso, empresário testa de ferro; Oyarzún Fabio, secretário de Governo; Sánchez Noya Álvaro, secretário de Planejamento; Zaeta Oscar Osvaldo, escrivão; Mazú Matías, prefeito de Río Turbio; Mario Layún, porta-voz do Tribunal de Contas; Meyer Federico, irmão do secretário de Turismo; Leandro Vidaurre, assessor legal municipal; José Francisco López, secretário de Obras; Jorge Magliot, secretário de Obras; Clara Zalazar, presidente do Tribunal Superior de Justiça; Osvaldo Sanfelice, proprietário de Negócios Imobiliários (Sancho-Sanfelice-Kirchner); Carlos Sancho, vice-governador; Cristina Fernández, primeira-dama?

MÉNDEZ: (interrompe) Bem, mas ouça-me...

LANATA: Ainda não terminei, Méndez, me escute, eu escutei o senhor... Daniel Varizat, ministro do governo; Julio Ciurca, subsecretário do governo; Carlos Kirchner, primo do presidente; Álvarez Campos; María Sol, filha da ex-ministra de Assuntos Sociais; Ricardo Echegaray, Administrador da Alfândega; Leandro Vidaurre (Nota da Redação: sobrenome que se repete como outros, porque em cada caso é uma adjudicação diferente); Jorge Banicevich, deputado provincial; Juan Bontempo, ministro da Economia; Isidoro Chaile, ex-ministro do governo; Mario Layún, porta-voz do Tribunal de Contas; Sánchez Noya, secretário de Planejamento; Oscar Zaeta novamente; Natalia Mercado, filha de Alicia Kirchner; Romina Mercado, filha de Alicia Kirchner; Cristina Fernández, primeira-dama; Selva Judith Forstmann, vice-governadora; Carlos Layún, irmão do porta-voz do Tribunal de Contas; Aníbal Billoni, reitor da Universidade Nacional da Patagônia Austral; Julio Ciurca, ministro provincial; Romina Mercado, filha de Alicia Kirchner; Valerio Martínez; Héctor Daniel Muñoz; Liliana Korenfeld, ex-secretária do governo provincial; Federico Meyer, filho do secretário de Turismo; Carlos Ramos, subsecretário fiscal do Estado; Liliana Korenfeld, ex-secretária do governo; Lázaro Báez, empresário; Santiago Lozada, juiz provincial, genro de Alicia Kirchner; Ricardo Victoria, juiz de Paz de Río Gallegos; María Julia Victoria, filha do juiz de Paz; Juan Carlos Riquez, seu primo;

Álvaro Sánchez Noya, secretário de Planejamento; Martín Layún, sobrinho de Kirchner; Alejandro Buccolini, ex-bispo de Santa Cruz; Fulvio Madaro, presidente da Enargas; Héctor Espina, presidente dos Parques Nacionais; Lázaro Báez, empresário; Fabio Oyarzún, vereador; Jorge Cabezas, vice-presidente da Câmara de Vereadores; Fabio Oyarzún, vereador; Néstor Carlos Kirchner, presidente da nação; Juan Antonio Bontempo, ministro da Economia; Carlos Miguel Kirchner, primo do presidente; Claudio Ángel Kirchner, sobrinho do presidente; Mario Layún, primo do presidente; Cristina Fernández, esposa do presidente; Néstor Kirchner, presidente; Enrique Meyer, secretário de Turismo; e o senhor próprio, prefeito local, que se adjudicou a si mesmo.

MÉNDEZ: Bem... você está dizendo asneiras.

LANATA: Se isso é uma asneira, leio os números dos expedientes e quantos metros o senhor deu para cada um.

MÉNDEZ: Bem, mas... Jorge, Jorge, Jorge, escute uma coisa, é uma besteira todas essas pessoas serem proibidas de investir em El Calafate... Preciso ir embora de El Calafate? Não posso ficar morando em El Calafate porque sou prefeito? Esta é uma interdição absurda da sua parte.

LANATA: Não, veja, Méndez, se tem alguém que não está banido é o senhor, que foi quatro vezes prefeito de El Calafate, ou seja, teve quatro reeleições, isto é, banido não está, não se preocupe.

MÉNDEZ: Jorge, que você não goste é uma coisa, mas você não está aqui, venha e vote aqui, e comece a votar contra. O que você quer que eu faça? Se Lamadrid não gosta, não escolhi ser prefeito, e mais ainda, nunca pensei; muito menos pensei em ser quatro vezes.

LANATA: Quantas pessoas estão esperando terras do Estado em El Calafate?

MÉNDEZ: Escute-me, Jorge, você nunca pode ser prefeito de sua cidade porque foi um trabalhador comum? Ou precisa ter uma profissão, se seus pais podem financiar uma faculdade, ou, se não pode ter uma profissão, precisa pegar na enxada? Não entendo.

LANATA: Não entendo do que está me falando, realmente o senhor fala de alguma coisa que não entendo, Méndez.

MÉNDEZ: Falo do que você escreveu no jornal *Perfil.* Você escreveu e assinou.

LANATA: Escrevi, assinei e me responsabilizo totalmente pelo que disse.

MÉNDEZ: Ah, bem. Pelo que você vai se responsabilizar, se neste país ninguém se responsabiliza pelas besteiras que fala?

LANATA: Fale com o presidente. O senhor o conhece, não? Por que não fizeram uma licitação das terras?

MÉNDEZ: Eu também as coloquei em licitação, mas...

LANATA: Não, não colocou, Méndez, o senhor entregou-as por decreto!

MÉNDEZ: Jorge, Jorge, ouça bem...

LANATA: Em primeiro lugar, não fale comigo com tanta intimidade porque eu não o conheço, não somos todos a mesma coisa, Méndez, eu o trato de senhor e o senhor me trate de senhor.

MÉNDEZ: Você não conhece nem a metade deste país, você acabou de descobrir a Patagônia. Escute uma coisinha: se eu licitasse somente as terras, a adjudicação seria apenas para aquelas pessoas que têm dinheiro para comprá-las, que comprariam 10, 12 ou 15 lotes. Muita gente que tem terras em El Calafate, inclusive as que você nomeou, está pagando prestação por prestação, até 24 prestações.

LANATA: Sim, o presidente lhe pediu um refinanciamento para as terras, não?

MÉNDEZ: Mas está tudo bem, todo mundo tem terra em El Calafate, fique tranquilo, acontece que vocês estão descobrindo Calafate agora, mas Calafate existe há muito tempo, e Néstor Méndez, muito antes que Kirchner fosse presidente, já era prefeito.

LANATA: Há três mil pessoas esperando terras do Estado em El Calafate?

MÉNDEZ: Não, não são tantos.

LANATA: Continua faltando água, energia, gás e esgoto na cidade?

MÉNDEZ: Tomara que falte, porque isso significa que cresce!

LANATA: Tomara? Tomara que continue a faltar... está bem...

MÉNDEZ: Seria uma questão totalmente desfavorável que em El Calafate sobrasse água e não tivéssemos habitantes, tal como aconteceu durante tantos anos na atrasada Patagônia.

LANATA: Tentamos nos comunicar com o senhor durante a semana toda e o senhor nunca nos atendeu. Agradeço por tê-lo conhecido, sinceramente, mas não sabia que o senhor era tão ignorante e tão bruto... Não sabia disso.

MÉNDEZ: Ah, bem...!!!

LANATA: Realmente eu ignorava que o senhor era tão bruto, Méndez. Obrigado, Méndez, boa tarde... adeus.

MÉNDEZ: Muito obrigado para você.

Mas o labirinto ficou rapidamente maior. A mesma dinâmica de desenvolvimento do expediente ainda acabou revelando uma forma de funcionamento da Justiça local, uma Justiça em todos os níveis provinciais ditada pelo próprio kirchnerismo, que agora deveria ser investigado. Lamadrid ficou espantado quando, pouco tempo depois, soube que a instrução fora para a promotoria de Natalia Mercado, filha da ministra de Desenvolvimento Social e irmã de Néstor, Alicia Kirchner. Tanto a promotora quanto sua mãe também tinham comprado terras do Estado e figuravam na lista de funcionários envolvidos na denúncia por Lamadrid. Em outras palavras, Romina é beneficiária de terras do Estado, ou seja, ela deve investigar a si mesma.

O advogado pediu a rejeição da funcionária e que o caso fosse enviado para outra promotoria. Mas a Justiça se opôs. Nunca houve, no mundo, uma situação parecida: um promotor que deve investigar os próprios tios, a mãe e a ele próprio, e que continue no cargo, confirmado pelo aparato judicial e político. Mercado não foi removida e o expediente não seguiu adiante.

O caso Cencosud se insere no mesmo descontrole geral das terras em Calafate: dois hectares que foram comprados por Néstor Kirchner por 132.800 pesos e revendidos ao grupo chileno por 2.400.000 pesos para a instalação de um supermercado que nunca chegou a se concretizar. Em meados de 2007, os dois hectares pertenciam à Força Aérea: haviam lhe sido outorgados e os procedimentos de praxe tinham sido cumpridos, com exceção da assinatura da escritura: era a chamada zona "do aeroporto velho", perto do povoado, com duas grandes avenidas asfaltadas.

Néstor entrou em contato com Carlos Rhode, titular da Força Aérea, para lhe dizer que os dois hectares não seriam concedidos e que, em troca, lhes ofereceriam um bairro de casas em outro lugar da cidade. Rhode refutou. Pouco tempo depois seu nome foi envolvido no escândalo das malas de Sowthern Winds e foi afastado do cargo. O município formalizou então um decreto de expropriação e vendeu o terreno ao presidente, que obteve um crédito do Banco de Santa Cruz para pagar esse lote de 20 mil metros quadrados. Em agosto de 2008 os dois hectares foram vendidos para a Cencosud por US$ 2.400.000: pagou US$ 2,41 por metro e terminou vendendo por US$ 120, um lucro de 4.800%.

A outra propriedade do casal em El Calafate foi reconhecida na declaração jurada de Néstor em 2007: o hotel butique Los Sauces Casa Patagónica, um prédio construído em uma propriedade de quatro hectares, localizado na rua Los Gauchos 1532, às margens do riacho Calafate, que exigiu um investimento de 8 milhões e meio de pesos. Los Sauces foi construído pelo estúdio de arquitetura GyG, do arquiteto Piero Gotti, e o empresário Alejandro Grippo, e é gerenciado pela família Relats, também administradores do Hotel Panamericano de Buenos Aires. O hotel mantém a estética das grandes fazendas do início do século e a presidenta interveio pessoalmente nos detalhes da decoração, a ponto de vários móveis terem sido trazidos de Buenos Aires a bordo do avião presidencial Tango 01.

Embora durante o ano a maioria dos hotéis de Calafate permaneça fechada ou semivazia, o casal K participava da propriedade de dois: o hotel butique já mencionado e o Alto Calafate, de 4.400 metros quadrados, dois restaurantes, sala de convenções, e 103 apartamentos distribuídos em três pavimentos. No final de 2008, seus proprietários o venderam para a Hotesur, uma empresa de sociedade anônima muito próxima de Néstor e Cristina.

Segundo o *Boletín Oficial* de 2 de janeiro de 2009, a Hotesur era presidida por Osvaldo Bochi Sanfelice, ex-sócio de Máximo Kirchner em negócios imobiliários; pela advogada Romina Ángeles Mercado, filha caçula de Alicia Kirchner; Patricio Pereyra Arandia, cunhado de Romina e marido da promotora Natalia Mercado, e por Roberto Saldivia, procurador legal de Lázaro Báez.

Em outubro de 2008, em meio à crise internacional, foi registrada a fuga mais importante de divisas desde 2002. Foi quando se soube que um cidadão argentino tinha comprado US$ 2 milhões. Era Néstor Kirchner, que informou, por meio de um comunicado, que havia comprado o pacote acionário de Hotesur, uma firma avaliada em mais de 15 milhões de pesos e que era proprietária do hotel.

Assim que a informação circulou, advogados tributaristas colocaram em dúvida a legitimidade da ação, já que, como marido da presidenta, Néstor poderia ter tido informação privilegiada. Néstor nunca especificou com que bancos realizou a operação nem mostrou documentação que respaldasse a compra.

De acordo com as declarações juramentadas do próprio Kirchner, a compra e venda de dólares para Alto Calafate não foi um fato isolado: entre 2005 e 2008, Néstor ganhara 16.819.803 com as diferenças de câmbio. O hábito de passar os pesos para dólares começara em 1999 e se tornara totalmente mecânico em 2000, quando a convertibilidade se encontrava na reta final. Naquela época o governador de Santa Cruz havia transformado em dólares a soma total de suas economias: 1.581.516 pesos. Um ano depois o casal Kirchner, meses antes do *corralito*[28], tirou do país seus quase US$ 2 milhões e os depositaram no Deustche Bank dos Estados Unidos. No final do primeiro ano de Néstor Kirchner como presidente, o patrimônio do casal tinha se multiplicado: apenas 20% de suas economias eram em pesos. Hoje o hotel Alto Calafate não escapa do cenário da crise: desde agosto de 2012 passa por um sério conflito salarial; os proprietários adotaram redução de salários, diminuíram as horas de trabalho e suprimiram serviços.

Entre 2010 e 2011, o casal Kirchner recebeu mais de 14,5 milhões de pesos de Valle Mitre, a companhia que administra seus hotéis, controlada por Lázaro Báez, de acordo com o que publicou no começo deste ano Hugo Alconada Mon, no jornal *La Nación*. Báez não apenas assinou acordos secretos e retroativos por Alto Calafate, mas também pelo hotel Las Dunas, que nos documentos pertence a Báez, e pelo hotel butique Los Sauces. Apenas pelo "aluguel" de Alto Calafate, o casal presidencial arrecadou mais de 10,1 milhões de pesos por intermédio da Hotesur, a empresa com que controlam o hotel. Deste total, mais de 6,3 milhões de pesos corresponderam a 2010 e 3,7 milhões de pesos, a 2011, quando o ex-presidente já havia falecido.

A essas somas acrescentaram-se mais cheques da Valle Mitre um pouco acima de 4,3 milhões de pesos, durante esses dois anos, para Néstor e Cristina Kirchner. Em seus registros contábeis ele os anotou separadamente, em duas etiquetas identificadas como "Los Sauces-La Aldea" e "NCK-Las Dunas". Todos esses desembolsos da Valle Mitre constam em um formulário no programa Excel entregue ao *La Nación*. Intitulada "Pagamentos Aluguéis Unidades", durante anos foi administrada pela equipe contábil de Báez, que admitiu a veracidade dos documentos.

---

[28] O *corralito* foi imposto na Argentina em dezembro de 2001, durante o governo de Fernando de la Rúa, para evitar e interromper a retirada de depósitos em contas correntes e poupanças, que seriam trocados por dólares ou transferidos diretamente para o exterior, em decorrência da crise econômica do país. Para tanto, congelaram-se os depósitos dos poupadores e estabeleceram-se limites semanais para a retirada de fundos. A medida foi adotada para impedir a quebra do sistema financeiro diante da corrida aos bancos e evitar uma crescente falta de liquidez. (N.T.)

Capítulo V

Amado e a máquina de produzir notas de dinheiro

Néstor Kirchner começou a pensar em ficar com a máquina de produzir notas de dinheiro depois da derrota por conta de Francisco de Narváez, em 2009. Mas para além das notas, o que lhe interessava era outra coisa: a gráfica Ciccone se encarregava de imprimir as cédulas eleitorais. O plano K de se perpetuar no poder podia ser entorpecido pelo reaparecimento do fantasma de Eduardo Duhalde, que então se mostrava próximo a Daniel Scioli. Néstor havia sido informado de que a outra grande gráfica do país, a Boldt, estava próxima desta aliança. A Casa da Moeda já não contava com a infraestrutura necessária para poder realizar determinados trabalhos sofisticados, como a impressão de passaportes e o Documento Nacional de Identidade (DNI). Por isso, após a crise de 2002, os trabalhos de impressão ficaram nas mãos dessas duas empresas: Boldt e Ciccone Calcográfica.

Néstor Kirchner, decidido a ficar no poder, queria interromper qualquer sonho eleitoral de Duhalde e Scioli em 2011. Idealizou então um plano para que a Boldt perdesse poder e influência, e a Ciccone ficasse sob o controle da própria tropa. O primeiro gestor enviado a negociar a compra da gráfica por parte de Néstor foi Ernesto Gutiérrez, o titular da empresa Aeroportos Argentina 2000. Mas a operação foi suspensa porque Héctor e Nicolás Ciccone pediram o dobro do oferecido. Algumas fontes afirmam que, na verdade, os Ciccone não queriam se desfazer da empresa: o que queriam era se livrar das dívidas que o próprio Estado lhes havia causado, encomendando trabalhos que estavam pendentes de pagamento. Para os Ciccone, o atraso nos pagamentos e o início de seus pesadelos tinha apenas um culpado: Aníbal Fernández. Também queriam se livrar das dívidas com a Afip e tentaram se aproximar de Sergio Schoklender, naquela época o número dois da Fundação Mães da Praça de Maio, para que a Fundação entrasse como sócia na empresa. Mas isto não interessou a Schoklender.

De acordo com o que conta Hugo Alconada Mon em *Boudou, Ciccone y la máquina de hacer billetes* ("Boudou, Ciccone e a máquina de produzir bilhetes [notas de dinheiro]") , Echegaray se apresentou pouco antes das férias do Poder Judiciário, no inverno de 2010, no escritório do juiz Javier Cosentino, Juizado Comercial Nº 8, onde tramitava o processo de administração da insolvência da empresa, e disse para o juiz que pediria a falência da firma – o que levou a cabo no dia 12 de julho. Anos depois, Aníbal Fernández reconheceu publicamente ter sido quem solicitou a Echegaray que adiantasse a falência. Ciccone, desesperado, parou Boudou em um estúdio de televisão da emissora Telefe graças a um contato que o genro de Nicolás, Guillermo Reinwick, tinha com um morador de seu condomínio de casas de campo, que por sua vez era da direção do canal. Naquela manhã Boudou era convidado do programa AM, transmitido pelo canal Telefe.

– Falar com ele é como falar comigo – disse-lhes Boudou apontando para Nuñez Carmona.

Eles se reuniram com Nuñez Carmona nos escritórios da direção da emissora. No dia 3 de agosto houve uma reunião formal no Hotel Hilton.

Na manhã de quinta-feira, 2 de setembro, Héctor e Nicolás Ciccone se reuniram com Amado Boudou, Alejandro Vanderbroele e José María Nuñez Carmona no restaurante I Fresh Market de Puerto Madero. No encontro, acordaram que uma empresa chamada The Old Fund, formada por Vanderbroele e Nuñez Carmona, compraria 70% das ações da gráfica. Os Ciccone ficariam com 1.000 pesos por ação e um salário fixo de US$ 50 mil por mês.

As negociações da compra pela The Old Fund foram agilizadas depois que, no dia 25 de agosto, o juiz Cosentino arrendou por um ano para a Boldt, a principal concorrente de Ciccone, a fábrica em processo de falência. Boldt desembolsava 4 milhões de pesos e se comprometia a manter em seus postos de trabalho todo o pessoal da companhia. Por sua vez, The Old Fund não tinha fundos gerados por nenhuma atividade comercial para financiar a compra. Vanderbroele era presidente da empresa desde 9 de setembro de 2009: advogado especializado em investimentos, profissional autônomo na categoria B, conhecido de Boudou da época de Mar del Plata, quando saía com sua prima Guadalupe Escaray (que, anos mais tarde, Boudou nomeou como chefa regional da Anses na cidade). Um advogado que declarava uma renda de 15 mil pesos mensais comprava a empresa que imprimiria todas as notas de 100 pesos na Argentina, um negócio de US$ 50 milhões. The Old Fund tinha sido fundada em janeiro de 2007, com um capital de 30 mil pesos. Duas versões encontradas, que podem ser complementares, apontam os responsáveis por terem investido o capital inicial para a firma: alguns falam de Jorge Brito, do Banco Macro; outros apontam para a empresa London Supply, de Eduardo Taratuty e Miguel Castellano, administradora dos aeroportos e do *free shop* de El Calafate, Ushuaia e Trelew.

As ações de Ciccone se dividiram da seguinte maneira: 70% para The Old Fund – uma sociedade que, por sua vez, tinha 98% das ações em mãos da firma Tierras International Investments, cujo representante legal era Vanderbroele, e os 2% restantes em mãos de Sergio Martínez, outro sócio e amigo de Boudou. Cerca de 30% das ações eram da família Ciccone.

No dia 14 de setembro de 2010, The Old Fund apresentou uma garantia de US$ 3 milhões em benefício de Ciccone e no mesmo dia a Afip solicitou que se deixasse de lado o pedido de falência que eles próprios tinham iniciado. O juiz Cosentino acabou suspendendo a falência dez dias depois. Echegaray, por sua vez, perdoou grande parte da dívida que eles tinham com a Receita Federal, e assim se liquidaram 75% das dívidas que Ciccone tinha com o Estado. Foi o próprio Boudou, então ministro da Economia, quem, em nota assinada, pediu que a quitação fosse levada adiante.

A Comissão Nacional de Defesa da Concorrência, sob o comando de Guillermo Moreno, obrigou a Boldt a suspender imediatamente o arrendamento da fábrica ameaçando cobrar 15 mil pesos por dia de multa se a exigência não fosse concretizada.

A Ciccone encerrou o ano de 2010 com um novo presidente, Alejandro Vanderbroele, e um novo integrante da diretoria: Máximo Lanusse, homem de confiança do banqueiro Jorge Brito, ex-gerente administrativo do Banco Macro. Lanusse depositou toneladas de dinheiro na conta da The Old Fund: no dia 19 de janeiro de 2012, 1.200.000 pesos; no dia 24, outros 1.200.000 pesos; em 3 de fevereiro mais 1.282.500 pesos; no dia 23 do mesmo mês, 1.300.000 pesos; no dia seguinte, mais 200 mil pesos, e em 8 de março, 240 mil pesos. Um total de 5,4 milhões de pesos que Vanderbroele adjudicaria, alguns meses depois, para outro amigo de Brito: Raúl Juan Pedro "el Gaucho" Moneta. O ano seguinte, 2011, foi próspero para a Ciccone, cujo nome mudou para Compañía de Valores Sudamericana e foi a empresa escolhida por Cristina Kirchner para imprimir as cédulas eleitorais em que aparecia acompanhada por Boudou. Entre as eleições primárias e as presidenciais, a empresa recebeu cerca de 13 milhões de pesos.

Depois do último depósito e quando o caso Ciccone estava a ponto de estourar na imprensa, o Banco Macro alertou que o movimento de fundos da The Old Fund não era muito comum e emitiu um relatório de operação suspeita. Em meados de julho de 2012, Lanusse sabia que a companhia seria estatizada e por isso advertiu Brito de que eles deveriam abrir o capital.

Pouco depois de Boudou ter assumido como vice-presidente, a Casa da Moeda enviou ao Banco Central um pedido para contratar a Compañia de Valores Sudamericana para a impressão de notas de dinheiro. Marcó del Pont se negava a assinar o acordo, mas o fez por recomendação da própria presidenta da República. A autora do pedido era Katya Daura, presidente da Casa da Moeda, ex-funcionária da Anses e alinhada com Boudou.

Em 6 de fevereiro de 2012, no programa *Lanata sin Filtro*, Laura Muñoz, ex-mulher de Vanderbroele, acusou-o publicamente de ser o testa de ferro de Boudou. "Ele me disse que ia mexer com dinheiro proveniente de subornos", disse Muñoz.

– Vanderbroele é testa de ferro de Boudou? – perguntou-lhe Nicolás Wiñazki.

– Tenho muitíssimas provas dos negócios que ele fez e que está fazendo. Meu marido é testa de ferro de Boudou e trabalha diretamente para o governo. Ele ia abrir uma consultoria para que o governo lhe transferisse o dinheiro para lá.

– Que provas a senhora tem?

– Na época, ele me contou que José María Nuñez Carmona, sócio de Boudou, o havia contatado, porque precisava de um advogado de confiança. Alejandro conhecia José María e Boudou de Mar del Plata, eles iam à praia juntos e saíam à noite... iam alugar um andar em Puerto Madero para a consultoria. Alejandro a chamava de "consultoria fantasma".

– Por que a senhora está contando tudo isso?

– Estou separada. Quando percebi o que ele estava fazendo falei com ele e com seus pais, e ele ficou enlouquecido. Disse que eu iria ficar sem meus filhos. Está em vias de fazê-lo. Quer afirmar no tribunal que não tenho o domínio das minhas faculdades mentais; parou meus filhos na rua e lhes disse que ia me destruir.

– E se a senhora for intimada pela Justiça para falar sobre isso?

– Vou depor.

Desde que estourou o escândalo, o vínculo entre Boudou e Vanderbroele ficou cada vez mais seguro, embora o vice-presidente tenha negado a existência dessa ligação.

De acordo com fontes da gráfica, quando ingressou na Ciccone, Vanderbroele disse explicitamente para seus funcionários: "Chegamos pelas mãos de Boudou, vamos imprimir papel-moeda".

O interlocutor de Ciccone com o governo para levar adiante o negócio de impressão de cédulas eleitorais foi Nuñez Carmona, que não tinha nenhum cargo na empresa.

Em dezembro de 2011, a Casa da Moeda enviou a Ciccone papel-moeda e tinta original para fazer uma prova de notas de dinheiro de forma clandestina. Os organismos de controle nunca puderam averiguar como foi usado esse material original que saiu por fora do circuito legal.

O irmão do vice, Juan Bautista Boudou, Nuñez Carmona e outros amigos do funcionário viajaram para várias cidades do mundo com passagens e hotéis pagos pela The Old Fund.

O perdão da dívida autorizado por Echegarray e solicitado por Boudou não tem antecedentes na história do cruzamento de documentos entre a Afip e o Ministério da Economia.

Um dos representantes legais da The Old Fund foi um aposentado que costuma emprestar seu nome. Ele disse em *Periodismo para todos* que nem sequer sabia onde ficava a empresa e que a sua aposentadoria mal dava para chegar até o fim do mês.

Enquanto Boudou garantia publicamente que não conhecia Vanderbroele, o diretor da The Old Fund dormia em um apartamento em Puerto Madero e pagava os serviços, as despesas de condomínio, a Internet e a TV a cabo com contas em seu nome, embora supostamente a propriedade estivesse alugada em nome de outra pessoa que nunca a ocupou.

Pouco depois de vir à tona, o caso Boudou convocou a imprensa para o Senado. Na época, a Justiça já havia revistado um apartamento de sua propriedade onde foram encontrados comprovantes de pagamento das despesas de condomínio em nome de Vanderbroele. Diante da imprensa, o vice-presidente afirmou que não conhecia Vanderbroele, criticou a atuação do juiz Rafecas e o promotor Rívolo, e, naturalmente, também acusou o CEO do *Clarín*, Héctor Magnetto. Acusou o titular da Bolsa de Buenos Aires, Adelmo Gabbi, por lhe ter oferecido subornos em nome de Boldt e disse que quando era diretor da Anses recebera a visita de enviados do escritório jurídico García, Labat, Musso e Righi para estreitar os laços com a Justiça federal. O promotor Carlos Rívolo; o juiz Daniel Rafecas e o procurador Esteban Righi acabaram renunciando em meio ao escândalo. Raúl Plee, promotor da Unidade contra a

Lavagem de Dinheiro, foi afastado da investigação porque incomodava o poder oficial.

Após a entrevista coletiva do Senado sucederam-se entrevistas exclusivas com os jornais *Página/12*, Ámbito Financiero, Jorge Rail, Víctor Hugo Morales e o canal de TV C5N. As contradições de Boudou em seu percurso pela mídia eram evidentes.

SUA AMIZADE COM VANDERBROELE.

Quando lhe perguntaram se alguma vez havia visto o ex-diretor de Ciccone, respondeu: "Não me lembro". O melhor amigo de Vanderbroele, Fabián Caroso Donattiello, alugava seu apartamento em Puerto Madero para o vice. A prima de Vanderbroele, Guadalupe Escaray, funcionária da Anses, foi namorada do melhor amigo e sócio de Boudou, José María Nuñez Carmona, e também teria mantido uma relação amorosa com o vice-presidente. Vanderbroele admitiu ser assessor jurídico do sócio formal de Boudou, Núñez Carmona.

SUA PARTICIPAÇÃO NA OPERAÇÃO DE RESGATE DA CICCONE.

"Não influenciei nem tive participação direta nessa operação." No dia 8 de novembro de 2010, Boudou assinou um comunicado intercedendo junto à Afip para pedir que desse continuidade no processo de resgate da Ciccone durante a falência.

"SEMPRE ME APRESENTEI PERANTE A JUSTIÇA."

Adiou a única convocação para prestar depoimento em uma causa pela compra irregular de um automóvel. Nunca se apresentou.

SUA MILITÂNCIA PERONISTA.

"Nasci na política dentro desse projeto." Foi um dos principais quadros da política universitária do partido União do Centro

Democrático (Ucedé) e do Estado para a Abertura Universitária (Upau).

Para Nicolás Wiñazki, um dos jornalistas que mais pesquisou esse assunto, Boudou não pode ter avançado sobre a propriedade de Ciccone sem o apoio de Néstor Kirchner.

Néstor Kirchner e Boudou jogavam futebol todas as sextas-feiras. Um dia, em 2010, depois de um jogo, Boudou se aproximou de Néstor e lhe contou sobre o negócio que se podia fazer com Ciccone. Néstor lhe respondeu: "Siga adiante, mas não diga para a Cristina". Boudou havia conquistado a confiança de Néstor quando lhe apresentou pessoalmente o projeto para estatizar as AFJP. Amado Boudou já lhe apresentara o projeto para seu chefe na Anses, Sergio Massa, que o descartou: "Conte-lhe pessoalmente sobre o seu plano, e vamos ver o que ele diz", estimulou-o Massa, convencido de que Néstor Kirchner não aceitaria a ideia. O que veio a seguir foi uma escalada de poder de Boudou dentro da estrutura K.

Capítulo VI
Truman Show

– Ficamos de nos encontrar na esquina do Banco Nación e de lá ir para a sede do Governo. Seríamos um grupo de seis ou sete; entre eles estava Marcelo Tinelli. Chegamos ao Salão dos Patriotas, onde estava o caixão fechado de Néstor Kirchner, e Marcelo, que estava ao meu lado, abraçou Cristina com emoção. Tinha muita gente, muitos gritos de "Força, Cristina" ou "Obrigado, Néstor!". Fiquei pouco mais de uma hora, até que finalmente resolvi voltar para casa. Moro aqui perto, no bairro Norte, de forma que levei quinze ou vinte minutos para chegar. Ligo a televisão em casa e continuo assistindo à transmissão ao vivo do velório; e então vejo Marcelo abraçar Cristina. Mas neste caso ele passa por outro lado e a cena tem lugar em outra parte do salão. Repetiram a cena, você me entende? Alguém disse para repetir a cena! – foi o que me contou alguns meses atrás o CEO de uma firma de serviços públicos.

Para além da crise com os produtores agrícolas, um dos acontecimentos mais importantes que embasaram o Relato foi o velório de Néstor Kirchner, totalmente transmitido e ao vivo, como se fosse um *reality*. Cristina manteve-se na cabeceira do féretro durante onze horas e meia, vestida rigorosamente de preto. Ela só abandonou o traje de luto em 18 de novembro de 2013. O responsável pela encenação foi Javier Grosman, que chegou ao kirchnerismo pelas mãos do ex-secretário de Meios, José Pepe Albistur, que o chamou para organizar a agenda da campanha na rua. Antes, Grosman trabalhou com Fernández Meijide na campanha de 1995 e, em seguida, engajado com Aníbal Ibarra, ficou na área de Comunicação da legislatura portenha.

Nas palavras de Silvia Mercado, Grosmam foi o "apoldito"[29] da encenação. Foi ele quem resolveu que o caixão deveria permanecer fechado para que os olhares e o foco das câmeras se concentrassem em Cristina, quem dispôs a organização circular da sala para que as câmeras pudessem se movimentar ao seu capricho e mandou o fotógrafo presidencial Víctor Bugge fazer imagens zenitais mostrando a presidenta nesse cenário circular, como o centro da cena ao lado do ataúde de seu marido. Também se atribui a Grosman a participação "espontânea" do titular da Sociedade Rural de Morteros, Ider Peretti, e do barítono Ernesto Bauer, irmão de Tristán, que entoou a Ave Maria a *capella*.

Grosman foi contratado em 12 de fevereiro de 2009 como diretor executivo da Unidade Executiva do Bicentenário da Revolução de Maio e desde essa época organizou o que Sebreli qualifica como "a grande encenação do kirchnerismo": os festejos do Bicentenário. Naquela noite, a presidenta animou-se a dançar e desfilar, emocionada pelo espetáculo da Força Bruta, dirigido por Diqui James, amigo de Grosman, com um investimento de 40 milhões de pesos. A organização de Tecnópolis também dependeu de Grosman.

Os "extras" do Relato fizeram parte de uma experiência fracassada. Acabou vindo à tona que os participantes dos atos públicos eram funcionários ou militantes e não se conseguiu o objetivo inicial: transmitir horizontalidade e espontaneidade nos atos públicos.

– O campo nunca teve tanta rentabilidade como neste governo – disse Ider Peretti a Cristina durante o velório de Néstor. No dia seguinte, soube-se que ele havia tido várias reuniões com o secretário Moreno e, após as honras fúnebres, participou de vários atos com Cristina.

---

[29] Referência a Raúl Alejandro Apold (1898-1980), jornalista e político peronista que ficou conhecido por seu trabalho na Subsecretaria de Imprensa e Difusão durante o primeiro e o segundo governos de Juan Domingo Perón. (N.T.)

"Depois pudemos conhecer sua história", disse o repórter da televisão pública enquanto a câmara acompanhava o barítono Ernesto Bauer. "Contou que há vários anos ele e sua família se tornaram seguidores do casal Kirchner e, quando chegou à praça, encontrou-se com seu irmão e entrou abraçado com ele; em seguida, começou a cantar." Esquecia-se de dizer que seu irmão era Tristán Bauer, diretor do Sistema Nacional de Meios. Em 10 de fevereiro de 2012, um dia depois que a polícia de Catamarca reprimiu os participantes de uma assembleia contra as minas, a presidenta falou do Salão Branco com um mineiro de Olavarría. O suposto mineiro estava escoltado pelo vice-presidente, Boudou, e pela ministra da Indústria, Débora Giorgi. Cristina chamou-o de Antonio, embora seu verdadeiro nome fosse Armando Domínguez e ele não fosse um simples trabalhador, mas sim um militante K e presidente do Partido Justicialista local, secretário da Associação de Trabalhadores Mineiros durante 19 anos e antigo interventor na secional de San Juan.

– Não queremos que quatro ou cinco ambientalistas cortem a estrada, queremos que nos deixem trabalhar – polemizou Domínguez.

– Antonio, perdoe se falo alguma coisa para você, eu diria que depois do que você falou "*vox populi vox dei*", porque você não é nenhum dirigente político; é um trabalhador que defende suas fontes de trabalho – disse-lhe a presidenta.

Abal Medina começou a aplaudir:

– Vamos lá, continue porque você está dando uma aula...

Domínguez não se limitou a defender o trabalho de Loma Negra em Olavarría, mas também apoiou a gestão de Gioja em San Juan.

– Gosto que venha um trabalhador; não vão acusar você de homem da Barrick, você não tem jeito de ser homem da Barrick – insistiu Cristina.

Foi justamente Domínguez quem negociou os salários dos mineiros com a Barrick Gold e em 2011 acordou um aumento salarial para os trabalhadores da mina de Veladero.

Um mês depois, além do mineiro, apareceu um produtor de leite:

– Como você se chama, companheiro? Porque você precisa ter um nome.

A câmera mostrava Ricardo Antonio Iribarren, com camisa escocesa e jeans. Ele havia sido candidato a vereador na lista do prefeito kirchnerista Juan Carlos Pellita nas últimas eleições.

No dia 11 de maio, em Tucumán, Cristina voltou a falar com uma falsa beneficiária, Beatriz Luaces Martínez. Cristina pediu, "espontânea", para falar com "a moradora que está aí, a loira" e o governador Alperovich apresentou-a. Ela não apenas era beneficiária do projeto de moradias de Loma del Tafí, mas também funcionária da auditoria do plano de assistência médica da província com um salário de 10 mil pesos por mês, e esposa de um sindicalista local importante.

– Aqui estamos todos os argentinos, todos... todos, todos..., desde a vaca campeã de Morteros, que dá 60 litros de leite por dia. Vamos deixá-la aqui de presente. Toquei a teta da vaca, era de pedra – anunciou Cristina minutos antes da partida de Moreno para Angola, com um grupo de empresários – mas ela se enganou de vaca: Cafeína, a verdadeira, nunca saiu de Cabaña de Ataliva en Sunchales, e nunca viajou.

E até houve casos de sinceridade: "O prefeito Alberto Descalzo me convidou", declarou Mónica Rognoni, de 60 anos, para as câmeras. Ela havia sido apresentada pela presidenta como uma dona de casa de Villa Las Naciones em Ituzaingó. "Vim com grande prazer", concluiu Mónica.

Finalmente, diante do fracasso das inovações formais do Relato, o governo resvalou para o óbvio: utilizar o futebol para divulgar anúncios oficiais.

– Não queremos uma sociedade de sequestros. Nem de sequestros extorsivos nem de sequestros de gols, neste país onde desapareceram 30 mil pessoas. É preciso incentivar a família, que está sentada assistindo aos jogos de futebol nos finais de semana, um hábito que contribuiu para a união de todos os argentinos. É melhor ter as crianças e o marido em casa do que vê-los perambulando pelas ruas e pelos bares – afirmou Cristina na apresentação do convênio com a Associação de Futebol Argentino (AFA) que deu origem a Futebol para Todos (FPT) – a transmissão gratuita do campeonato de futebol nacional. Diego Maradona, Julio Grondona e todo o Gabinete estavam com ela no prédio da AFA no município de La Matanza, nos arredores de Buenos Aires.

A assinatura do convênio resultou na imediata suspensão do contrato para a transmissão do Campeonato da Primeira Divisão, que uma parceria entre Torneios e Campeonatos e o Grupo Clarín tinham com a empresa Transmissão por Satélite Codificado, com vigência prevista até 2014. O último contrato que ficou parado por causa do problema com os direitos de transmissão do futebol era de 268 milhões de pesos. Quando o governo ofereceu o Futebol para Todos, os clubes tinham um passivo de 700 milhões de pesos, dos quais 100 milhões equivaliam a salários atrasados dos jogadores. Assim sendo, a AFA obteve do governo um adiantamento de 100 milhões e 600 milhões pelos direitos de transmissão. O acordo com o futebol oficial não provocou mudanças nos fornecedores das empresas responsáveis pela transmissão, embora no novo esquema ambos tenham aumentado os preços em 30%.

– As produtoras que compartilham os jogos recebem mais de 100 milhões de pesos para produzir conteúdo e editar a informação. Existe a La Corte, dos irmãos Monzoncillo (ligados ao antigo porta-voz mudo de Néstor Kirchner, Miguel Nuñez) e também transmitem as cerimônias oficiais da Casa Rosada. As entrevistas nos locais dos eventos são feitas pela empresa VTS e as narrações estão a cargo de Farolito International Entertainment – especificou Alejandro Alfie, jornalista do *Clarín*, especializado em meios de comunicação.

Para a temporada de 2010, o valor do contrato tinha subido para 853 milhões de pesos; em 2011 a AFA recebeu do Estado 879 milhões; em 2012 o valor subiu para 1,182 milhão e em 2013 o orçamento foi de 998.900 milhões, sem incluir os jogos extras que receberam orçamento posterior durante todos os anos anteriores. Para 2014 estão previstos, em princípio, cerca de 1,410 milhão de pesos – com isto, o programa Futebol para todos custará ao Estado 3,86 milhões de pesos por dia. Em cinco anos, o orçamento para o futebol aumentou 135%, enquanto 49% dos clubes aumentaram seu passivo.

– Gastar o que o governo está gastando para a transmissão de futebol não acontece em nenhum outro lugar do mundo. O governo estatizou o futebol para tirar um negócio do Grupo Clarín e em meio a esse processo descobriu uma plataforma de comunicação impressionante, muito mais eficiente que todo o esquema de meios de comunicação públicos sustentado pelos impostos – afirma José Crettaz, jornalista do *La Nación*.

Os espaços dos intervalos dos jogos transmitidos por Futebol para Todos serviram para fustigar a oposição e divulgar o programa da TV pública *6, 7, 8*, veiculado estrategicamente entre os jogos de mais audiência.

Mesmo assim, ninguém que trabalhe com televisão tem lembrança de uma queda tão espetacular na medição da audiência: de 15 pontos durante o jogo para 2 pontos no programa, em menos de quarenta minutos. A última aposta de FPT foi competir com o horário de transmissão de *Periodismo para todos*, modificando a hora do início dos jogos. FPT foi muito criticado pelo público, tendo em vista o problema da segurança nos horários noturnos avançados e teve resultados relativos: de um total de 23 jogos, o futebol conseguiu se impor em apenas três. O programa jornalístico obteve a preferência do público diante dos demais.

Capítulo VII

Perón não lia os jornais

A verdade é o que se oculta, não? Procure as testemunhas da infância e da juventude; imagino que alguns continuarão vivos. Isto é: comece por aí! O Perón que os argentinos conhecem parece que tinha nascido em 1945, quando tinha 50 anos: não é absurdo? Um homem tem tempo de ser muitas coisas antes dos cinquenta.

TOMÁS ELOY MARTÍNEZ, *La novela de Perón* ("O romance de Perón"), citado por Silvia Mercado em *El inventor do peronismo* ("O inventor do peronismo").

A primeira vez que entrei na Casa de Governo durante o kirchnerismo foi para me encontrar com Alberto Fernández, então chefe de Gabinete. Um mês depois, ele também foi o último funcionário que vi: as últimas transmissões de *Día D*, de dezembro de 2003, divulgaram a primeira denúncia de corrupção do governo K, a cerca de duas semanas de Néstor Kirchner assumir, o que para mim custou a continuação do programa e atravessar um deserto de oito anos fora da televisão aberta. Ninguém conhecia então os K: eram provincianos, fechados, e não tinham a familiaridade que anos de dinheiro fácil tinham dado aos menemistas[30], que já não pareciam ser da província de La Rioja, mas europeus ou ianques prósperos. Os "pinguins"[31] vinham do interior do interior.

[30] Seguidores do ex-presidente argentino Carlos Saúl Menem. (N.T.)

[31] Néstor Kirchner era da província de Santa Cruz, na Patagônia. Tendo em vista a sua origem, o casal Kirchner recebeu o apelido de "pinguim", em alusão a esta ave presente na costa da Patagônia. (N.T.)

– São as pessoas mais parecidas conosco que já vi no governo – me vi então dizendo. – Estão aí por acaso.

– São o Exército de Brancaleone.

A gente se sente velho quando assiste na televisão aos filmes que conheceu no cinema. *O Exército de Brancaleone* era um clássico dos anos 1960, dirigido por Mario Monicelli, com Vittorio Gassman e Gian Maria Volonté: a história de uma inapresentável cavalaria medieval que tentava reclamar uma herança para ficar com um feudo. "Exército de Brancaleone" foi do cinema para a linguagem: desde aí, a expressão é usada para se referir a um grupo mal preparado, improvisado, grosseiro, que está desesperado para conseguir um objetivo.

– São o Exército de Brancaleone.

O comentário era discriminatório, mas simpático. Havia alguma coisa fora do lugar naqueles caras que chegavam na capital para ficar com o poder na Argentina. Naquela manhã, Alberto Fernández estava enfurecido com um pequeno artigo de não mais de quinze linhas publicado no jornal *El Cronista Comercial*, sem assinatura, perdido no meio da edição.

– Você percebe como são filhos da puta?

Pensei que ele estivesse exagerando: o chefe de Gabinete de um governo que acabava de assumir, preocupado com um texto anônimo de um jornal especializado em economia. Era óbvio que eu não havia lido. É curioso como o tempo transforma as piadas em símbolos. Aquela era a primeira prova de alguma coisa que depois marcou o rumo dos K: a obsessão pela opinião alheia, na verdade, se dava pela falta de controle em relação ao resto do mundo. Um momento depois, um vendaval abriu a porta e apareceu Néstor Kirchner, de camisa e gravata, repetindo um número bastante teatral, que já tinha sido registrado pela imprensa: os dois escritórios ficavam bastante próximos e era comum que Néstor irrompesse durante as reuniões de Alberto. Ele me cumprimentou e me levou a percorrer vertiginosamente o *foyer* da Casa de Governo, num roteiro que chegou até o dormitório presidencial. Ali, Néstor abriu os armários vazios e refletiu:

– Se esta cama falasse...

Lá estava o Exército de Brancaleone: pouco menos de um mês depois, em volta de uma mesa de seu escritório, escutei o presidente dizer, enfastiado:

– Mas esse Ávila é um filho da puta!

Ele se referia a Carlos Ávila, proprietário de América TV, que tinha sugerido ao meu representante que "fôssemos até o Governo para perguntar se estava tudo bem com a gente no ano que vem".

– Não temos nenhum problema com vocês.

Foram as últimas palavras de Néstor que escutei. Na véspera, o governo tinha refutado que houvesse irregularidades na gestão de González Gaviola, a cargo da Pami[32], mas em seguida, silenciosamente, resolveu substituí-lo por Graciela Ocaña.

Para ser preciso, a última frase que escutei de Néstor foi, na verdade, uma mensagem:

– Diga-lhes que vamos acabar com eles.

Artemio López repetiu isso depois de se encontrar com o então ex-presidente em seu escritório em Puerto Madero.

Era março de 2008 e acabávamos de lançar o jornal *Crítica de la Argentina* (que fechou dois anos mais tarde, depois de perder um investimento de cerca de US$ 6 milhões). A advertência de Néstor Kirchner se cumpriu ao pé da letra: os ministros chamaram pessoalmente os anunciantes que tinham campanhas anuais contratadas para que as suspendessem, e um deles, o dono de supermercados Alfredo Coto, me ligou pessoalmente para me oferecer o dinheiro em espécie sem publicar os anúncios correspondentes. A atitude do governo em relação ao jornal foi hostil até o último minuto, quando tentou comprá-lo por meio do grupo Olmos, em colaboração com a comissão sindical interna.

---

[32] O Programa de Assistência Médica Integral (Pami) é o plano de saúde controlado pelo governo federal da Argentina, cujos beneficiários são os aposentados, as pessoas com mais de 70 anos que não gozam de aposentadoria e os ex-combatentes da guerra das Malvinas. (N.T.)

A distância entre a irritação de Alberto Fernández com um jornalista desconhecido e a ameaça de Néstor de acabar com o jornal *Crítica de la Argentina* mostram o caminho que o governo recorreu até decidir, finalmente, impor o Relato.

Sempre me interessou investigar o motivo do desmesurado interesse oficial pela imprensa:

– Você vê Perón lendo os jornais? Perón não lia os jornais; ele os fazia.

Aqueles que, pelo menos uma vez, estiveram perto de uma situação que envolvia o poder, qualquer que ele fosse, sabem que os jornalistas só conhecem uma ínfima parte do que acontece. Se os políticos devem ler os jornais para saber o que acontece, fica claro que chegaram tarde. A briga com a mídia é, no fundo, uma briga com a realidade, que não obedece aos decretos de nenhum governo.

É curioso o imaginário que os K têm sobre os veículos de comunicação: deixa em evidência que nunca conheceram nenhum deles por dentro e, na realidade, projetam seus desejos sobre o que desejariam que eles fossem: um todo uniforme controlável onde só se expressem os interesses dos representantes políticos no poder.

Um veículo de comunicação nunca é um todo coerente, e como em qualquer organização, as partes lutam entre si: aqueles que produzem contra aqueles que financiam; os que exibem seu nome contra os anônimos; os burocratas contra os que são defensores apaixonados de alguém. Naturalmente, existem linhas gerais e também interesses espúrios, e operações políticas, mas elas são a exceção e não a regra dos veículos. O imaginário do governo a respeito dos veículos de comunicação se parece mais àqueles ensaios dos anos 1970, de Armand Mattelart e Ariel Dorfman, *Para leer al Pato Donald* ("Para ler o Pato Donald"), de 1972, onde se argumenta que o desenho de Disney é como uma espécie de agente da CIA encoberto, sem observar que todo personagem da cultura responde aos valores de uma época e de um país.

Haviam se passado três meses desde a posse de Cristina quando aconteceu algo que não havia sido imaginado. Empresários, empregados e cooperativistas do setor agrícola uniram-se em uma única voz em defesa de um interesse comum: o repúdio ao avanço do governo sobre uma renda extraordinária do setor. Entre 10 de março de 2008 e 18 de julho daquele ano, os produtores agropecuários deixaram de vender cereal. Foram 129 dias de um *lock-out* dos patrões, que incluiu cortes de estradas em todo o país, mobilizações massivas e panelaços.

A briga com os produtores agrícolas levou o kirchnerismo a perder ministros e aliados e custou-lhe uma derrota eleitoral nas eleições legislativas de 2009. "Antes do conflito com os produtores rurais, antes da criação, da invenção do setor agrícola como inimigo, o kirchnerismo não despertava paixões entre os seguidores de Kirchner: mais que isso, o kirchnerismo não existia. Eram pessoas que votavam neles, mas não existia a associação La Cámpora[33], não havia o movimento Carta Abierta[34], não existia Javier Grosman", afirma a jornalista Silvia Mercado em seu livro *El inventor del peronismo. Raul Apold, el cérebro oculto que cambió la política argentina* (Planeta, 2013).

"Aqueles 129 dias marcaram o começo natural do Relato, seu desenvolvimento e explosão: para usar as palavras de Jorge Fernández Díaz, o nascimento dos 'escudos culturais', criados pela persuasão e pelo dinheiro público." Mercado situa o nascimento do Relato em "uma tarde de fins de março de 2008, [quando] o portão da rua Villate abriu para que entrasse uma pessoa desconhecida dos seguranças da residência oficial da Presidência, no município de Olivos, vizinho a Buenos Aires. Chegava em um táxi que havia tomado na rodoviária de Retiro. Vinha de Mar del Plata. Disse o nome, desceu do táxi e passou. Um carro que o estava esperando levou-o ao edifício da Residência Presidencial conhecido como "Chefatura". [...] O diálogo a seguir é extraído do livro de Mercado:

---

[33] Grupo político argentino de orientação peronista e kirchnerista, fundado em 2006. (N.T.)

[34] Trata-se de um grupo de intelectuais argentinos simpatizantes do kirchnerismo que reproduz o chamado Relato. (N.T.)

– Este imbecil vai me foder – disse em voz muito alta um desfigurado Néstor Kirchner, enquanto cortava a ligação, e pediu que o visitante entrasse.

– Sou F.L., senhor presidente – disse, cumprimentando o ex-presidente com seu cargo anterior, em sinal de respeito.

Mercado conta numa nota de pé de página que "aludindo razões de segurança, a fonte pediu para não aparecer seu nome, apesar de que, inicialmente, não houvesse feito nenhuma restrição quanto a isso".

– Mandei chamar você porque dizem que conheceu Apold.

– Eu o conheci nos anos 1970, quando ele estava doente e praticamente sozinho. Mas falei muito com ele. Cheguei até a gravá-lo, embora tenha precisado jogar fora as fitas durante a ditadura. Teria gostado de escrever sobre essa experiência. [...]

– O que ele fez para você?

– Pôs todo o aparato do Estado para comprar os veículos de comunicação e levou os melhores jornalistas, artistas, fotógrafos, desenhistas e diretores de cinema para trabalhar para o governo. Nunca se investiu tanto dinheiro nos veículos de comunicação e na cultura. Nem antes, nem depois.

– E para que serviu tudo isso? Mesmo assim deram um golpe em Perón.

– Deram um golpe em Perón porque ele já estava cansado e tinha vontade de ir embora. Mas o peronismo ainda existe. É a única coisa que existe.

Foi então que Kirchner fixou-o com o olhar. Até esse momento o escutava com a atenção dispersa.

– O que você quer dizer?

– Que o maior conquista de Perón para a posteridade não foram os sindicatos, nem as obras públicas, mas o peronismo construído por Apold e o aparato de propaganda do Estado, uma genialidade.

– Você quer dizer o relato do peronismo?

– Digo o peronismo. O relato? Não tinha pensado nisso, se bem que... sim, é isso: o peronismo como relato.

Naqueles dias, em um de seus discursos mais agressivos durante a crise com os produtores rurais, Néstor Kirchner fez uma referência insólita: pela primeira vez falou de "comandos civis". A grande maioria de seu público nunca tinha escutado o termo. Era assim que se chamavam os grupos de tendências conservadoras, radicais e socialistas que surgiram entre 1951 e 1955, basicamente em Buenos Aires e no norte de Córdoba. A historiografia peronista lhes atribui a responsabilidade pelo bombardeio de 16 de junho de 1955[35], mas na realidade aquele ato foi levado a cabo por setores do Exército. Eram as palavras de F.L. ressoando na cabeça de Néstor Kirchner?

Com o tempo F. L. analisou o que aconteceu a partir daquela conversa. Em 1º de abril de 2008, poucos dias depois que, em Olivos, fornecera a Kirchner detalhes acerca da ofensiva de Perón contra os jornais, a presidenta nomeou de surpresa Gabriel Mariotto no comando do Comfer[36], deixando Julio Bárbaro fora de jogo. O novo funcionário se apressou em se reunir com seus velhos conhecidos da Coalizão por uma Radiodifusão Democrática e mergulhou na redação do que, um ano e meio mais tarde, seria a nova Lei de Serviços de Comunicação Audiovisual ou nova Lei de Mídia, promulgada em 10 de outubro de 2009.

Algumas semanas depois da nomeação de Mariotto, antes que abril terminasse, foi lançado o semanário *Miradas al Sur*, de Sergio Szpolski, tentando competir com *Perfil.* Alguns meses mais tarde, saiu *El Argentino*, jornal gratuito que também é de Szpolski, concorrendo com *La Razón*, o gratuito do Grupo Clarín. O outro que pôde avançar com sua ideia foi Diego Gvirtz, que em novembro colocou no ar *6, 7,*

[35] Em 16 de junho de 1955, aviões da Força Aérea argentina bombardearam a Praça de Maio e a Casa Rosada (sede do governo argentino), na tentativa de derrubar o então presidente Juan Domingo Perón. O bombardeio, ocorrido em um dia útil, provocou a morte de 364 pessoas que transitavam pela área e deixou mais de 700 feridos. O presidente, alvo de tentativa de assassinato, escapou ileso porque estava em outro prédio, e a tentativa de golpe foi frustrada. (N.T.)

[36] O Comitê Federal de Radiodifusão (Comfer) é o organismo responsável por regular, controlar e fiscalizar a instalação e o funcionamento das emissoras de rádio e televisão na Argentina. (N.T.)

8 no Canal 7 [emissora pública de televisão]. Havia porta-vozes do governo que começavam a falar na imprensa dos filhos adotivos de Ernestina Herrera de Noble como "apropriados" de presos desaparecidos durante a ditadura militar e pediam em público à viúva do fundador do jornal de maior circulação na Argentina "que devolvesse os netos" às Avós da Praça de Maio.

Fora do círculo kirchnerista, essas atitudes eram tomadas como caprichos adolescentes de um homem magoado que nem sequer pôde ganhar as eleições de 28 de junho, apesar de ter antecipado a data das eleições e inventado as candidaturas testemunhais, e ameaçado com o Juízo Final aqueles que não lhe juravam eterna fidelidade. Custou-lhe aceitar a derrota e muitos o davam por acabado. Mas quando Cristina Fernández de Kirchner tirou da Secretaria da Cultura o velho e esmerado José Nun e substituiu-o pelo mais que astuto Jorge Coscia – famoso por ter projetado a estrutura de subsídios do Incaa[37] nos tempos de Eduardo Duhalde –, apesar de ter perdido as eleições dez dias antes, F. L. viu um homem decidido a lutar até o final, e quis pensar que aquilo tinha alguma coisa a ver com a transformação midiática e cultural que estava acontecendo no mundo kirchnerista.

[37] O Instituto Nacional de Cinema e Artes Visuais (Incaa) é o órgão do governo federal da Argentina que financia o cinema nacional. (N.T.)

Capítulo VIII

Os inimigos imaginários

Não é nenhum segredo que a criação de um inimigo comum consolida a frente interna. A década K especializou-se nisso: lutou contra os militares quando eles eram velhos desenganados e sem prestígio, e escolheu o enfrentamento contra as corporações que não fossem dóceis. Assim como no caso da ditadura, os argumentos eram certeiros e necessários, no caso da imprensa, o kirchnerismo manteve uma briga de antigos sócios: transformou o CEO do *Clarín*, Héctor Magnetto, no inimigo público número 1 e autor de todos os males argentinos. A Lei de Mídia e o caso dos "Netos" mostraram o que são em poucos anos, como talvez aconteça em um futuro próximo com a hipótese de que a empresa Papel Prensa (Papel Imprensa) tenha sido obtida sob tortura. Em todos os episódios, o governo acreditou na própria mentira e levou-a adiante até as últimas consequências.

"A verdadeira relação entre Magnetto e Néstor Kirchner começou quando o segundo chegou à Presidência. Eles se encontravam no gabinete de Kirchner na Casa Rosada ou almoçavam na residência de Olivos. Quando havia outros presentes, em geral, Cristina ou Alberto Fernández, tratavam-se de meras relações públicas, em que não se discutia nada importante", conta Graciela Mochkofsky em seu livro *Pecato original. Clarín, los Kirchner y la lucha por el poder* ("Pecado original. Clarín, os Kirchner e a luta pelo poder"). Magnetto e Kirchner fizeram um acordo que começou a se deteriorar com a decisão de Néstor de não tentar a reeleição e lançar a candidatura da esposa, piorou com a mala de Antonini Wilson e acabou por se romper por ocasião do conflito com os produtores rurais. O governo e *Clarín* foram sócios entre 2003 e 2008. Assim como, em 2003 e 2004, *Clarín* se empenhava em enfrentar sua dívida e os efeitos da crise, entre 2005 e 2007 seu objetivo principal era associar sua empresa de TV a cabo, a Multicanal, com a sua antiga principal concorrente, a Cablevisión. Existe outro 7D[38] na história: o primeiro foi em 7 de dezembro de 2007, quando Néstor Kirchner autorizou aquela fusão. O segundo, tal como veremos mais adiante, foi planejado como o dia do desembarque da Lei de Mídia, e foi frustrado.

"Em outubro", conta Mochkofsky, "pouco tempo antes de conseguir a aprovação para a fusão das TVs a cabo, *Clarín* saiu na Bolsa oferecendo 20% de suas ações." Naqueles dias, Magnetto encontrou-se com Néstor Kirchner na Casa de Governo e ao terminar a conversa foram para o escritório de Alberto Fernández, que era a antessala do escritório presidencial. Em tom de brincadeira, Kirchner comentou:

– Agora poderei comprar ações do *Clarín*.

– Vai lhe custar caro – sorriu Magnetto – não acredito que com o salário de presidente você poderá comprar.

Clarín continuou seguindo adiante, e agora avançava no negócio das empresas telefônicas. Em dezembro de 2008, Cristina Kirchner e Magnetto se reuniram em Olivos. Néstor Kirchner e Jorge Rendo (o número dois do Grupo Clarín) organizaram a reunião e esperaram que ambos acertassem os termos da relação privadamente. Em seguida os quatro almoçaram juntos.

Em janeiro de 2008 houve um novo encontro, desta vez sem Cristina. Foi em um dos escritórios atrás do Hotel Faena, em Puerto Madero. Estavam presentes o ministro do Planejamento, Julio De Vido, Alberto

---

[38] Várias marchas de protestos na Argentina contra o governo ficaram conhecidas pela data e a primeira letra do mês. Em 2012 foram realizadas as marchas 13S (13 de setembro) e 8N (8 de novembro), e assim por diante. O governo passou a usar essas siglas para dar nome a suas campanhas: 7D seria 7 de dezembro, por exemplo. Jorge Lanata usa 6D para se referir a 6 de dezembro. (N.T.)

Fernández, Kirchner e Rendo. Naquele encontro começou a ser montada a Operação Telecom.

Em agosto de 2008, quando Alberto Fernández já não participava do governo, o ex-funcionário teve outra reunião com Rendo – foi quando este o advertiu de que o Grupo Clarín ia seguir adiante com a questão da Telecom. Desde essa data, até a última quarta-feira antes das eleições legislativas de 2009, Kirchner e Rendo se reuniram todas as quartas-feiras na Quinta de Olivos. Kirchner perdeu as eleições e culpou o *Clarín* pela perda de entre quatro e cinco pontos na última semana. Em sua última reunião, Néstor Kirchner insistiu em se manter próximo do Grupo.

Em 2010, em um dos momentos mais difíceis da briga governo X *Clarín* pelos filhos de Ernestina Herrera de Noble[39], Magnetto convocou uma reunião no quarto andar do *Clarín*, na rua Tacuari, para explicar aos jornalistas do Grupo o que estava acontecendo. O encontro começou com uma exposição de Gabriel Cavallo, que falou sobre o caso dos irmãos, e continuou com um discurso de Magnetto. Participaram do encontro María Laura Santillán, Nelson Castro, Samuel Gelblung, Julio Blanck, Ricardo Kirschbaum, entre outros.

"Sempre recebi dele [de Magnetto] a vontade política de brigar, desde o começo." Em um momento da questão em torno dos Noble, as próprias pessoas que trabalhavam no jornal começaram a dizer: "Bem, então, é o caso de se fazer a análise, não?". Magnetto falou e dava a entender como era mais fácil deixar de brigar, e então disse que Néstor Kirchner lhe pedira que o acompanhasse, que seriam as pessoas mais ricas da Argentina, e que

---

[39] Lanata refere-se à dona do *Clarín*, Ernestina Herrera de Noble. O governo e a associação Avós da Praça de Maio pressionaram os filhos dela, Marcela e Felipe Noble Herrera, a fazer diversos testes de DNA, contra a vontade deles, para saber se haviam sido apropriados ilegalmente durante a última ditadura (pela proprietária do *Clarín*) – como foi o caso de outros tantos netos que descobriram sua identidade recentemente. Eles foram particularmente pressionados porque o *Clarín* não respeita a Lei de Mídia (porém, o canal Telefe, o C5N e diversos outros meios de comunicação também não respeitam a lei, mas não são pressionados pelo governo). O teste de DNA, realizado em 2012, comprovou que os filhos de Ernestina Herrera de Noble não são filhos de desaparecidos, embora tenham sido adotados. (N.T.)

enquanto os acompanhasse seria feita essa alternância: primeiro Néstor, depois Cristina, depois Néstor, e assim até o fim dos tempos. Magnetto respondera não, que não precisava disso, e lhe dissera: "Posso comer só um bife por dia", como se quisesse dizer "o dinheiro não me importa, não estou fazendo isso pelo dinheiro", contou alguém que estava presente à reunião. Para muitos dos que estiveram na reunião, se naquele momento a resposta de Magnetto a Kirchner tivesse sido favorável, o governo teria acabado com o que restava.

– Desde que Kirchner assumiu como prefeito de Río Gallegos, o kirchnerismo tem uma política de controle absoluto dos veículos de comunicação. Os Kirchner sempre foram assim. Houve uma gestão arbitrária da pauta; sempre houve intimidações mais ou menos diretas, sempre houve restrições para ter acesso à informação. O rompimento adveio quando Néstor Kirchner se sentiu poderoso, em 2005, quando Cristina ganhou de Chiche Duhalde[40] na província de Buenos Aires. Pouco tempo depois demitiu Lavagna, e ele passou a ser ministro da Economia – analisou José Crettaz.

– Se eu conseguir transformar a lei num tema central para a sociedade vou promulgá-la – teria Kirchner alertado Magnetto.

– Melhor acertar com o *Clarín* e vou embora daqui. Apesar de todos os disparates que faz, é uma empresa nacional. Ao contrário, Néstor Kirchner quer acertar com a Telefónica, que é uma empresa estrangeira, para acabar com Magnetto. – Esta frase, lembra Silvia Mercado, lhe foi dita por Gabriel Mariotto, ex-titular da Autoridade Federal de Serviços de Comunicação Audiovisual (AFSCA) antes que uma nova Lei de Mídia fosse elaborada.

Depois da fusão entre a Telefónica Europa e a Telecom Italia, Néstor Kirchner tentou forçar a entrada da Telecom com suas empresas

[40] Conhecida como "Chiche" Duhalde, Hilda Beatriz González de Duhalde é casada com o ex-presidente argentino Eduardo Duhalde. Foi deputada e senadora. Ambos são peronistas. (N.T.)

amigas para fortalecer sua influência no cenário midiático, e ao mesmo tempo, impedir o ingresso do *Clarín*.

Finalmente, Mariotto continuou na função pública e convocou acadêmicos de universidades nacionais, jornalistas, comunicadores, militantes.

Crettaz chama essa equipe de especialistas de “a seita”. “É daí, dessa seita que sai a Lei de Mídia; saem quase 200 artigos que reúnem uma série de direitos vulnerados, cooperativas, rádios comunitárias, universidades. O kirchnerismo foi encontrando o ponto: a Igreja precisa ter veículos de comunicação, porque Menem autorizou-a a ter rádios e canais; então a Igreja, as cooperativas também, idem. O que você quer; reconhecimento, ego? Víctor Hugo Morales. Você quer dinheiro? Szpolski. Você quer outros negócios? José Luis Manzano.”

Em 1º de março de 2009, a presidenta anunciou diante da Assembleia Legislativa que enviaria o projeto da Lei de Mídia. Paralelamente, começaram a aparecer os cartazes de “*Clarín* mente” e “Tudo Negativo”, e Néstor Kirchner pronunciaria aquela famosa pergunta:

– O que acontece com você, *Clarín*, está nervoso?

Mariotto, que finalmente resolveu fincar raízes no Estado, foi o encarregado de preparar a lei. Reuniu sua equipe em um café: Damián Loretti, advogado e professor universitário; Gustavo Bullas e Graciana Peñafort, advogada. A Coalizão de Radiodifusão Democrática era formada por universidades, rádios comunitárias, sindicatos e Igreja, e apresentou os 21 pontos que a lei deveria ter.

Paralelamente acontecia a crise com os produtores rurais.

A apresentação da lei aconteceu em 18 de março de 2009 no Teatro Argentino de La Plata. Depois o projeto foi para os debates no Congresso. Foi em meio a esse contexto que o governo pensou em aproveitar a lei não apenas para dividir o *Clarín*, mas também para levar adiante o Futebol para Todos.

A lei não apenas excluiu completamente a internet – plataforma em que vão se condensar todos os meios eletrônicos de comunicação na próxima década –, tornando-se velha já antes de nascer, como também não se pronunciou sobre a TV digital. Ao não se pronunciar sobre a TV digital, o governo pôde dividir as frequências dessa banda sem concursos nem licitação. Não regulamentou a publicidade oficial (que cresceu 1.300% na década e foi totalmente arbitrária), permitiu aos grupos estrangeiros ter 20 canais de uma TV a cabo argentina, mas aos grupos argentinos apenas um, e os sinais como o da Direct TV ou os das empresas de telefone têm uma licença nacional única com que chegam a 2.200 localidades do país. Ao mesmo tempo, as TVs a cabo têm permissão para apenas 24 sinais, com um limite de 35% do mercado nacional. Crettaz celebra a suposta pluralidade de vozes que a lei propõe: "Pluralidade de vozes, muito bem. Existem 220 canais. É curioso, porque na capital iam criar 14 – metade são particulares com fins lucrativos e particulares sem fins lucrativos. Hoje na capital existem 4 canais privados e quase todos vão ao ar com produções compradas já prontas ou perdem dinheiro; sustentam-se porque têm outros negócios. Como os novos veículos vão se sustentar? De onde vai sair o dinheiro? Da publicidade? Mas a torta publicitária não cresce quando existem mais veículos; pelo contrário, fica menor, é nisso que a lei vai contra a realidade".

"Nos debates só os emissores falavam", opinou Adriana Amado, acadêmica da Universidade de La Matanza. "Falavam o Estado, as universidades, os acadêmicos, os donos dos canais e das rádios, inclusive os que se opunham à lei, mas não falavam os usuários."

O texto final da lei a converte numa norma impraticável: confunde criação de meios de comunicação com criação de audiência, argumentando que, necessariamente, se existem mais veículos, mais pessoas os seguirão; e, ao mesmo tempo, imagina os veículos de comunicação como podem imaginá-los aqueles que nunca trabalharam neles: como blocos uniformes, coerentes e com um funcionamento quase policial. Ninguém que tenha trabalhado em uma redação de jornal ou de qualquer meio de comunicação pode defender isto. Na verdade, ao imaginá-los dessa forma, o governo projeta seu próprio desejo estalinista de controle da tropa. O argumento do financiamento apresentado por Crettaz também não deve ser minimizado: quem financiaria as dezenas de novos veículos de comunicação? O Estado, que por uma tradição histórica argentina vem se confundindo com o governo, uma geração após a outra.

Em 10 de setembro de 2009, sete dias antes da sanção da lei na Câmara de Deputados, entre 180 e 200 agentes da Afip (a agência dirigida por Ricardo Echegaray) chegavam à redação do *Clarín* e montavam uma operação intimidadora que se completou com outros 50 funcionários fiscais em outras empresas do Grupo. Nessa mesma manhã, *Clarín* havia publicado uma denúncia contra Echegaray, por ter autorizado subsídios irregulares de mais de 10 milhões de pesos, quando dirigia a Oncca (Agência Nacional de Controle Comercial Agropecuário).

Diante do susto, os lobistas do *Clarín* acabam por se juntar ao Grupo Vila-Manzano, tentando, juntos, influenciar na votação do Congresso. O grupo que dirigiu essas operações era formado por Jorge Rendo e Damián Cassino, do Grupo Clarín, José Luis Manzano e Daniel Vila, o ex-presidente Eduardo Duhalde e o ex-titular da Side Miguel Ángel Toma. Eles se reuniram durante duas semanas no Hotel Savoy.

A pressão era muito forte e as piadas se multiplicavam. Uma delas foi com José Luis Gioja, o governador de San Juan. Gioja era um antigo amigo de Duhalde e tinha negócios com Manzano, que dirigia os veículos de comunicação de sua província.

– Não posso, Eduardo, imagina se me matam. Kirchner acaba comigo – disse a Duhalde.

Ao saber daquela resposta, Manzano, enraivecido, acompanhou Toma no encontro com Gioja na Casa de San Juan.[41]

– Eu lhe ofereci todos os veículos – repreendeu-o Chupete. – A partir de agora vamos estabelecer uma Lei de Geleiras em que a zona de exclusão para a mineração será de 200 quilômetros de cada geleira, e você manda a Barrick Gold tomar no cu.

Horas depois, Gioja ligou para Duhalde, chorando: "Não podem me apertar assim, Eduardo, me entenda".

---

[41] Todas as províncias da Argentina são representadas por uma "Casa" em Buenos Aires, com vistas a promover os negócios e o turismo na região. (N.T.)

O governo também agia.

À 1h20 da madrugada de 17 de setembro foi aprovada a lei por 147 votos a favor, quatro contra e uma abstenção. Os votos contrários foram do Partido Popular Neuquino (da província de Neuquén) e da deputada socialista Laura Sesma, que votou em dissidência com seu partido. A abstenção foi de Miguel Bonasso.

Em outubro a lei foi aprovada pelo Senado, com folga.

Em setembro de 2012, o governo, com um anúncio de mais de quatro minutos transmitido em Futebol para todos até a exaustão, lançou o lema do 7D[42], D de diversidade e democracia, diziam. Até que no 6D os juízes da Câmara Civil e Comercial Federal ampliaram o recurso de amparo que beneficiava o *Clarín*, até que se promulgasse uma sentença definitiva sobre a causa.

Finalmente, em 2013, a sentença da Corte surpreendeu a várias pessoas e para o governo representou uma baforada de ar, de triunfo, depois da dura derrota nas eleições legislativas de 27 de outubro, quando Martín Insaurralde perdeu feio de Sergio Massa na província de Buenos Aires. A sentença da Corte trouxe de volta uma denúncia que, na época, todos tinham negado: a denúncia de Elisa Carrió contra o presidente da Corte, Lorenzetti. Em 23 de abril de 2013, a deputada Elisa Carrió começava uma guerra santa contra Lorenzetti na reunião da comissão de Assuntos Constitucionais de Deputados.

Carrió acusou Lorenzetti de ter condicionado seu apoio à Lei de Mídia à modificação, por parte do governo, de um dos projetos do pacote da reforma judicial. Além disso, o governo também teria de deixar a Corte controlar o "caixa" judicial. Carrió não ficou só na denúncia verbal e denunciou Lorenzetti no tribunal, mas o juiz federal Rodolfo Canicoba Corral refutou a petição.

Carrió voltou a ratificar sua denúncia no dia 31 de maio, mas a Sala II da Câmara Federal sentenciou que não existia uma hipótese de teor criminal verossímil no acordo, e a denúncia foi menosprezada.

---

[42] O lema do 7D era "diversidade e democracia". (N.T.)

"A melhor prova é o que me falou o deputado Carlos Kunkel pessoalmente: diga a Lorenzetti '*pacta sunt servanda*', que significa os pactos se cumprem", comentou Carrió citando uma expressão em latim.

Lorenzetti tinha sido ligado ao Pami de Víctor Alderete, por meio de uma gestora em Rafaela, Santa Fé, que mais tarde foi acusada de corrupção e desfalque. Além disso, Carrió garantiu que Lorenzetti tinha se reunido com o secretário de Assuntos Jurídicos e Técnicos da Presidência, Carlos Zannini, com quem tinha estabelecido um "pacto espúrio" que incluía a Lei de Mídia. Alguns dias depois da sentença da Corte sobre a lei, em uma entrevista ao jornal *Perfil*, Lorenzetti admitiu ter se reunido com Zannini, mas garantiu que não falaram sobre a Lei de Mídia.

Segundo Carrió, no entanto, Lorenzetti e Zannini firmavam um acordo em que a Corte ficava com o controle da Caixa Judicial em troca de uma sentença favorável à Lei de Mídia e a suspensão do embargo à empresa Chevron.

Em meio a essa suposta negociação, o governo lançou uma forte campanha contra o juiz e seus filhos por meio da Afip, e o deputado kirchnerista Carlos Kunkel apresentou um projeto de lei para tirar todas as prerrogativas orçamentárias e administrativas que o Poder Judicial tem hoje, e transferi-las para o Conselho da Magistratura.

O centro do acordo seria a Comissão de Finanças do Conselho da Magistratura, onde Carrió acredita que ocorrem os verdadeiros negócios.

Em uma de suas declarações, Lorenzetti pronunciou "somos harmonizadores do poder", mudando seu verdadeiro papel constitucional por um papel político.

A Afsca

A norma estabelecida pelo governo em 2009, após a sanção da lei 26.522, indicava cinco dirigentes kirchneristas para a direção da Afsca, que substituiu o Comfer de Gabriel Mariotto.

A partir daquele ano, a Afsca perseguiu o Grupo Clarín, tanto em questões administrativas quanto jurídicas, seguindo ordens diretas do governo, enquanto permitia que emissoras de rádio e TV dos grupos a favor do governo continuassem sob uma situação ilegal. Entre eles estão a Rádio Continental do Grupo Prisa, e Meios, de Daniel Vila e José Luis Manzano.

A Lei de Mídia fomentada pelo governo estabelecia em seu artigo 14 que os sete diretores que integram a autoridade de aplicação precisam, entre outras coisas, ter uma "elevada qualificação em comunicação social". Em 1º de outubro de 2012, Martín Sabbatella assumiu como representante da Afsca. Do currículo que consta no decreto que oficializa a sua candidatura, não há nada relacionado a atividades ou estudos sobre meios de comunicação. Entre os antecedentes destacados de Sabbatella constam medidas que ele tomou na prefeitura de Morón e os prêmios que obteve por serviços em favor da transparência da função pública. No currículo está mencionado que ele foi agraciado com prêmios do Cippec, a Universidad de San Andrés e o jornal *Clarín*, em 2008.

No que se refere aos veículos de comunicação, a única relação que aparece, embora remota, é a sua participação em um seminário sobre "livre acesso à informação pública", organizado pela embaixada britânica. Ele nunca incentivou uma lei nesse sentido.

Em seu primeiro dia à frente da entidade que aplicaria a Lei de Mídia, Sabbatella garantia que se sentia um kirchnerista. "É óbvio que pertenço a uma força política aliada ao kirchnerismo, não se trata de nenhuma descoberta. Agora sou o representante da presidenta, sou nomeado por sugestão do Executivo e faço parte do projeto nacional popular e democrático que lidera a presidenta." Em seu discurso, o chefe da Autoridade Federal de Serviços de Comunicação Audiovisual se referia a 7D não apenas como uma data simbólica, mas como a fronteira da batalha final para o kirchnerismo.

Em 31 de outubro de 2013, às 11h30, o titular da Afsca, Martín Sabbatella, descia de um Volkswagen Vento 2.5 Luxury, de cor preta, alugado pelo órgão por 21.900 pesos mensais da empresa Omega Trans (Omega Car Rental), na porta do edifício do Grupo Clarín, da rua Piedras 1743. Chegava para impor o início do procedimento de obediência à sentença.

Não se haviam passado 48 horas da sentença da Suprema Corte e Sabbatella montava um show desnecessário com dezenas de jornalistas e câmeras. Na mesma hora, outros representantes da Afsca se apresentavam nas sedes do Canal 13, da TN e da Rádio Mitre. As autoridades do Grupo Clarín emitiam um comunicado: "A menos de 48 horas da sentença da Suprema Corte, o governo resolveu seguir concretamente sua investida sobre o Grupo Clarín, à margem da lei e do que foi estabelecido na própria sentença. Como já reiteramos, de nenhuma forma esse procedimento pode ser aplicado ao Grupo Clarín, já que as normas de adequação foram totalmente suspendidas para a empresa em função da medida cautelar".

Por outro lado, a nulidade desse procedimento foi expressamente reconhecida pela Justiça em uma sentença da Câmara Federal de junho passado, que rechaçou a validade da "adequação de ofício" no caso do Grupo Clarín. Além disso, de acordo com o que a sentença da Corte estabeleceu claramente, as mesmas condições, alternativas e possibilidades que tiveram os demais grupos de veículos de comunicação devem vigorar para o Grupo Clarín.

Sabbatella foi ao *Clarín* acompanhado de Daniel Larrache, de dois escrivães e de um encarregado de comunicar a transferência do ofício, que entregaria a notificação para o advogado do grupo, Damián Cassino. O titular da Afsca disse que sua presença se devia às possíveis dúvidas com relação à notificação anterior, em dezembro do ano passado.

Segundo Sabbatella, *Clarín* tinha 15 dias para responder à notificação. Em seguida o Tribunal de Avaliação fixaria um valor para cada um dos veículos. Depois se seguiriam as licitações, a adjudicação e os novos donos assumiriam a titularidade.

No dia 4 de novembro, o Grupo Clarín apresentou à Afsca e à Justiça seu plano de adequação. Por meio de um comunicado, explicou que o *Clarín* apresentava seu plano de adequação voluntária "depois da investida *de facto* e ilegal da Afsca sobre suas licenças. A apresentação acontece antes de a sentença da Suprema Corte entrar em vigor. O Grupo Clarín busca proteger seus direitos de forma urgente e imediata, diante das arbitrariedades oficiais, apesar de que, de acordo com essa mesma sentença, deveria dispor dos mesmos prazos e condições que os demais grupos de veículos de comunicação. Paralelamente, continuará levando adiante as ações judiciais para defender seus direitos".

Na segunda-feira, 17 de fevereiro de 2014, a Afsca aprovou o plano de adequação do Grupo Clarín e do Grupo Vila-Manzano, enquanto se fortalecia a hipótese de que não faria a mesma coisa com a emissora de televisão Telefe, que em breve seria comprada por Cristóbal López.

"Devolva os netos"

Marcela e Felipe Noble Herrera são os filhos adotivos da diretora do *Clarín*, Ernestina Herrera de Noble. São jovens que, sem fazer parte da briga política de sua mãe e do executivo-chefe do grupo, Héctor Magnetto, e sem compartilhar da raiva do governo contra os veículos de comunicação, sofreram na própria carne a perseguição do Estado nacional e a angústia de não ter segurança sobre a própria identidade.

As dúvidas com relação à origem dos irmãos eram de longa data, mas a primeira denúncia formal contra a diretora do *Clarín* por irregularidades no procedimento de adoção dos jovens partiu da associação Avós da Praça de Maio, em 30 de abril de 2001.

A presidenta das Avós, Estela de Carlotto, tinha dúvidas sobre a verdadeira identidade de Marcela e Felipe e presumia que eles poderiam ser filhos de desaparecidos. Duas famílias os reivindicavam: Lanuscou-Miranda e García-Gualdero. O processo tinha ficado com um juiz simpático à causa das Avós, o juiz federal de San Isidro, Roberto

Marquevich. O juiz foi rápido e em 19 de março de 2002, em meio a uma briga judicial com *Clarín* que queria tirar o processo de suas mãos, mandou que fossem feitas os exames de DNA de Marcela e Felipe. Os jovens já haviam se oferecido para realizar os exames, mas não no Banco Nacional de Dados Genéticos, e sim com a Equipe de Antropologia Forense, avisando que após cruzar os perfis genéticos com os das duas famílias em questão, destruiriam as amostras. Os advogados das Avós rechaçaram as condições e os exames nunca foram feitos.

No dia 17 de dezembro, Marquevich fixou uma nova data para a extração do DNA e ordenou a prisão de Ernestina Herrera de Noble. Naquela noite, Ernestina ia à entrega dos prêmios *Clarín* no Teatro Colón, mas nunca chegou.

Em 8 de janeiro de 2003, Ernestina foi processada pelos delitos de inserir em um instrumento público declarações falsas em caráter de autora, de inserir tais declarações em documentos públicos com vistas a acreditar a identidade de pessoas como partícipes necessários, e de usar documentos públicos falsos. O "uso de documento público falso" gerou um embargo sobre seus bens no valor de 1 milhão de pesos.

Em 2004, o juiz Marquevich foi transferido da causa por suposto comportamento de parcialidade, e a Câmara Federal de Apelações deixou o expediente nas mãos do juiz federal Conrado Bergesio. Ele concluiu que a instância de delito por parte de Herrera de Noble não estava provada e desvinculou-a de supostas irregularidades nos procedimentos de adoção de seus filhos, após analisar todas as provas.

Depois de anos de idas e vindas, em 6 de março de 2009, Bergesio instruiu a Equipe de Antropologia Forense a fazer os exames. Mas para isso exigia que o Banco Nacional de Dados Genéticos (BNDG) enviasse as provas para fazer o cruzamento e, em maio de 2009, um decreto presidencial definia que o BNDG não poderia emitir informações sobre as amostras a nenhum particular nem a entidades públicas. Finalmente, apesar da oposição das Avós, que notificaram Bergesio, no dia 29 de dezembro de 2009, Marcela e Felipe se submeteram aos exames na Equipe de Antropologia Forense.

Diante da pressão das Avós e da mídia simpatizante ao governo, no dia 30 de dezembro, Bergesio ordenou que se fizessem duas buscas policiais: uma na casa de Marcela e outro na de Ernestina, onde supostamente Felipe ainda morava. Da casa de Marcela, a polícia levou a escova de dentes, uma calcinha e uma escova de cabelo. Da casa de Ernestina foram levados dois pentes, três barbeadores, um sabonete, um chinelo, entre outros objetos. Felipe tinha se casado e já não morava na residência.

No dia 8 de fevereiro de 2010, o juiz deu ordens para que o BNDG analisasse o material genético obtido com os objetos apanhados nas buscas e em 15 de fevereiro mandou que os jovens tirassem sangue de novo, mas desta vez no BNDG. Os advogados dos irmãos apelaram, e em 20 de março de 2010, a Sala II da Câmara de Cassação Penal emitiu uma nova sentença que suspendia o exame. O governo havia passado pelo longo conflito com os produtores rurais, tinha perdido as eleições legislativas de 2009, com Néstor Kirchner como candidato na lista nacional de deputados pela província de Buenos Aires, e a briga com o *Clarín* estava em um de seus momentos mais frios. Tanto que, em 19 de janeiro de 2010, durante uma entrevista coletiva, a presidenta respondeu a uma pergunta sobre a relação com a oposição, formulada por um jornalista do *Clarín*, e no final da resposta, disse:

– Seria bom que vocês dessem um olhar introspectivo sobre as coisas que escrevem; que afirmam com absoluta liberdade, estou disposta a morrer para que continuem escrevendo as mesmas mentiras que escrevem todos os dias em seu jornal, com a mesma liberdade com que fazem sempre. Porque nunca estivemos com nenhum governo militar... porque nunca recebemos nenhuma empresa de um governo militar, porque estamos seguros de quem somos, do que temos, de nossos filhos, e podemos fazê-lo diante de todo o país e de todos os argentinos. Estou certa de que, não o senhor, que é um bom jornalista, mas certamente os acionistas da empresa em que o senhor trabalha, não podem fazer o mesmo.

Não foi a única vez em que a presidenta se referiu publicamente ao caso dos irmãos Noble Herrera. Em 24 de março daquele mesmo ano, durante o ato pelo Dia da Memória[43], Cristina disse em cadeia nacional: "Tenho a obrigação de acreditar que haverá justiça e que, finalmente, depois de tantos anos de impunidade do poder midiático, poderemos saber e conhecer realmente a identidade que [Estela de Carlotto] está veementemente tentando procurar. Como pode existir qualidade institucional se não existe identidade, que é o primeiro direito!".

O advogado Gabriel Cavallo, que também defendeu os irmãos, referiu-se a esse discurso em 2010, quando foi consultado para esta publicação e se mostrou esperançoso de que a Suprema Corte de Justiça emitisse uma sentença favorável à apresentação feita pelos Noble Herrera e encerrasse o processo. "Esperemos que a Corte o faça, mas coloque-se no lugar da Corte: a presidenta da República, em 24 de março de 2010, em um de seus atos para celebrar a memória, disse publicamente que a minha cliente se apropriou de seus filhos. Se amanhã a Corte diz que a minha cliente é inocente, o que acontece com a presidenta da República? A Corte está em condições políticas de dizer que a presidenta mentiu? A sociedade argentina toma consciência disso? Está suficientemente adulta para tolerar que um grupo de juízes diga que a presidenta mentiu?"

Em 2010, o caso estava longe de se resolver e a verdadeira identidade dos irmãos Noble Herrera havia se convertido em um problema de Estado. O governo havia conseguido que a briga com o *Clarín* se concentrasse em averiguar se sua proprietária era ou não uma usurpadora de bebês. No dia 27 de abril, a Câmara decidiu favoravelmente acerca um pedido do Ministério Público e retirou do caso, depois de sete anos, o juiz Bergesio, acusado de dilações em favor dos Noble Herrera. O caso passou para o Tribunal Criminal de San Isidro, a cargo de Sandra Arroyo Salgado, um tribunal dominado pela Secretaria de Inteligência (Side).

No dia 28 de maio de 2010, Arroyo Salvado convocou Marcela e Felipe ao seu escritório de San Isidro e lhes perguntou se davam seu

[43] O Dia da Memória, 24 de março, é feriado nacional, celebrado todos os anos na Argentina para lembrar as vítimas da ditadura militar no país. O golpe militar que instituiu a última ditadura militar na Argentina ocorreu em 24 de março de 1976. (N.T.)

consentimento para que as amostras que haviam sido entregues à Equipe de Antropologia Forense fossem processadas pelo Banco Nacional de Dados Genéticos (BNDG). Ambos disseram que não. A juíza lhes perguntou então se aceitavam voltar a fazer a análise no banco e os irmãos novamente disseram que não. A juíza tinha um plano.

Na saída do tribunal, os dois irmãos estavam sendo esperados por um exército de jornalistas... Ocupados em evitá-los, subiram no primeiro carro que seus advogados lhes indicaram. Iam para a casa da sua mãe, em Martínez. Na metade do caminho, o motorista que levava Marcela e Felipe percebe que estão sendo seguidos por um jipe verde e avisa por rádio os advogados que vinham atrás em outro carro. Inicia-se então uma perseguição e finalmente o jipe perde o carro dos irmãos. Já o carro dos advogados acaba interceptado por uma caminhonete, da qual descem dois policiais com longas armas. Quando os vidros espelhados se abrem, os policiais constatam que o veículo não levava os irmãos e sim os advogados e o informam por rádio.

A cena continuou na casa de Ernestina. Ali estavam sendo esperados por um secretário do Tribunal, que tinha ordens para uma nova incursão. Mais uma vez, levaram roupas pessoais. A diretora do BNDG, Belém Rodríguez Cardozo, percebeu que a roupa do Felipe era demasiado folgada e que até tinha ainda a etiqueta e que o jeans de Marcela parecia demasiado apertado e a sua calcinha não tinha sido usada. Ficou em dúvida e consultou se a ordem da Justiça lhes permitia levar algo além de roupas de vestir. Não, não permitia.

Os advogados dos irmãos denunciaram a juíza por "prejulgamento" e anunciaram publicamente que Marcela e Felipe haviam sido vítimas de invasão "abusiva, violenta, vexatória e desnecessária". "Os danos psicológicos que esses jovens sofreram é irreparável. Eles viveram isso tudo com muita angústia, com muito medo. Imagine que você está sendo perseguido pelo Estado nacional. Nesse momento, você se coloca na pele dos desaparecidos. Foram perseguidos pelo Estado nacional. Brigar com o governo é horrível, porque você não tem nenhuma chance de ganhar. O terrível é que numa democracia se usem os mesmos métodos que na ditadura. Que se persiga um inocente, que não se reconheça o erro", lembra hoje uma pessoa muito próxima à família que viveu o dia a dia da briga pelos irmãos.

Cavallo relembra hoje esse dia como o momento mais difícil de todo o processo. "O pior momento para mim foi o dia que os perseguiram. Não podia acreditar que estivessem fazendo isso. Eles foram convocados pela juíza ao seu gabinete. Na mesma hora em que saíram de lá, ela ordenou a perseguição. Os jovens, por acaso, entraram juntos num carro da escolta diferente do carro no qual havia chegado e isso confundiu a polícia, que começou a perseguir o outro carro onde estavam os advogados. Pareceu-me patética toda aquela situação", lembra o advogado.

As amostras que foram tiradas das peças de roupa obtidas na invasão deram resultados errôneos: em cada peça havia mais de um tipo de DNA. Os especialistas ficaram perplexos. Não servia. No dia 29 de setembro de 2010, Arroyo Salgado ordenou que o BNDG trabalhasse com as amostras de DNA que haviam sido obtidas na incursão anterior, ordenada por Bergesio. Essa informação havia ficado guardada em caixas lacradas. Entretanto, quando os peritos do banco apresentaram as conclusões da análise disseram que nenhum deles havia participado da incursão e que, portanto, não podiam garantir que os perfis genéticos fossem de Marcela e Felipe.

Sem alternativa, Arroyo determinou a extração compulsória de DNA dos irmãos, que entraram com uma apelação contra a ordem. No dia 2 de junho, a Sala II do Tribunal de Recursos Criminais ratificou a ordem da juíza de primeira instância, mas só autorizava a comparação dos perfis genéticos dos jovens com o DNA das famílias de pessoas detidas ou desaparecidas até o dia 13 de maio de 1976, no caso de Marcela, e até 7 de julho do mesmo ano, no de Felipe. Pensou-se que a decisão não agradaria a nenhuma das duas partes. Todos apelaram, menos Marcela e Felipe. Os irmãos surpreenderam e, depois de dez anos argumentando que queriam "pôr fim ao assédio e à perseguição política e midiática", anunciaram que se submeteriam aos exames de DNA no BNDG.

Sobre a abrupta mudança de posição dos irmãos há diferentes versões. No seu livro *Pecado original.* Clarín, *los Kirchner y la lucha por el poder* ("Pecado original. *Clarín*, os Kirchner e a luta pelo poder"), Graciela Mochkofsky garante que "um importante editor do *Clarín* conseguiu que uma fonte do banco lhe revelasse o que os peritos já sabiam" desde o final de 2010, "que seus perfis de DNA não estavam no BNDG [...] Que o cruzamento de dados daria um resultado negativo". Mochkofsky garante que um executivo do Grupo lhe contou que eles tiveram o resultado dois meses antes de os irmãos aceitarem fazer a análise.

O advogado de Ernestina, Cavallo, dá outra versão.

A verdade é que há 150 crianças desaparecidas, que foram usurpadas durante a ditadura, netos. Essa é a primeira realidade, e não sou eu quem diz, são as Avós no seu site onde publicam uma lista de pessoas procuradas. Dessas 150 crianças, 110 já foram localizadas. Faltam 40, a maioria nascidos muito depois de Felipe e Marcela, coisa que se sabe porque, nesse caso, há provas objetivas que permitem se saber desde quando eles existem. No dia em que as crianças apareceram, passaram por uma revisão médica, em 1976. Por que ele mentiria sobre quanto pesavam, se eram louros ou moreninhos, se estavam saudáveis ou doentes, se tinham todos os dedos. O que significa esse relatório? Que a menina existia como pessoa física nessa data. Por que razão o médico mentiria sobre a data? Por que razão esse documento público seria falso? Em que mudaria a adoção? Serviria para esconder o quê? Existe? Esse papel é autêntico? O médico é autêntico? Sim, tudo era autêntico. Então, ou o documento é falso e estaria então provando a existência de um menino que não existia em 1976, ou o documento é verdadeiro e o médico estava cumprindo com seu trabalho rotineiro.

– E o documento é verdadeiro?

– O documento é verdadeiro. Mas há um montão de outras provas de que eles existiam como pessoas físicas e que estavam com Noble. Por exemplo, o dia em que tiraram o passaporte, passagens de avião. Se o documento era falso, então quem subiu no avião, dois bonecos?

– Então o que eles fizeram? Qual foi a estratégia judicial?

– Se eles existem a partir dessa data, então todas as crianças nascidas depois dessa data procuradas pelas Avós não são esse menino. Esse raciocínio, que é o ABC da pura lógica, não havia sido feito. Os jovens podem ter nascido antes dessa data que é a do médico, mas não depois. Quantas crianças as Avós ainda procuram nascidas antes dessa data? Fui aos registros das Avós, eram seis, cinco do noroeste e apenas um da província de Buenos Aires. Fui aos pacotes da Comissão Nacional sobre o Desaparecimento de Pessoas (Conadep) e comparei Marcela e Felipe com essas seis crianças. Não existia nenhuma possibilidade de que fossem essas crianças. Por seus pais, pela configuração do rosto dos pais. E eu sei o que levei aos meus clientes e lhes disse que era uma loucura continuar mantendo a postura de não aceitar fazer os testes. Eles olharam o relatório, levaram um mês e se convenceram de que era ridículo continuar se amparando no direito que ainda tinham de não fornecer uma amostra de sangue.

Finalmente, depois de uma década, veio a público o resultado dos exames. Em julho de 2011, soube-se que as análises realizadas pelo Banco Nacional de Dados Genéticos (BNDG) revelavam que os irmãos adotados por Ernestina Noble Herrera não eram filhos das famílias autoras da denúncia Lanouscou-Miranda e Gualdero-García. Além disso, a Justiça determinou que não eram filhos de pessoas desaparecidas entre 1975 e 1976. O relatório assinado pela diretora do BNDG, Rodríguez Cardozo, e os outros peritos comprovava a insuficiência de informação genética para confirmar algum vínculo familiar com os irmãos. O DNA de Marcela foi cruzado com o de 55 famílias e o de Felipe com 57, em ambos os casos o resultado de filiação foi negativo. Os estudos foram apresentados no Tribunal Federal nº 1 de San Isidro de Arroyo Salgado.

A própria Estela de Carlotto admitiu seu erro e, em declarações radicais, garantiu: "O caso foi resolvido pela Justiça – é isto o que querem as Avós. Não foram nossos netos. Para nós, a missão está cumprida, [Marcela e Felipe] tiveram suas amostras de sangue coletadas no lugar correto; o sangue está guardado para o futuro; foi comparado com todo o Banco. Não encontraram...".

Os advogados da diretora do *Clarín* pediram a extinção definitiva do processo aberto por usurpação de filhos de desaparecidos.

No dia seguinte da segunda perícia judicial que comprovava que Marcela e Felipe não eram filhos de pessoas desaparecidas em 1975 e 1976, a oposição levantou duras críticas ao kirchnerismo por sua forma de enfrentar o caso. As acusações de Néstor e Cristina Kirchner, Hugo Moyano, Aníbal Fernández e Estela de Carlotto durante o período do processo judicial eram falsas. "É vergonhoso e gravíssimo que a dona de um dos veículos de comunicação mais importantes do país tenha o privilégio de não permitir o acesso aos dados genéticos", havia dito o ex-presidente no dia 24 de fevereiro de 2010.

No dia 6 de dezembro de 2013, o Tribunal Federal de Recursos Criminais rejeitou excluir a dona do Grupo Clarín do processo que investigava a identidade de seus dois filhos adotivos até que a Justiça esgotasse a investigação de provas ainda pendentes e a Corte Suprema se pronunciasse sobre um recurso extraordinário.

O processo continua aberto até hoje, segundo Cavallo, "porque a juíza é corrupta" e só a Suprema Corte de Justiça pode definir que, finalmente, o caso seja encerrado. "O governo nunca pensou que apresentaríamos os jovens para os testes de DNA. Eles fizeram uma aposta: 'Nunca vão apresentar os jovens', porque eles realmente acreditam, acreditaram no relato, acreditaram de verdade que eram filhos de desaparecidos." Tanto é assim que em 2013 o governo tentou, antes das eleições legislativas, uma nova manobra para demonstrar que Marcela e Felipe eram filhos de desaparecidos. Em novembro de 2009, a maioria kirchnerista no Congresso aprovou a lei 26.548, que determinou uma modificação estrutural do Banco Nacional de Dados Genéticos (BNDG) e sua transferência para o âmbito do Poder Executivo nacional. Isso implicava uma mudança física da sua localização histórica no Hospital Durant para um edifício do Ministério da Ciência e Tecnologia.

A nova sede do BNDG, na Avenida Córdoba, 831, guardaria as amostras de DNA de famílias que buscam netos desaparecidos. Os familiares se opuseram à transferência por temor de que as amostras fossem adulteradas. Como não houve consulta e, além disso, ainda não existia um protocolo que garantisse a intangibilidade dessas análises, ficava aberta a possibilidade de que um dia, no futuro, qualquer pessoa solicitasse a anulação de um exame pela possibilidade de manipulação das amostras.

Mas o ponto mais polêmico de todos aqueles instituídos pela nova lei está relacionado com a possibilidade de cruzar as amostras do BNDG com as de outros bancos de dados. A lei não o diz explicitamente, mas se refere ao banco de dados genéticos da Equipe Argentina de Antropologia Forense, um organismo de enorme prestígio internacional que trabalha na identificação de desaparecidos durante a ditadura enterrados como NN (Nenhum Nome). O cruzamento dos bancos poderia ampliar a possibilidade de identificar crianças desaparecidas.

Entretanto, o controle direto que o Poder Executivo tem agora sobre as amostras desperta enormes dúvidas sobre a possibilidade de manipulação política desses estudos. A manipulação consiste na possibilidade de intervir no banco para atrasar e manter indefinidamente abertos diferentes casos com fins políticos. Isso começou a se intuir a partir de uma série de e-mails aos quais o programa *Periodismo para todos* teve acesso em 2013, que tinham como protagonista o próprio ministro da Ciência e Tecnologia, Lino Barañao. Num desses e-mails, com data de 28 de fevereiro de 2013, Barañao se dirigia ao então coordenador da transferência do banco, o questionado Hernán Dopazo. Ele lhe contava que havia se reunido com Norberto Berner, um homem do movimento kirchnerista, La Cámpora, ex-diretor da Corregedoria Geral de Justiça e atual secretário de Comunicações, e que Berner havia lhe pedido que incorporasse ao seu ministério a "militante" Jaen Oliveri. A ideia era que, no futuro, ela controlasse o caso HN a partir dali. Ou seja, Herrera Noble.

Tempos depois, no dia 13 de abril, Dopazo disse ao ministro em outro e-mail, que Jaen, a militante, "deveria ter algo assim como responsabilidades importantes, hierárquicas, no laboratório forense". Jaen foi finalmente contratada para um lugar na nova estrutura do Banco.

Mas como alguém poderia influir sobre estudos de análise genética? Quanto maior a quantidade de amostras cruzadas, maior é a possibilidade de que se produzam os chamados “falsos positivos”. São resultados que não modificam a verdade, mas que poderiam ser usados temporariamente para criar suspeitas. Até agora, as amostras de possíveis crianças desaparecidas eram cruzadas com os perfis das famílias que buscam netos. Esses perfis estão no BNDG. Agora, além disso, eles seriam cruzados também com os perfis genéticos da Equipe de Antropologia Forense, que são 8 mil. Essa quantidade maior de cruzamentos pode fazer com que uma pessoa tenha compatibilidade genética com várias outras, sem que isso signifique filiação alguma.

O próprio presidente da Equipe de Antropologia Forense, Luis Fondebrider, explicou a questão:

“Que haja compatibilidade de perfis genéticos entre duas pessoas não implica identidade ou parentesco biológico. Ao cruzar uma base de dados de perfis genéticos com milhares de pessoas é possível que surjam coincidências casuais, inclusive matematicamente significativas (com mais de 99%), mas que sejam falsos positivos, ou seja, por acaso ou probabilidade. Por isso é delicado fazer isso sem incluir outra informação que permita conciliar a compatibilidade genética e confirmar que não se trata de algo ao azar. Não é uma simples operação de cruzamento de dados, mas algo mais complexo, que demanda uma série de considerações de investigação, genéticas e estatísticas, que se não são levadas em conta podem dar lugar a confusões e a falsos positivos”.

Os falsos positivos são uma possibilidade que pode ser descartada com análises mais exaustivas. Mas tendo o Poder Executivo como juiz, parte desses falsos positivos também poderia ser usada intencionalmente. Depois que o *Periodismo para todos* revelou, em setembro de 2013, o plano do governo para reinstalar a dúvida a respeito da identidade de Felipe e Marcela, o plano ficou em *stand by*. Mas tanto funcionários do Ministério quanto especialistas da Equipe de Antropologia Forense garantem que o projeto existiu e que o governo queria colocá-lo em andamento antes das eleições de outubro. Não puderam.

Depois do relatório de *Periodismo para todos*, Barañao esteve na mesa do programa *6, 7, 8* e, tenso, dedicou-se a insultar o programa e o

Grupo Clarín, mas não desmentiu nenhuma das informações divulgadas pelo programa, apenas voltou a explicar o que o *Periodismo para todos* já havia dito: que o "falso positivo" era só temporário. Nenhum dos jornalistas lhe perguntou sobre a veracidade ou não dos e-mails, nem Barañao esclareceu essa questão.

Papel Prensa

Os paralelos entre a década "ganha" e o primeiro e o segundo governos de Perón são vários, e já os mencionamos ao citar os trabalhos de Pablo Sirvén e Silvia Mercado sobre Apold, o fundador do Primeiro Relato, e as brigas de Perón com a mídia. Um desses enfrentamentos ocorreu por causa do fornecimento de papel. Conta Hugo Gambini, em sua *Historia del peronismo* ("História do peronismo"), que a maioria dos jornais que se editavam na capital federal se opunham a Perón: os matutinos *La Prensa*, *La Nación*, *Clarín* e *El Mundo*, e os verspertinos *La Razón*, *Crítica* e *Noticias Gráficas*. Apenas dois jornais da manhã, *Democracia* e *El Laborista*, e um da tarde, *La Época*, promoviam a candidatura do "coronel do povo". Depois dos primeiros seis anos de governo, apenas três jornais não integravam o coro oficialista: *La Nación, Clarín* e *La Prensa*. Nessa época, não existia produção local de papel e os jornais importavam esse insumo. Sirvén conta que já em março de 1946, três meses antes de Perón começar seu primeiro mandato, os militares nacionalistas do golpe de 1943 determinaram a expropriação de algumas bobinas de jornais como *La Prensa* para "satisfazer necessidades sociais de ordem educativa, cultural e informativa". Em julho de 1947, o Banco Central decidiu "suspender a concessão de autorizações para fazer câmbio para a importação de papel-jornal", e o Estado passou a regular as quotas. "Os jornais", escreve Sirvén, "em dieta involuntária começaram a emagrecer de forma preocupante e sem parar: em outubro de 1948 diminuíram para 16 páginas e depois a 12, em abril de 1949, até chegar a esquálidas seis páginas, em 1950. [...]. Nos edifícios de apartamentos, *La Nación* era alugado por horas, sendo levado sucessivamente de um domicílio a outro".

A Papel Prensa foi um monopólio de papel barato impulsionado pela ditadura. Em *Página/12*, desde a sua fundação até a minha saída da direção jornalística, dez anos depois, fomos "vítimas" desse sistema que permitia apenas aos jornais associados, ao *Clarín* e ao *La Nación*, obter toneladas de papel. Os outros estavam condenados a importar e sofrer as consequências dessa opção: preço duas vezes maior, dificuldades de financiamento proveniente da Argentina, impossibilidade de manter um estoque importante. *Ámbito Financiero*, *Crónica* e outros jornais sofreram essa prática discriminatória. Pessoalmente fui muito duro com o *Clarín* enquanto competi com eles; o *Clarín* é um concorrente hostil e agressivo. Mas isso é uma coisa e afirmar que obtiveram a Papel Prensa através de tortura é outra muito diferente.

O que vem a seguir é o capítulo "Tigres de papel", publicado a partir da página 399 do meu livro *Argentinos* ("Argentinos"), Volume II, editado por Ediciones B em 2003; quando meu vínculo profissional com o *Clarín* era inexistente:

Tigres de papel

JORNALISTA: Senhor Manrique, hoje a revista *La Semana* traz na capa: "Caso Graiver: um general acusa notórios personagens da vida argentina no livro mais polêmico do ano". A matéria inclui declarações de Oscar Marastoni, em correspondência de David Graiver: "Entreguei envelopes com dinheiro a César Cao Saravia, ao secretário Vicente Calabró, a Bernardo Neustadt, a Manuel Madanes, a José Ber Gelbard, a Osvaldo Papaleo e a Francisco Manrique".

MANRIQUE: Que filho da puta!

A surpresa de Jacobo Timerman quando os militares bateram na sua porta não deve ter sido muito diferente da do apaixonado doutor Frankenstein quando viu que o monstro a que havia dado vida avançava para cima dele. Em sua tese *Estrategias periodísticas de apertura y resistencia en un espacio público autoritario: los casos de Madrid (España) y* La Opinión *(Argentina)* ("Estratégias jornalísticas de abertura e resistência num espaço público autoritário: os casos de Madri (Espanha) e *La Opinión* (Argentina))", o professor Carlos Barrera, da Universidade de Navarra, e o bacharel pela Universidade Austral Fernando Ruiz Parra afirmam que "o caso formal que o regime militar argentino usou para acabar com o *La Opinión* de Timerman também se relacionava com a composição acionária da empresa editora do jornal, a Olta S.A. e a empresa proprietária das oficinas, a Estabelecimento Gráfico Gustavo S.A. Nesse caso, a culpa foi colocada na participação acionária que tinha nessa empresa informativa o banqueiro David Graiver, que chegou a possuir 45% das ações de ambas as sociedades. Gravier morreu em agosto de 1976 e investigações militares descobriram que a guerrilha o havia usado como financiador de um butim de US$ 40 milhões obtidos com o sequestro dos irmãos Born [...] Graiver teve relações com setores muito contraditórios: em 1971 foi o financiador oculto de uma revista que estimulava a luta armada, ao mesmo tempo em que viajava pelo mundo com o filho do então presidente Lanusse. Seu banco funcionou como arrecadador de fundos para Isabel Perón, ao mesmo tempo em que ele ampliava suas relações com os guerrilheiros. Com a chegada da ditadura, todos os integrantes e diretores das empresas de Graiver e seus familiares foram presos. A investigação de David Graiver esteve sob responsabilidade da "linha dura" do regime. Fontes da embaixada estadunidense em Buenos Aires concordam com essa última avaliação de Barrera e Ruiz Parra. Eles lembram que John King, um de seus funcionários, enviou a Washington o seguinte relatório: "O escândalo Graiver foi uma tentativa da linha dura do Exército – Suárez Mason, o general Saint Jean, governador de Buenos Aires, e seu braço executivo, o então coronel Ramón Camps – para destruir a articulação dos moderados Videla-Viola. Videla conseguiu tirar o caso das mãos de Camps e passá-lo ao G4 (Logística), dirigido pelo general Oscar Gallino. Por meio do registro de cartório A-0.089.535, o jornalista Juan Gasparini, ex-montonero residente na Suíça, declarou à Justiça argentina: "Confirmo pela presente minha autoria do livro *El crimen de Graiver* ("O crime de Graiver"), publicado em Buenos Aires, Argentina, por Ediciones B, em julho de 1990. Esse trabalho, fruto de longos anos de investigação, confirma que US$ 14 milhões provenientes do sequestro dos irmãos Juan e Jorge Born foram embolsados pela Organização Montoneros na cidade de Genebra, Suíça, em meados de 1975. Essa soma foi introduzida posteriormente na holding pertencente ao finado David Graiver e sua esposa, Lidia Papaleo de Graiver, numa operação que contou com a cobertura da sociedade panamenha Empresas Catalãs Associadas, fundada pelo banqueiro húngaro-chileno José Klein a pedido de David Graiver. Como se mostra no livro, essa transação foi combinada entre dirigentes do grupo guerrilheiro ali mencionado (alguns com nomes falsos) e o casal formado por Lidia Papaleo e David Graiver. Este último ordenou registrar o investimento em seu nome, solicitando ao diretor de um de seus bancos, o BAS, o doutor Alberto Naón, cidadão argentino hoje residente em Genebra, Suíça, que assinasse a documentação correspondente, o que ele assim fez"."

A história da Papel Prensa é a história do sonho de qualquer editor: um monopólio de papel barato. Esse é o sonho também de qualquer ditador de plantão que queira controlar a imprensa: nada melhor que ajudar os jornais a reduzirem seus custos à metade. A Papel Prensa nasceu no dia 11 de agosto de 1969 pelo decreto-lei 18.312/69 da ditadura do general Onganía, através do qual foi criado um "fundo para a produção de papel". O decreto 4.400 do mesmo ano fez uma convocação nacional e internacional para um concurso para as indústrias interessadas em participar da licitação. A partir de 1º de agosto de 1970, mais de cem jornais de todo o país foram obrigados a pagar uma quota extra de 10% sobre a importação de papel jornal a título de contribuição para a criação do mencionado "fundo para a produção". O decreto 43 de 1971, assinado pelo general Roberto Marcelo Levingston, lançou o edital de licitação para as fábricas que deveriam chegar a uma produção de 340 mil toneladas para fornecer a todos os jornais do país. Nem mesmo hoje, 30 anos depois, se chegou a esse nível de produção. Ámbito Financiero lembrou, numa investigação sobre o caso Papel Prensa, que apenas uma empresa se apresentou naquela ocasião: César Civita e seus sócios, César Doretti e Luis Rey, todos proprietários da Editora Abril, responsável pela publicação das revistas *Cláudia, Siete Dias, Panorama, Corsa* etc. A Editora Abril não conseguiu cumprir os requisitos exigidos pelas especificações do edital e, no ano seguinte, outro presidente, o general Lanusse, rejeitou a proposta de Civita e autorizou, pelo decreto 1.309/72, que se levasse a cabo a contratação direta da empresa Papel Prensa S.A., em formação, que deveria ser garantida pela Editora Abril. No dia 6 de outubro de 1972, aprovou-se o contrato com a recém-fundada Papel Prensa. O Banco Nacional de Desenvolvimento lhe concedeu garantias no valor de US$ 25 milhões e o governo lhe outorgou numerosas isenções fiscais.

Segundo o parecer de 1988 de Investigações Administrativas do Ministério Público Federal, assinado por Ricardo Molinas e reproduzido integralmente pelo jornal Ámbito Financiero no dia 22 de março do mesmo ano: "O Poder Executivo excedeu as faculdades conferidas pela lei de contabilidade e pelo decreto regulamentar para a contratação direta".

O contrato original estabeleceu diferentes categorias de acionistas: algumas podiam ser transferidas, mas não as ações classe A, correspondentes ao Grupo Fundador. No dia 26 de dezembro de 1973, o sócio Luis Rey adquiriu a totalidade das ações do resto dos proprietários encabeçados por Civita e nesse mesmo dia elas passaram às mãos do Grupo Graiver já que Rey, segundo Ámbito, era um mero testa de ferro. Graiver continuou com a construção da fábrica até sua morte num acidente aéreo no México em 1976. Ainda hoje há quem afirme que Graiver forjou sua morte para escapar de seus credores montoneros. Nove meses depois do seu desaparecimento começaram os desentendimentos entre os seus herdeiros e as ações Classe A passaram a ser propriedade de *Clarín, La Nación* e *La Razón* (o *La Prensa* também foi convocado, mas seu diretor Máximo Gainza não aceitou integrar a empresa). A transferência das ações dos Graiver fez parte de um curioso acordo extrajudicial pelo qual os Graiver venderam primeiro a Luis Rey, e ele, como integrante do Grupo Fundador, vendeu ao *Clarín*. Assinaram o convênio, representando "os jornais", Bernardo Sofovich e Patricio Peralta Ramos. A transferência de ações se levou a cabo sem que fosse realizada a correspondente sucessão de David Graiver, e os herdeiros protestaram pelo baixo preço pelo qual a ditadura militar os obrigou a vender suas ações. No dia 18 de janeiro de 1977 foi feita a entrega física da empresa. Depois da insólita "transação", os herdeiros de Graiver foram presos pelo general Camps, razão pela qual nem sequer chegaram a cobrar o valor total da transferência, o que fez o promotor Molinas qualificar o episódio como "desaparecimento de credores". O jornal Âmbito Financiero lembrou que a transferência foi tão vergonhosa que os próprios militares obrigaram os novos acionistas a oferecer aos demais jornais os 49% restantes da Papel Prensa, coisa que esses veículos nunca se preocuparam em efetivar.

No dia 8 de março de 1977, Isidoro Graiver, pai de David, declarou diante do juiz Fernando Zavalía que seu filho havia lhe confessado que "ao assumir o controle da Papel Prensa vou conseguir uma grana fodida". É evidente que ele se referia aos US$ 17 milhões provenientes do sequestro dos Born. Uma testemunha com sobrenome de Rubinstein declarou que os Montoneros "exigiam o pagamento a Lidia Papeleo". Quando Firmenich foi preso no Brasil, disse: "A Papel Prensa pertence a nós". No dia 19 de abril de 1977, o *Clarín* publicou um editorial intitulado "A opinião pública", no qual anunciou que "O *La Nación*, o *Clarín* e o *La Razón* adquiriram as ações Classe A da Papel Prensa S.A., após consulta e posterior aprovação da Junta de Comandantes em Chefe [...] Como se depreende de todo o exposto, a transação se realizou à luz pública e com o consentimento prévio e posterior do Estado através da mais alta expressão da vontade, que consta na Ata da Junta Militar, preservando um projeto de interesse nacional, garantindo a todos os jornais o fornecimento de seu principal insumo, em defesa da liberdade de imprensa, de acordo com uma tradição argentina centenária e respeitando um dos alicerces do nosso estilo de vida".

A comovedora alegação sobre a liberdade de imprensa em plena ditadura teve, além de tudo, outro motivo: o governo militar não apenas lhe entregou a empresa Papel Prensa, como facilitou as gestões para que os jornais recebessem dois financiamentos: um do Banco Espanhol do Río de la Plata e outro do Banco Holandês Único, sucursal Genebra, num montante de US$ 7,2 bilhões, apenas com uma assinatura, sem aval nem garantias. Héctor Ruiz Núñez calculou na publicação *Humor* que "o lucro que a Papel Prensa conseguiu produzir, ao final de cinco anos, por meio da proteção estatal e dos preços de monopólio superou os US$ 100 milhões". Já o Estado havia favorecido a empresa com o mencionado crédito do Banade para a construção e a compra de equipamentos da fábrica de San Nicolás, isenção de impostos nacionais por dez anos, tarifas de energia reduzidas e implantação de tarifas aduaneiras de até 53% para a importação de papel, o que permitiu à Papel Prensa impor seus preços no mercado. Em julho de 1982, as medidas elaboradas pelo então presidente do Banco Central, Domingo Cavallo, estabelecendo taxas de juros inferiores à inflação, representaram para a Papel Prensa uma redução de US$ 42 milhões em suas dívidas financeiras. No início da década de 1980, o jornal *La Razón* entrou em decadência e acabou em falência, da qual foi encarregado o juiz Héctor Foiguel López. Esse vendeu ao *Clarín* o único ativo valioso da massa falida: as ações da Papel Prensa. Segundo explicitou numa decisão do Tribunal de Apelações, o juiz Foiguel López vendeu essas ações ao *Clarín* "a um preço vil". O Tribunal solicitou à Corte Suprema que iniciasse um julgamento político contra Foiguel López. Após analisar o caso, o Tribunal decidiu que havia "graves irregularidades" e solicitou à Câmara dos Deputados que instituísse um júri para Foiguel.

Surpreendentemente, o deputado Alberto Balestrini interveio na discussão pedindo um julgamento político para os membros do Tribunal de Apelações, que foram os que detectaram a manobra. Finalmente, tudo aquilo terminou em nada, e o juiz Foiguel López se aposentou da Justiça para viver de renda. Hoje, a Papel Prensa abastece mais de 170 jornais de todo o país, cotiza em bolsa e seus principais acionistas são o Grupo

Clarín, que controla 49% das ações, o jornal *La Nación*, com 22,49% e o Estado, com 27,46% diretamente e 0,62% por intermédio da agência oficial de notícias Télam.

A venda que os jornais garantem que se realizou de forma legal é aquela para a qual o governo pediu investigação em agosto de 2010, depois de apresentar um relatório sobre a venda extorsiva da companhia no contexto de ameaças e crimes contra a humanidade contra a família Graiver. O próprio CEO do Grupo Clarín, Héctor Magnetto, é acusado de ser cúmplice da última ditadura militar.

No dia 31 de agosto de 2010 foi publicado no *Boletín Oficial* o decreto 1.210/2010, que insta a Secretaria de Direitos Humanos a colocar à disposição do Poder Judicial o relatório "Papel Prensa S.A.: a verdade", que a presidenta Cristina Kirchner já havia apresentado na Casa Rosada. O relatório estava baseado nas denúncias que a viúva de Graiver, Lidia Papaleo, havia feito na Secretaria de Comércio Interior, onde garantia, entre outras coisas, que Magnetto a havia ameaçado e obrigado a vender a empresa. O governo queria que a Justiça investigasse a comissão de crimes de lesa-humanidade, em detrimento daqueles que fossem integrantes da empresa Papel Prensa S.A. O caso foi para o Julgado Federal nº 3 de La Plata, a cargo de Arnaldo Corazza.

Os casos de crimes contra a humanidade do chamado circuito Camps eram investigados em La Plata, por isso o juiz federal portenho Daniel Rafecas remeteu o processo para essa localidade. No entanto, depois o Tribunal interpretou que, como a venda das ações da empresa havia ocorrido na capital, o caso deveria tramitar no foro portenho. Quando Corazza mandou o processo a Rafecas, o juiz abriu um novo expediente. Hoje, o processo contra a família Graiver por crimes contra a humanidade, o testa de ferro Rafael Lanover e o assassinato de Jorge Rubinstein, braço direito de David Graiver que morreu em decorrência de torturas, são investigados em La Plata em um processo à parte. Nos tribunais portenhos o que se investiga é a venda das ações da Empresa Papel Prensa no âmbito "do ataque generalizado contra a população civil materializado por meio da intervenção do aparato repressivo estatal da ditadura".

Um dos advogados que assessora o *Clarín* no caso Papel Prensa apresentou a interpretação feita pelo grupo da venda das ações. Gabriel Cavallo garante que a venda foi legal e que o próprio governo argentino assim o definiu.

– Quando acabou a ditadura, Alfonsín fez um monte de coisas, uma delas foi julgar os militares, outra foi tratar de compensar os casos mais emblemáticos de desparecimentos e apropriações de bens de famílias muito conhecidas que não haviam desaparecido, mas que tinham sido privadas da sua liberdade de forma ilegítima. Entre eles, os Graiver. Muitas pessoas cujos bens foram apropriados durante a ditadura terminaram numa comissão que se chamava Conarepa (Comissão Nacional de Recuperação do Patrimônio Argentino). As famílias iniciaram processos de contencioso administrativo e, em dado momento, Alfonsín tomou a decisão política de dar andamento a esses processos e devolver seus bens a essas famílias. A Papel Prensa, uma das empresas dos Graiver, foi vendida como mais um ativo da família Graiver a uma empresa chamada Fapel, integrada pelos jornais *Clarín*, *La Nación* e *La Razón*. A Papel Prensa era do Estado nacional e de Graiver, que por sua vez a havia comprado de outras três empresas, Doretti, Rey e Tauro.

Quando Alfonsín toma essa decisão política de restituir os bens, cria um expediente no Ministério da Economia, onde se faz a análise dos bens que tinham. No caso da família de Graiver, foram assinados três acordos entre os Graiver e o Estado nacional. O Estado analisou naquele momento a venda da Papel Prensa, considerou-a válida e fez um acordo para as empresas que haviam desaparecido, como o *La Opinión*. Nesses casos, então, o indenizaram. As empresas que ainda estavam em funcionamento quando eles recuperaram sua liberdade foram devolvidas.

– E as empresas que haviam sido vendidas?

– A Papel Prensa foi vendida em 1976, e antes de serem sequestrados, seus donos receberam parte do dinheiro, a parcela que foi levada no momento em que a operação foi feita, mas a operação era a prazo e quando os jornais deveriam pagar as outras parcelas, os que deveriam receber estavam desaparecidos.

Os jornais depositaram em juízo o saldo e a Conarepa acabou ficando com esse saldo depositado. O que ocorreu na época de Alfonsín é que esse saldo foi devolvido aos Graiver, além de uma compensação financeira e um juro anual de 6%. Ou seja, em 1985, o Estado já avaliou a validade, o Estado democrático considerou a operação válida do ponto de vista civil.

– E como continuou?

– Paralelamente, Alfonsín disse: "Bem, vejamos se foi cometido algum crime" e passou o caso ao procurador Ricardo Molinas, de cuja honestidade não se pode duvidar. E Molinas trabalhou. Em seu relatório de conclusões, disse: "Com o exposto conclui-se esta investigação preliminar que, como antecipado, de forma alguma põe um ponto final à questão", porque Molinas faz denúncias, considera que há crime e diz: "Está provado que Graiver comprou Papel Prensa com dinheiro dos Montoneros, e esse dinheiro dos Montoneros, está provado, veio do sequestro de Born". De tal maneira que a iniciativa de Alfonsín de pagar-lhes está errada e o que o Estado argentino fez em seguida, com seus atos, serve à ditadura, é acobertamento, afirma Molinas, e termina denunciando os militares por haverem aprovado a venda que Doretti, Rey e Tauro fizeram a Graiver, com dinheiro dos Montoneros.

– E sobre a operação posterior?

– Sobre a operação posterior ele não diz nada, não denuncia os jornais. Diz que é válida, é um comprador de boa-fé a título oneroso e declara a nulidade parcial dos acordos feitos com Graiver. Diante disso, Jorge Born entra com uma medida cautelar que impede que o Estado pague a Graiver, o que provoca outro julgamento, do qual ninguém fala, que termina em San Martín com Galimberti e "el Potro" Romero Victorica como advogado de San Martín e a família Graiver por Montoneros. Ali é feita a negociação, se dá razão a Jorge Born e, dos US$ 72 milhões que Alfonsín paga, US$ 12 milhões vão para ele a título de restituição.

Apesar da explicação de um dos advogados do *Clarín*, no contexto da briga do governo com o jornal, a Papel Prensa também foi objeto de pressão. Em setembro de 2009, teve início a escalada para a intervenção na Papel Prensa. O ex-secretário de Comércio Interior, Guilhermo Moreno, que foi denunciado à Justiça por abuso de autoridade e intimidação, reuniu os representantes do Estado na empresa e os advertiu: "Fora eu tenho os meus rapazes, especialistas em quebrar as colunas e fazer saltar os olhos daquele que falar", segundo denunciou o licenciado Carlos Collasso, representante do Estado no Conselho Fiscal da Papel Prensa.

Moreno designaria a antiga interventora do Instituto Nacional de Estatísticas e Censos (Indec) Beatriz Pagileri como diretora da Papel Prensa. Também se encarregaria de destituir Eduardo Hecker, titular da Comissão Nacional de Valores, organismo encarregado de controlar a Papel Prensa, e Carlos Paseos, titular da Sigen, o organismo encarregado de designar os membros do Estado na Comissão Fiscalizadora da Papel Prensa.

O ex-secretário de Comércio Interior interveio na fábrica de papel por meio de um Decreto de Necessidade e Urgência e inclusive mencionou a possibilidade de expropriar a empresa. O governo havia elaborado um relatório, inventando fatos que não ocorreram e até manipulando testemunhas para tergiversar a história. No dia 12 de agosto de 2010, a escalada chegou ao ápice: Moreno, desobedecendo a uma ordem judicial, irrompeu na empresa usando luvas de boxe e capacete de proteção. Enquanto expulsava os membros da direção, em atitude violenta, ele gritava: "Tenho luvas e capacete. O que escolhem? Podem escolher".

No dia 24 de agosto de 2010, num evento na Casa do Governo, a presidenta anunciou em cadeia nacional o relatório: "Papel Prensa S.A., a verdade". Cristina anunciava que enviaria o relatório à Justiça para que os jornais fossem investigados por crimes contra a humanidade e, ao mesmo tempo, enviaria ao Congresso um projeto de lei para converter a produção e a venda de papel-jornal em atividade de interesse nacional.

Cavallo insiste em que a denúncia do então secretário do Congresso, Guillermo Moreno, é falsa, "feita com base em um relato ficcional de Papeleo" porque, argumenta ele, as versões da viúva de Graiver foram desmentidas pelo irmão de seu marido, Isidoro Graiver, que participou da venda da empresa. "Lidia Papeleo só faz declarações desse tipo depois de estar com Moreno, porque antes, nas outras vinte declarações que fez, tanto na época do Processo (a ditadura) como na democracia, ela jamais reivindicou nada e, de fato, recebeu", informam fontes do *Clarín*. Entretanto, o governo avançou e avisou que apresentaria o relatório sobre a Papel Prensa. Fez uma grande convocação e criou a maior expectativa. "Nesse dia eles acharam que iriam encontrar um juiz que prenderia Magnetto com tudo isso. De fato, nós também achamos que iam prender Magnetto nesse dia", contam no *Clarín*, mas lembram que o executivo chefe estava muito tranquilo. "É uma pessoa muito especial. Eu teria ficado um pouco nervoso, por essa questão de estar lutando contra o Estado. Achamos que o prenderiam nesse dia. Não sabíamos qual seria o impacto da declaração de Isidoro Graiver e tantas outras que temos e que não apresentamos."

É que enquanto o governo preparava os últimos retoques do relatório e acomodava as cadeiras na Galeria dos Patriotas Latino-americanos da Casa Rosada, para a cerimônia das 18h30 em que Cristina falaria em cadeia nacional durante uma hora e quinze minutos; no *Clarín* já se sabia que Isidoro Graiver falaria e daria sua visão dos fatos. "Nós já sabíamos o que Isidoro ia dizer, mas os deixamos ir até a beira do precipício. Para que fizessem o maior papelão possível. Porque era disso que se tratava. Eu, lutando contra o Estado, estou em inferioridade de condições. Essa é uma luta política, não judicial", garantem fontes do Grupo e lembram:

"Apareceu Isidoro Graiver e disse: 'Tudo isso é mentira'. Na manhã desse dia, eles tiveram que rasgar os capítulos do relatório de Papel Prensa. Lendo o relatório, percebe-se que não tem nenhuma lógica porque afirma muitas coisas que Isidoro Graiver dizia que eram falsas". Em junho de 2011, os advogados da Papel Prensa denunciaram criminalmente a Secretaria de Direitos Humanos por ter alterado, numa apresentação a Corazza, um parecer do advogado de inquéritos administrativos, Ricardo Molinas, que investigou a venda da Papel Prensa nos anos 1980. De acordo com a denúncia, o governo havia apresentado uma cópia falsa com um anexo.

Em setembro de 2011, Magneto iniciou formalmente o processo contra os irmãos na Justiça Civil. O proprietário do Grupo Clarín estimulou a iniciativa, mas não compareceu a nenhuma das audiências feitas diante de um mediador privado designado por ele mesmo, tal como estabelece o procedimento civil.

No dia 22 de dezembro de 2011, numa sessão extraordinária, o Senado aprovou a lei 26.736, que declarou de interesse público a fabricação, produção e comercialização de papel-jornal. Para obrigar que toda a demanda fosse satisfeita com papel nacional, a lei estabelecia quotas de importação.

A companhia Papel Prensa teria de fixar um preço igualitário do produto para todos os veículos do país. Além disso, deveria garantir não só que todas as empresas tivessem acesso, como também a criação de um Conselho Federal e de uma Comissão Bicameral para fazer cumprir as disposições impostas pelo projeto. Em um de seus últimos artigos, a lei definiu que a empresa Papel Prensa deveria funcionar em consonância com a plena capacidade operativa ou a demanda interna de papel e apresentar a cada três anos um plano de investimentos que satisfizesse a demanda nacional de papel-jornal.

O projeto foi aprovado, depois de quase seis horas de debate, por 41 votos a favor (37 dos kirchneristas e aliados, além do ex-presidente Carlos Menem; José Roldán, de Corrientes, da Frente Aliança para Todos; o portenho ex-"lilista", Samuel Cabanchik e a peronista dos pampas María Higonet). Vinte e seis legisladores dos blocos da oposição formada majoritariamente pelo radicalismo e pelo peronismo federal votaram contra, enquanto o representante do Partido Renovador de Salta se absteve. Estiveram ausentes da votação os radicais Emilio Rached e Pablo Verani, o peronista pampiano Carlos Verna e Josefina Meabe, do Partido Liberal de Corrientes.

Em 2012, continuava sem solução o caso da venda das ações da Papel Prensa movido contra o executivo chefe do *Clarín* e Bartolomé Mitre, do *La Nación*. O juiz encarregado, Julián Ercolini, havia sido contestado e o caso estava em recurso. Durante agosto e outubro, o *Clarín* e *La Nación* foram bloqueados por membros do Sindicado dos Jornaleiros. O protesto do sindicato liderado por Omar Plaini pedia um aumento da comissão cobrada pela venda dos jornais nas bancas. Os piquetes se instalaram nas portas da gráfica para barrar a entrada e a saída de caminhões, impedindo assim a distribuição do jornal. Foi nesse momento que, para surpresa de todos e do próprio Grupo Clarín, saí pessoalmente para defender sua posição. A discussão havia extrapolado: estava em discussão a liberdade de imprensa na Argentina. Poderiam sair com caminhões impedindo a publicação de *Ámbito*, *Perfil* ou do *Tempo Argentino*.

Finalmente, no dia 2 de novembro de 2012, o Tribunal Federal de Recursos Criminais rejeitou um recurso apresentado pela defesa de Héctor Magnetto e Bartolomé Mitre contra a decisão judicial que declarava a competência do juiz federal portenho Julián Ercolini para atuar no caso que investiga a transferência das ações da Papel Prensa ao *Clarín* e ao *La Nación*, durante a ditadura militar. O caso continua em aberto e para os advogados do *Clarín* o argumento da denúncia do governo é absurdo.

– Compras que às vezes podem ser legais no papel não são necessariamente legítimas. O comprador pode assediar você, não o deixar trabalhar, levá-lo à falência e depois comprar o negócio. Sim, a verdade é que eu lhe vendi, mas em que condições?

– Sim, é um argumento, mas não é o argumento usado pelo governo – assegura Gabriel Cavallo em seu escritório de Retiro. – O argumento usado pelo governo é que eu colaborei com a ditadura para que você fosse preso e torturado, para que matassem aquele outro e para que outro ainda fosse deixado meio louco.

– Não é que eu tenha me aproveitado da minha posição dominante no mercado para asfixiar você economicamente e comprar a sua empresa.

– Isso sim, você pode me dizer, talvez tenha ocorrido, não sei. Mas isso é muito diferente que acusá-lo de um crime contra a humanidade, do qual eu teria participado em conivência com os altos comandos do Exército, para tomar à força bens do seu patrimônio.

No dia 13 de junho de 2013, Lidia Papaleo prestou depoimento diante do juiz Ercolini e, dessa vez, seu relato foi diferente. A viúva de Graiver disse que jamais participou da administração das empresas do grupo Graiver, nem mesmo depois da morte de seu marido. Além disso, se desvinculou da venda, responsabilizando os administradores encarregados dessas tarefas e reconheceu que as ameaças que receberam naquela época foram do Grupo de Fuerza Montoneros.

No entanto, o caso prossegue e agora o Tribunal deve definir se unifica as acusações e se os contadores especialistas da empresa devem trabalhar. Enquanto isso, o governo avança. Parece decidido a acabar com o *Clarín* e, ao mesmo tempo em que espera e pressiona pela aplicação total da Lei de Mídia, manda ao Congresso um projeto de lei de expropriação.

No dia 9 de maio de 2013, o deputado Carlos Kunkel, junto com um grupo de deputados ultrakircheristas, apresentou uma iniciativa para expropriar 24% das ações da Papel Prensa, com o objetivo de garantir o controle acionário da empresa pelo Estado. O percentual das ações do Estado é de 27,5%. Caso a lei seja aprovada, passará a contar com 51,4% do total de ações, tornando-se sócio majoritário da Papel Prensa. Na sequência viria o *Clarín*, com 49% e *La Nación*, com 22,5%. O projeto previa, também, uma assembleia de acionistas para proceder "à destituição da totalidade dos diretores e curadores titulares e suplentes e a designação de seus substitutos".

O projeto foi assinado por Diana Conti, presidente da Comissão de Assuntos Constitucionais; Teresa García, secretária parlamentar do bloco oficialista, e Luis Cigogna, presidente da Comissão de Legislação Geral. Também participaram as deputadas Andrea García, Graciela Giannettasio, Gloria Bidegain, Gastón Harispe e Dulce Granados. O projeto tem *status* parlamentar, mas, até agora, nunca foi discutido.

Magnetto, o inimigo público número 1

A campanha de difamação montada pelo governo contra o Grupo Clarín extrapolou todos os limites e foi, de fato, a campanha mais agressiva e focada da história do jornalismo argentino. A campanha K anti-*Clarín* foi para além do próprio Grupo: acabou sendo um ataque frontal à liberdade de imprensa no país.

As páginas que se seguem são, simplesmente, uma descrição cronológica de fatos objetivos. Embora o governo não tenha conseguido levar nenhuma das acusações com seriedade aos tribunais, isso aconteceu na Argentina depois daquela briga de sócios à qual nos referimos no início do capítulo.

Abril 2008

1 – Em uma cerimônia na Praça de Maio, a presidente Cristina Kirchner questiona a cobertura da mídia sobre o conflito do governo com os produtores rurais. Ela se refere aos "generais midiáticos". Critica um desenho de H. Sábat e chega a sustentar que contém uma "mensagem quase mafiosa".

2 – O Fórum do Jornalismo Argentino (Fopea) rechaça e manifesta sua "preocupação pelas declarações da presidenta – que considerou a caricatura feita por um jornalista "uma mensagem quase mafiosa".

7 – A presidenta anuncia a criação de um Observatório de Meios de Comunicação com vistas a convertê-lo em auditor oficial das coberturas jornalísticas.

10 – Em meio ao conflito entre o governo e os dirigentes rurais, e diante das críticas oficiais à imprensa, surge a proposta de mudar a Lei de Radiodifusão.

24 – A presidenta acusa o *Clarín* de "desinformar". Volta a se queixar publicamente dos artigos e manchetes do jornal sobre o conflito com os produtores rurais.

Maio 2008

7 – Em uma cerimônia no município de Malvinas Argentina, a presidenta afirma: "A República argentina é um país de todos e não de um grupo", referindo-se ao Grupo Clarín.

11 – O executivo chefe do Grupo Clarín e a diretora do jornal *Clarín* recebem ameaças por e-mails com fotos de familiares obtidas por meio de pirataria informática.

13 – A presidenta declara que os meios de comunicação são sempre "sensacionalistas". Volta a criticar as coberturas sobre o conflito com os produtores agrícolas.

13 – Com críticas aos veículos de comunicação, os intelectuais K, reunidos em torno do movimento Carta Abierta, denunciam um "clima golpista" no país e responsabilizam em grande parte a imprensa.

16 – A Sociedade Interamericana de Imprensa (SIP) convoca o governo a baixar o nível de confronto que mantém com os veículos de comunicação e os jornalistas, para evitar a escalada de violência que "a essa altura já está atingindo profundamente a liberdade de imprensa no país".

Junho 2008

17 – Em uma entrevista coletiva, o ex-presidente Néstor Kirchner pede imparcialidade nas coberturas sobre o conflito com os produtores rurais. Em 45 minutos, Kirchner critica 11 vezes o papel dos veículos de comunicação. Lança críticas contra *Clarín*, *La Nación* e o Grupo Prisa. Interpela o jornalista da Rádio Continental com a pergunta: "Grupo Prisa, não?... Sei para que o mandaram".

Julho 2008

13 – O Fórum do Jornalismo Argentino (Fopea) critica o ex-presidente Néstor Kirchner pelo "tom evidentemente burlesco e depreciativo" que o líder do Partido Justicialista utiliza nas entrevistas coletivas. Acrescenta que o ex-presidente "vinculou os interesses supostamente espúrios das empresas que contratam os colegas jornalistas às suas tarefas profissionais. A informação fica ainda mais grave ao considerar a ausência absoluta de entrevistas coletivas durante o mandato de Kirchner, um estilo que continua no governo de Cristina Fernández de Kirchner".

21 – Financiado pelo modelo oficial de anúncios publicitários do Estado, sai às ruas o jornal *El Argentino*, propriedade do empresário kirchnerista Sergio Szpolski.

Agosto 2008

1 – A Associação pelos Direitos Civis (ADC) informa que o governo gastou, em 2007, 322.392.600 pesos em publicidade oficial, beneficiando os veículos simpatizantes ao governo. Trata-se de 55% a mais dos gastos de 2006.

Outubro 2008

8 – A SIP garante que "uma lei sobre o acesso à informação pública e outra sobre a regulamentação técnica para a distribuição da publicidade oficial" ainda estão pendentes. Afirma que esses temas, ao lado da legislação sobre radiodifusão, "são utilizados pelo poder público para pressionar e discriminar os veículos de comunicação e os jornalistas".

Novembro 2008

25 – O Sindicato de Caminhoneiros bloqueia por três horas as gráficas do *Clarín* e do *La Nación* e impede que os jornais saiam.

27 – A Associação Empresarial Argentina (AEA) expressa sua "firme condenação" ao bloqueio dos caminhoneiros e destaca que "ações ilegais e coercitivas" como essas "ferem o direito à livre circulação de bens e pessoas... garantido pela Constituição Nacional, perturbam a paz social e são um atentado contra o clima de investimentos necessário para incentivar o emprego e a produção".

28 – A Academia Argentina de Artes e Ciências da Comunicação repudia a "atitude patoteira[44]" dos caminhoneiros e afirma que

[44] De patotear, pressionar por meio de piquetes. (N.E.)

"a liberdade de imprensa, a liberdade de expressão e o direito de ser informados pertencem a todos os habitantes do nosso país e não se pode admitir que sejam perturbados ou restringidos em nenhum caso e sob nenhuma circunstância".

Dezembro 2008

18 – São divulgados novos dados sobre a publicidade oficial: no âmbito da divisão da quota de publicidade por província, entre janeiro e junho os veículos de comunicação de Santa Cruz receberam quase 500 mil pesos, apesar de ser a província menos populosa da Argentina, depois da Terra do Fogo.

Janeiro 2009

17 – Vem à tona a informação de que 50% da publicidade oficial destinada à província de Santa Cruz estão concentrados no grupo de veículos de comunicação do ex-secretário de Néstor Kirchner, Rudy Ulloa Igor.

Março 2009

2 – Produzido por Diego Gvirtz, o canal estatal lança o programa *6, 7, 8*. Com um viés extremamente favorável ao governo e de teor propagandístico, o programa estigmatiza e faz injúrias àqueles que não aderem ao discurso oficial.

19 – Em uma cerimônia partidária na cidade de La Plata, a presidenta Cristina Kirchner apresenta o projeto de reforma da Lei de Radiodifusão. O tema entra com tudo na campanha eleitoral das eleições de junho.

Abril 2009

25 – A Associação de Entidades Jornalísticas Argentinas (Adeja) denuncia o governo por ter desencadeado uma perseguição fiscal por meio da Afip contra os veículos de imprensa escrita, radiofônica e televisiva. O texto indica que foi lançada uma grave

ameaça à independência econômica e editorial da imprensa, à diversidade de vozes e à liberdade de expressão.

Maio 2009

5 – É divulgado que, entre 2003 e 2008, o investimento em publicidade oficial aumentou 756%. O jornal mais beneficiado pela publicidade oficial do Estado é o *Pagina/12*, com mais de 29 milhões de pesos recebidos em 2008.

Junho 2009

11 – Uma polêmica resolução da Administração Federal de Receitas Públicas autoriza destinar as somas trazidas para o país por meio do plano de "lavagem de dinheiro" a investimentos nos veículos de comunicação.

16 – Um artigo do jornal *The Wall Street Journal* afirma que, se aprovada no Congresso, a Lei de Radiodifusão que o Executivo propõe "eliminará a liberdade dos veículos de comunicação" na Argentina.

Julho 2009

19 – A presidenta assina um decreto que autoriza o Estado a operar na TV por satélite. Os canais que serão vistos no novo sistema são estatais ou de teor pró-governo. Os primeiros a se beneficiar serão os que recebem planos sociais. Será distribuído um milhão de decodificadores. O objetivo é usar o novo sistema para reproduzir o relato oficial.

Agosto 2009

11 – De forma unilateral, a Associação do Futebol Argentino (AFA) resolve rescindir o contrato com a empresa TSC, do Grupo Clarín, para a transmissão codificada de jogos de futebol, por exigência de um novo acordo assinado entre a entidade e o governo nacional. O Estado investirá 600 milhões de

pesos anuais por um prazo de dez anos. O contrato assinado com o Grupo Clarín vigorava até 2014.

16 – A Secretaria de Comércio Interior inspeciona o canal a cabo Cablevisión por "comportamento do preço de assinatura". A primeira inspeção tinha sido em 2008, antes que fosse aplicada a multa de 500 mil pesos a Cablevisión e ao Multicanal, por suposta violação das leis de Abastecimento e Lealdade Comercial. Ambas as inspeções – com evidente arbitrariedade e improcedência – foram impugnadas por serem privadas de legalidade.

20 – O governo e a AFA assinam o contrato "Futebol para Todos". A presidenta afirma: "Não é possível que apenas quem tenha condições de pagar possa ver um jogo de futebol, e que além disso, que lhe sequestrem os gols até o domingo, embora você pague a mesma coisa, como lhe sequestram a palavra ou lhe sequestram as imagens, tal como antes sequestraram e fizeram desaparecer 30 mil argentinos".

21 – Futebol para Todos: o chefe de Gabinete, Aníbal Fernández, garante que o Estado "não vai colocar um peso". Indica que, "com uma excelente comercialização", o Estado estaria em condições de "garantir uma soma bastante importante superior aos 600 milhões de pesos que estabelece o piso do contrato".

25 – O governo transfere outros 302 milhões de pesos para cobrir o custo de transmissão dos jogos de futebol. As transferências para a AFA somam 18% do *déficit* fiscal acumulado no ano.

26 De acordo com os dados do Poder Cidadão, nos primeiros seis meses do ano o governo gastou mais de 622 milhões de pesos com publicidade oficial, ou seja, 243% a mais que no mesmo período de 2008.

27 – Em uma cerimônia na Casa Rosada é apresentado oficialmente o projeto da Lei de Mídia, enviado pela presidenta ao Congresso. Durante a cerimônia, a governante acusa os veículos de comunicação de "extorsivos".

Setembro 2009

3 – Em meio às audiências públicas para debater a Lei de Mídia, o titular do Comfer, Gabriel Mariotto, anuncia a "negação" da autorização para que os canais Cablevisión e Multicanal operem juntos, embora a fusão já tivesse sido aprovada sem objeções por esse organismo.

3 – Nas mesmas audiências, Mariotto também adianta o projeto oficial de avançar sobre a empresa Papel Prensa.

7 – O jornal espanhol *El País* fala de "lei mordaça dos Kirchner", ao se referir a Lei de Mídia em um artigo. "O casal presidencial argentino manobra para controlar os veículos de comunicação", afirma a nota.

10 – A Igreja pede racionalidade para debater a Lei de Mídia. Assinala que a norma deve ser fruto de um acordo amplo e generoso.

10 – Em um desdobramento incomum e surpreendente, 200 inspetores se apresentam no edifício do jornal *Clarín* e em várias empresas do Grupo, em busca de informações sobre impostos e previdência. Também acontecem operações por parte da Afip nos domicílios particulares de diretores, liquidantes e procuradores do Grupo Clarín. As características da operação demonstram que o procedimento não se inseriu nos esquemas normais do organismo mencionado.

11 – A operação da Afip no *Clarín* tem grande repercussão na imprensa internacional: a notícia é divulgada nos grandes veículos de todo o mundo.

17 – Com a ausência da oposição, a Lei de Mídia recebe meia sanção. A oposição denuncia que o procedimento de aprovação foi "irregular e escandaloso".

Outubro 2009

10 – Após a suspensão abrupta e antecipada das audiências públicas que deixaram de fora, por exemplo, o Grupo Clarín, o Senado

aprova a Lei de Serviços de Comunicação Audiovisual, a chamada Lei de Mídia.

11 – De madrugada, em um procedimento relâmpago, o governo promulga a polêmica Lei de Mídia e a publica no *Boletín Oficial*.

Novembro 2009

4 – Continua o bloqueio às gráficas. Cresce o repúdio das entidades que congregam os veículos de comunicação.

6 – Futebol para Todos: várias empresas são pressionadas para patrocinar as transmissões. Os executivos das companhias se queixam dos telefonemas recebidos da Chefia de Gabinete.

20 – O Estado nacional destina US$ 90 milhões para que a emissora estatal de TV Canal 7 comece a transmitir com a tecnologia da TV digital no interior do país, a partir de 2010.

25 – Moreno faz uma denúncia contra a empresa Papel Prensa. Em sua apresentação para a Justiça, evoca o exercício dos direitos societários correspondentes às ações que pertencem ao Estado e menciona as supostas "irregularidades com relação à realização de duas reuniões consecutivas da direção".

Dezembro 2009

10 – Perseguido pela Justiça, o secretário de Comunicações, Enrique Albistur, renuncia. Ele é acusado de enriquecimento ilícito e de distribuir irregularmente a cota de publicidade oficial.

20 – A temporada de "Futebol para Todos" fecha em vermelho. A transmissão da abertura causou um déficit de 180 milhões de pesos para o Estado.

Janeiro 2010

10 – Vem à tona a informação de que o programa *6, 7, 8,* do Canal 7, que ataca os veículos de comunicação críticos ao governo, custa por mês meio milhão de pesos ao Estado, sem contar os salários.

15 – Apesar das sentenças judiciais contrárias, a Casa Rosada, sede do governo nacional argentino, segue adiante com a Lei de Mídia e formaliza a indicação de outro diretor da autoridade de aplicação, Claudio Schiffer.

Fevereiro 2010

2 – O ministro da Economia, Amado Boudou, antecipa uma investigação contra o Grupo Clarín, com base em versões falsas sobre fuga de capitais e lavagem de recursos.

15 – Em cerimônia em El Calafate, a presidenta conclama a população a não acreditar nos jornais. Denuncia "uma espécie de operação de desalento, por parte da mídia, com vistas a enfraquecer a Argentina e o governo". Com relação à compra de US$ 2 milhões por parte de Néstor Kirchner, ela afirma: "Tudo está relacionado a uma operação do *Clarín*". No que diz respeito ao *Clarín* e ao *La Nación*, afirma: "Os veículos de comunicação são utilizados não só para desinformar e ocultar que há coisas sendo feitas... que a indústria cresce. Isso é desinformar. Agora passaram para a segunda etapa: passaram a inventar".

Abril 2010

10 – É realizada uma manifestação no Obelisco, em Buenos Aires, em apoio à Lei de Mídia, convocada pelo programa *6, 7, 8* (transmitido pela emissora de TV estatal Canal 7). Destacam-se os cartazes contra os jornalistas de *Clarín* e TN.

29 – A Associação das Mães da Praça de Maio faz um "julgamento ético e político" contra os jornalistas que foram "cúmplices da ditadura". A iniciativa recebe todo tipo de repúdio.

Maio 2010

2 – Sistema de TV Digital do governo: anunciam que um milhão de lares receberá decodificadores para assistir à Copa do Mundo, em outros canais estatais e emissoras simpatizantes do governo.

Junho 2010

15 – A Suprema Corte de Justiça revoga uma medida cautelar que havia suspendido a Lei de Mídia, por imperfeições em sua sanção. Não analisa o conteúdo da normativa. A aplicação da lei continua suspensa por outras medidas cautelares.

29 – O governo estabelece a criação de um Registro Público de Sinais e Produtoras de rádio e televisão. Avança na aplicação da Lei de Mídia, apesar de vários artigos estarem suspensos.

Julho 2010

6 – É divulgada a informação de que, em seu primeiro ano, "Futebol para Todos" deixou prejuízos de 550 milhões de pesos.

8 – De surpresa, inspetores da Comissão Nacional de Valores (CNV) se apresentam no jornal *Clarín* pedindo livros contábeis de 1976 e 1977 (embora a lei obrigue a guardá-los durante dez anos). A notícia da vistoria é difundida pela agência de notícias oficial Télam antes que acontecesse.

20 – É divulgado o decreto que permite à Radio y Televisión Argentina "implantar um sistema de distribuição de sinais" com tecnologia digital. Trata-se do esqueleto para montar a infraestrutura de 16 sinais oficiais e próximos ao governo.

Agosto 2010

6 – A Secretaria de Comunicação notifica a Cablevisión de que o canal deve "se abster" de continuar oferecendo serviços de conexão à internet.

19 – Por meio de um anúncio do ministro De Vido, o governo tenta cancelar o serviço de internet oferecido pela empresa Fibertel. Quer que em 90 dias os usuários mudem de operadora.

20 – Pedem que se investigue "Futebol para Todos". O bloco do partido de oposição União Cívica Radical (UCR) no Senado denuncia que o programa produziu prejuízos de mais de 950 milhões de pesos para o Estado, durante o primeiro ano de vigência.

22 – O ministro De Vido declara: "A Fibertel não existe mais". Cresce a repercussão internacional sobre essa medida arbitrária.

24 – Com muitos dados incorretos, em cadeia nacional de 72 minutos de duração, a presidenta Cristina Kirchner apresenta um relatório sobre a empresa Papel Prensa. Acusa o *Clarín* e o *La Nación* de se apropriarem ilegalmente da companhia e anuncia o envio de um projeto de lei para declarar de interesse público a produção de papel para jornais.

25 – A família Graiver, que vendeu a empresa Papel Prensa, declara que não houve pressões nem delito na operação de venda e que não tem nada a reclamar. A família desmente com veemência as versões do governo.

25 – São lançadas duras críticas da oposição e das entidades de veículos de comunicação contra o relatório divulgado pela presidenta, por apresentar dados falsos sobre a história da empresa e do contexto político do momento.

Setembro 2010

1 – Por intermédio do decreto 1.225/2010, publicado no *Boletín Oficial*, o Poder Executivo regulamenta a Lei de Mídia, desobedecendo a sentenças judiciais que suspendem vários artigos.

1 – A Câmara Nacional de Apelações no Comércio estabelece a suspensão da intervenção na empresa Papel Prensa.

2 – O governo aumenta em 40% o orçamento para propaganda, com um novo reforço de 151 milhões de pesos para a Secretaria de Veículos de Comunicação.

7 – Vem à tona a informação de que o governo destina até 780 vezes mais cotas destinadas à propaganda oficial aos veículos que lhe são próximos que aos opositores, segundo as cifras da Chefia de Gabinete.

28 – Marcha em frente ao Tribunal para pressionar os juízes da Suprema Corte. O discurso mais duro é o da titular das Mães da

Praça de Maio, Hebe de Bonafini, que conclamou a "tomar o palácio" se a Corte votar "contra o povo". Diz que os juízes eram "cúmplices da ditadura"; que se a Corte não promulgava a lei seria preciso "arrancá-la"; "*Clarín* e *La Nación* vão dizer que produzimos violência, mas são eles que a produzem. Cago para o *Clarín* e *La Nación!*".

Outubro 2010

4 – A Associação Mundial de Revistas e Editores de Notícias solicita à presidenta "acabar com os ataques de seu governo contra os veículos independentes".

5 – Primeiro dia de paralisação da empresa Papel Prensa. A medida é incitada por funcionários do governo, no âmbito da investida contra os acionistas privados da fábrica de papel.

9 – A revista semanal britânica *The Economist* critica os ataques do governo contra o Grupo Clarín e garante que "os Kirchner tentaram desestruturá-lo".

15 – O Ministério do Trabalho da província de Buenos Aires estabelece a conciliação obrigatória no conflito sindical que mantém a Papel Prensa paralisada. O sindicato deverá se abster durante esse período de tomar qualquer medida de ação direta que possa ter impacto sobre a companhia.

19 – A presidenta afirma que seria importante "nacionalizar os veículos" de comunicação para que adquiram "consciência nacional e defendam os interesses do país". Esclarece que não se refere a "estatizar". E acrescenta: "Não sejamos bobos e não nos deixemos enganar".

Novembro 2010

10 – A Sociedade Interamericana de Imprensa (SIP) se pronuncia sobre as situações que atingem a liberdade de expressão na Argentina. Chama a atenção por intermédio das conclusões gerais e de três resoluções específicas sobre o país, aprovadas

por unanimidade: uma, sobre os veículos de comunicação públicos, a publicidade oficial e a Lei de Mídia; outra sobre a Papel Prensa, e a terceira sobre os "ataques aos veículos de comunicação e aos jornalistas".

Dezembro 2010

17 – Fim da intervenção na Papel Prensa. A Sala C da Câmara Nacional de Apelações refuta os recursos extraordinários do governo para que a fábrica continue sob a coadministração da Justiça. A Câmara assinala que alguns dos argumentos apresentados pelo governo (por meio do promotor do Estado) "imitariam a estrutura de controles econômicos impostos no Reich alemão durante o regime nazista".

Janeiro 2011

4 – Publicidade oficial: é divulgada a informação de que, em 2010, o governo gastou 107 milhões de pesos nos cinco principais canais de TV aberta; 67,5% desta soma foram destinados ao Canal 9, que tem programas abertamente kirchneristas na programação. O Canal 13, líder em *rating*, recebe apenas 5%.

15 – O governo aumenta em 84% o orçamento para propaganda oficial, em comparação a 2010. A Secretaria de Comunicação Pública vai administrar 470,8 milhões de pesos, destinados apenas à publicidade oficial. Desde 2003, a publicidade oficial cresceu 1.300%.

27 – Militantes do sindicato dos caminhoneiros bloqueiam duas distribuidoras de jornais. A medida atinge a circulação de *Clarín*, *La Nación*, *Crónica*, *Popular*, *Página/12*, *La Prensa*, *Ámbito Financiero* e *Buenos Aires Herald*. Pela primeira vez, mais de 100 mil jornais não podem ser distribuídos nas zonas sul e norte da Grande Buenos Aires.

Fevereiro 2011

1 – Em um comunicado, a Associação de Editores de Jornais da Cidade de Buenos Aires expressa seu mais enérgico repúdio aos últimos bloqueios à distribuição de publicações. Exige que as autoridades investiguem os fatos.

7 – Investida contra a Papel Prensa: em nova acusação falsa, o titular da Comissão Nacional de Valores, Alejandro Vanoli, aponta que a empresa está sob investigação por terem sido detectadas irregularidades em balanços e procedimentos. Chega a falar de irregularidades societárias e crimes contábeis.

11 – Tem início o campeonato de futebol, que recebe o nome de "Néstor Kirchner", e será transmitido pelos canais de TV pró-governo. O torneio exigirá um aporte anual de 690 milhões de pesos por parte do Estado e não contará com patrocinadores privados.

Março 2011

1 – Por unanimidade, a Suprema Corte de Justiça confirma uma sentença que obriga o Executivo a não fazer discriminações na distribuição das cotas de publicidade oficial e exige manter um equilíbrio razoável entre os diferentes veículos de comunicação, como garantia da liberdade de expressão.

11 – Com a intenção de amedrontar e disciplinar, a Direção Nacional de Comércio Interno impõe multas de 500 mil pesos a duas empresas de consultoria por difundir nos veículos de comunicação índices de inflação contrários aos publicados pelo Indec.

18 – Os jornalistas Jorge Lanata, Luis Majul e Joaquín Morales Solá denunciam, em entrevista à revista *Noticias*, uma operação oficial para censurá-los e intimidá-los, que inclui perseguição e admoestações por parte dos organismos do Estado.

26 – Pouco antes da meia-noite, um grupo de manifestantes (que não chega a ter 50 pessoas), com apoio de militantes do

Sindicato dos Caminhoneiros, se concentra nas portas da gráfica dos jornais *Clarín, Olé* e *La Nación* e impedem que eles saiam às ruas. Argumentam que o motivo do protesto é um conflito sindical. *Clarín* registra a denúncia na 30ª Delegacia. O governo permanece em inação e nem sequer condena o fato. Essa nova investida acontece apesar da existência de sentenças judiciais que ordenam impedir novos bloqueios às gráficas.

Abril 2011

4 – O titular da Sociedade Interamericana de Imprensa, a SIP, Gonzalo Marroquín, se refere aos bloqueios aos jornais na Argentina. Fala de sua preocupação de que essas ações "estejam sendo promovidas para reduzir a circulação dos jornais e prejudicar a sua credibilidade".

7 – O relatório sobre a situação da imprensa na Argentina é apresentado na abertura da Reunião Semestral da SIP. O documento alerta sobre a crescente onda de agressões. A Comissão para a Liberdade de Expressão da entidade condena a "neutralização da imprensa independente por meio do cancelamento das licenças de rádio e televisão, e principalmente o entorpecimento sistemático da distribuição da imprensa escrita, como aconteceu nos últimos meses na Argentina".

9 – Ao final da reunião, a SIP emite duas resoluções sobre a Argentina. Na primeira, queixa-se da "falta de ação das autoridades" diante dos bloqueios aos jornais. Também denuncia o uso indevido, por parte do governo, "dos veículos de comunicação do Estado, como veículos de propaganda oficial e de apoio explícito à sua gestão". A segunda resolução condena a distribuição arbitrária da publicidade oficial e a destinação das frequências de rádio e TV a cabo de acordo com critérios políticos. A entidade pede a suspensão das práticas intervencionistas e discriminatórias exercidas no âmbito da aplicação da Lei de Serviços de Comunicação Audiovisual.

Maio 2011

3 – Uma missão da SIP chega à Argentina para comprovar "no terreno" os ataques à imprensa cometidos no país. O presidente da entidade lidera a delegação.

4 – Após se reunir com o governo e a oposição, a SIP manifesta sua "profunda preocupação" com a liberdade de imprensa no país. O titular da entidade, Gonzalo Marroquín, insiste que "o Estado precisa garantir que os veículos de comunicação circulem e que os jornalistas possam cumprir com seu trabalho".

5 – Ao término da missão, a SIP apresenta um relatório crítico em que pede à presidenta que cesse os ataques aos veículos de comunicação. Denuncia "uma deterioração constante" da liberdade de imprensa no país em comparação à visita anterior, em 2005, e uma "estratégia governamental para o controle da informação".

28 – A Associação Nacional de Jornais (ANJ) do Brasil outorga o Prêmio à Liberdade de Imprensa ao jornal *Clarín*. O prêmio é conferido porque *Clarín* "simboliza os problemas que a imprensa argentina enfrenta para exercer sua missão de fazer um jornalismo independente de qualidade, sem se submeter a governos". A presidente da ANJ, Judith Brito, afirma que "a Argentina está passando por um processo preocupante de revisão de sua tradição democrática". Com esse prêmio transmitimos à imprensa argentina solidariedade pelas pressões "que vem sofrendo".

Junho 2011

7 – O governo aumenta o orçamento para a propaganda oficial. Destina novas parcelas, em um total de 8,5 milhões de pesos. Em 2010, a Casa Rosada gastou cerca de 1.500 bilhão de pesos em publicidade oficial, incluindo os mais de 900 milhões de Futebol para Todos.

Julho 2011

14 – Divulga-se a informação de que a agência estatal de notícias Télam teria pagado 12,5 milhões de pesos por um edifício de 11 andares. No mês anterior o governo dobrou o orçamento da Télam para 2011, passando de 147,7 milhões de pesos, em 2010, para 321,3 milhões de pesos em 2011.

27 – Um relatório do *Clarín* revela que a presidenta Cristina Kirchner está há 540 dias sem dar uma entrevista coletiva e um ano sem dar uma entrevista. A última foi concedida ao jornal *Página/12*, pró-governo.

Agosto 2011

25 – Sistema oficial de veículos de comunicação: a presidenta Cristina Kirchner anuncia a instalação de novas estações de TV digital e entrega o decodificador de TV digital de número 600 mil para lares e o de número 3 mil para instituições.

28 – O jornal brasileiro *Folha de S.Paulo* publica um artigo intitulado "Cristina acirra atrito com a imprensa argentina", no qual adverte que a presidenta "prevê aprofundar" as medidas contra os veículos de comunicação.

Setembro 2011

11 – Um relatório do jornal *Perfil* revela que o governo aumentou em 190% a publicidade oficial nos primeiros sete meses de 2011, em relação ao mesmo período de 2010. O jornal pró-governo *Tiempo Argentino* aumentou sua receita em 662,9%, enquanto que o *Clarín* obteve 68,5% a menos de publicidade em comparação a 2010.

21 – Um relatório do jornal *El Cronista* revela que, faltando um mês para as eleições presidenciais, a presidenta Cristina Kirchner já gastou 9 milhões de pesos na campanha e que ainda dispõe de 16 milhões de pesos. Isto a converte na candidata que mais gastou nas primárias e que dispõe de mais recursos do Estado para usar antes das eleições.

26 – Depois que o *Clarín* publicou informações sobre os índices de inflação, as paredes do Indec apareceram cheias de cartazes contra o jornal. As autoridades do instituto oferecem uma entrevista coletiva na qual acusam o *Clarín* de "mentir".

Outubro 2011

24 – Após o triunfo de Cristina Kirchner nas eleições presidenciais, o secretário de Comércio, Guillermo Moreno, vai à Praça de Maio e dedica a vitória ao Grupo Clarín e a seu executivo chefe, com cânticos ofensivos.

Novembro 2011

2 – A SIP divulga um comunicado em que condena "os atentados contra os veículos de imprensa e os jornalistas na Argentina".

13 – Um relatório do *Clarín* revela que a área de Comunicação do Ministério de Desenvolvimento Social monta um mapa dos veículos de comunicação e os classifica por orientação política. Dos 449 veículos enfocados no documento, 202 são considerados como "kirchneristas", 230 como "simpatizantes ao governo", 16 como "neutros" e 1 como "opositor".

Dezembro 2011

15 – De forma apressada, a Câmara de Deputados aprova o projeto kirchnerista que tenta controlar a produção, a venda e a importação de papel para os jornais. A oposição vota contra o projeto, já que alerta que é inconstitucional e que busca o confisco da empresa Papel Prensa. Em um procedimento expresso, de caráter inédito, uma comissão do Senado analisa o projeto na mesma noite.

18 – Por intermédio de um comunicado, a ANJ, do Brasil, defende que é "inadmissível" o projeto do governo argentino para controlar o papel de imprensa, já que representa uma "evidente ameaça à liberdade de imprensa".

26 – Jornais do Brasil e da Espanha comparam o governo de Cristina Fernández de Kirchner ao de Hugo Chávez. O jornal *O Estado de S. Paulo* publica um editorial intitulado "A democracia argentina", no qual garante que "falta apenas um obstáculo à transformação do país em uma versão austral da democracia chavista. São os setores da imprensa que ficaram de joelhos". Por sua vez, o jornal *El País*, da Espanha, intitula seu editorial como "A lei Fernández" e sentencia: "Uma excessiva concentração de poder em um mandatário tem sido ruim em qualquer país [...] como é o caso de um grande amigo da senhora Fernández, o presidente Hugo Chávez".

Janeiro 2012

17 – O Ministério de Economia indica Guillermo Moreno como o funcionário encarregado de controlar a produção, a comercialização e a importação de papel para os jornais. Ele ficará encarregado de administrar o registro de fabricantes de papel para jornais e poderá aplicar multas de até 325 milhões de pesos.

20 – Papel para jornais: o governo emite uma Resolução estabelecendo que todas as empresas que pretendam exportar ou importar papel a partir de 1º de fevereiro deverão pedir autorização prévia à Secretaria de Comércio Interno. Também estabelece que a Papel Prensa deve apresentar para o órgão, em 29 de fevereiro, o Primeiro Plano de Investimentos. Esse plano precisará atender "à totalidade da demanda interna de papel para jornais".

Fevereiro 2012

23 – Por meio de um artigo com o título "Não me mintas, Argentina", a revista inglesa *The Economist* anuncia que deixará de publicar as estatísticas do Indec por não considerá-las dignas de confiança. Entre os argumentos, a revista afirma que o organismo sofreu intervenção e que as consultorias privadas que

divulgam informação contrária ao Indec são ameaçadas, perseguidas e multadas.

Março 2012

22 – Por ordem do secretário de Comércio Interior, Guillermo Moreno, limita-se a entrada no país de livros, revistas e de todo material impresso. A Secretaria de Comércio alega que o objetivo da medida é controlar o uso de tintas com um conteúdo de chumbo superior ao 0,06% no processo de impressão desse tipo de mercadoria.

Abril 2012

9 – A Relatoria Especial para a Liberdade de Imprensa da Comissão Interamericana de Direitos Humanos apresenta seu relatório de 2011, em que critica os ataques do governo argentino à imprensa. Entre os temas mencionados estão a distribuição irregular da publicidade oficial, a lei que regulamenta o papel para os jornais e a investida contra os veículos de imprensa não afins ao governo.

21 – Na assembleia bianual da SIP, as autoridades da entidade apresentam um relatório muito crítico sobre a situação da imprensa na Argentina. Gustavo Mohme, que preside a comissão para a Liberdade de Imprensa da SIP, declara: "Por trás de uma confrontação deliberada do governo argentino contra veículos como *La Nación*, *Clarín* ou *Perfil* está um processo muito sério de redução das liberdades dos cidadãos".

Maio 2012

2 – Entidades jornalísticas da América Latina se reúnem no Dia da Liberdade de Imprensa e questionam de forma unânime a lei que controla o papel-jornal na Argentina, o uso da publicidade oficial como mecanismo para distribuir prêmios e castigos, assim como "a criação de um sistema de mídia oficial

e paraoficial para deslegitimar a crítica, fazer propaganda política e limitar o acesso à informação pública".

13 – Reunidos em um estúdio de televisão, mais de 100 jornalistas de diferentes meios pedem à presidenta Cristina Kirchner e aos funcionários de seu governo que realizem entrevistas coletivas. No dia 15 de agosto de 2011, a presidenta realizou sua última entrevista coletiva à qual só tiveram acesso veículos estrangeiros.

24 – A secretária de Estado dos Estados Unidos, Hillary Clinton, apresenta o relatório anual sobre a situação dos direitos humanos no mundo. O capítulo dedicado à Argentina, pela primeira vez, inclui um capítulo dedicado à situação da imprensa. O relatório menciona o bloqueio aos jornais *Clarín* e *La Nación*, a ordem aos empregados do Mercado Central para usarem uniformes onde se lê: "O *Clarín* mente" e o abuso administrativo praticado em Papel Prensa, entre outros itens.

31 – A presidenta Cristina Kirchner admite a aplicação seletiva da Lei de Mídia. Segundo a mandatária, o governo decidiu não aplicar a cláusula de desinvestimento da Lei de Mídia, que caducou no último dia 28 de dezembro, porque caso contrário "teríamos acentuado mais" a presença do Grupo Clarín. Em outras palavras, a presidenta reconhece que o governo aplica a lei a seu bel-prazer e como um sistema de prêmios e castigos. Desconhece, além do mais, como assinalou a Suprema Corte de Justiça, que o artigo 161 deveria ter sido aplicado àqueles que não o impugnaram no dia 31 de dezembro de 2011.

Junho 2012

4 – Papel Prensa: ao sair da audiência de depoimento do caso no qual a Justiça Federal de La Plata investiga as prisões ilegais durante a ditadura dentro do denominado Circuito Camps, Isidoro Graiver, irmão de David Graiver, reitera que "não recebemos absolutamente nenhuma ameaça para vender a Papel

Prensa ao *Clarín*, *La Nación* e *La Razón*. Nenhuma ameaça de nenhum tipo" e garante que, além disso, "nunca ouvi um comentário da parte de Lidia nem de ninguém". Curiosamente, durante a audiência em La Plata, Graiver não foi consultado nem pelo tribunal nem pelas partes sobre a empresa Papel Prensa. Tampouco sobre as afirmações de Papeleo, cuja mudança de discurso foi simultânea à ofensiva kirchnerista contra os acionistas da companhia de papel.

Julho 2012

1 – O jornalista Jorge Lanata transmite seu programa a partir da província de Tucumán, onde, por ordens do governo provincial, o canal aberto que transmite a programação do Canal 13 não pode fazê-lo. A produção do programa conta que durante toda sua estadia na província foram perseguidos por dois carros e que aqueles que os hospedaram foram pressionados.

9 – O jornal *La Nación* revela que em apenas três anos o governo investiu 4 bilhões de pesos no Futebol para Todos. Isso inclui o contrato com a Associação de Futebol Argentino (AFA), a publicidade oficial e a produção do programa.

26 – Futebol para Todos: o governo amplia os itens de gastos para 2012 e resolve destinar 205 milhões de pesos para o programa Futebol para Todos. A medida é tomada porque em menos de sete meses já havia praticamente esgotado o montante de 698 milhões de pesos destinados para todo o ano de 2012. Agora o gasto total autorizado para o ano é de 903 milhões de pesos.

31 – Um relatório de *El Cronista* revela que, três anos depois de haver sido sancionada a Lei de Mídia, o mapa midiático permanece igual ao de antes da sanção da lei. Embora a norma esteja vigente para todos os grupos midiáticos que não recorreram à Justiça, o governo não a aplica e abertamente manifesta sua intensão de aplicá-la unicamente ao Grupo Clarín. Segundo o relatório, "porta-vozes de diferentes meios de comunicação

afetados pela lei reconheceram estar infringindo a norma, embora admitindo que nesses anos nunca foram pressionados para cumpri-la".

Agosto 2012

28 – Um relatório mostra como os organismos de controle que têm maioria K (AGN, Comissão de Revisão de Contas do Congresso etc.) impedem as investigações que poderiam respingar na gestão do governo. Entretanto, impulsionam investigações em torno da Papel Prensa, entre outros expedientes para prejudicar aqueles que consideram inimigos políticos.

Setembro 2012

9 – Vem a público o aumento de recursos e da estrutura administrativa encarregada da propaganda oficial. Desde 2008, a área duplicou os contratos temporários, e o crédito para propaganda orçado para 2012 já foi superado em quase 100 milhões de pesos.

Outubro 2012

1 – Martín Sabbatella é confirmado para dirigir a Autoridade Federal de Serviços de Comunicação Audiovisual (Afsca), o órgão criado para o controle dos veículos de comunicação. Sua candidatura havia sofrido impugnações, especialmente por sua falta de antecedentes em matéria de mídia. Sabbatella anuncia que no dia 7 de dezembro todas as empresas de meios audiovisuais deverão ter apresentado e obtido dele a aprovação de seu plano de desinvestimento, sem necessidade de que esteja concluído o processo.

29 – A SIP envia uma nota ao presidente da Suprema Corte de Justiça, Ricardo Lorenzetti, na qual expressa sua "preocupação" pelos anúncios públicos do Executivo que, "à margem das decisões judiciais, avançará na aplicação de dois artigos da Lei de

Mídia, cuja constitucionalidade ainda está sendo discutida por esse órgão do Estado".

Novembro 2012

11 – Em sua reunião em Cartagena, o Fórum Iberoamérica emite uma declaração em que condena os ataques oficiais aos veículos de imprensa e aos jornalistas independentes do país, além de apoiar a independência do Poder Judicial e rechaçar as pressões contra os tribunais com relação ao processo da Lei de Mídia.

19 – Crescem as suspeitas sobre a aplicação seletiva da Lei de Mídia. Embora os balanços e as páginas na internet da Telefónica e da Telefe explicitem o vínculo existente entre ambas as empresas, Martín Sabbatella nega que a Telefónica tenha canais de televisão na Argentina e, portanto, deva se adequar à lei.

29 – A SIP envia uma nota ao presidente da Suprema Corte de Justiça, Ricardo Lorenzetti, na qual expressa sua "preocupação" pelos anúncios públicos do Executivo que, "à margem das decisões judiciais, avançará na aplicação de dois artigos da Lei de Mídia, cuja constitucionalidade ainda está sendo discutida por esse órgão do Estado".

Dezembro 2012

3 – O governo dá início à convocação de um ato na Praça de Maio no dia 9 de dezembro. O motivo seria a celebração da democracia e a aplicação total da Lei de Mídia.

9 – No âmbito da chamada Festa Nacional Patriótica, organizada pelo governo, a presidenta Cristina Kirchner questiona a Justiça e os veículos de comunicação críticos. Vincula-os com os golpes de Estado e afirma que quando "lhes falham os ferros (armas) midiáticos, os setores minoritários do poder econômico concentrado tentam com as armas judiciais".

17 – Descumprindo resoluções judiciais vigentes e desconhecendo a apelação feita pelo Grupo Clarín, Martín Sabbatella monta um

show midiático na sede do *Clarín* e notifica o início da "transferência de ofício" de canais de TV, sinais audiovisuais e parte do canal a cabo Cablevisión. A apresentação realizada por Sabbatella incorre no delito de desobediência judicial e ao mesmo tempo desconhece uma sentença do juiz Torti, que obriga a Afsca a não prejudicar o serviço de internet oferecido pela Cablevisión.

Janeiro 2013

2 – Lei de Mídia: Martín Sabbatella ataca o Grupo Clarín ao afirmar que "a estratégia do Grupo Clarín é buscar medidas dilatórias que lhe permitam ganhar tempo e postergar seu cumprimento".

22 – A cidade de Buenos Aires e outros centros urbanos do país amanhecem com cartazes contra o jornalista da Rádio Mitre Jorge Lanata. Os cartazes não são assinados e provocam o repúdio das organizações e representantes de várias forças políticas.

Fevereiro 2013

3 – O jornal *La Nación* denuncia que, mais de três anos após a aprovação da Lei de Mídia no Congresso, o governo não colocou em funcionamento um conselho criado para garantir o "controle social do cumprimento dos objetivos da lei por parte da Radio y Televisión Argentina Sociedad del Estado".

9 – A SIP condena a ordem emitida por Guillermo Moreno aos supermercados, para que eles não publiquem anúncios com promoções nos jornais e canais de televisão que tenham difusão em todo o país. O presidente da SIP destaca "a criatividade do regime liderado pela presidenta Cristina Fernández de Kirchner para atacar de todas as formas possíveis o jornalismo livre".

12 – A Associação Internacional de Radiodifusão (AIR) expressa que "observa com séria preocupação e repele a proibição imposta pelo governo argentino à publicidade das empresas de supermercados".

Março 2013

11 – A SIP rechaça a pressão do governo argentino sobre os supermercados e redes de eletrodomésticos, para que deixem de publicar anúncios nos jornais, e compara esse método àquele utilizado pelo ex-presidente do Peru, Alberto Fujimori.

16 – Com o título "A liberdade de expressão sob fogo cruzado na América Latina", o prestigioso e influente jornal estadunidense *The Washington Post* escreve um editorial em que critica com dureza o aperto sobre os veículos de imprensa argentinos independentes.

Abril 2013

14 – Em um artigo no *Página/12*, o jornalista K Horacio Verbitsky admite que o jornal *Clarín* é um dos destinatários da investida K contra a Justiça.

17 – A Câmara Civil e Comercial Federal emite a sentença que declarou a inconstitucionalidade de trechos significativos de dois artigos da Lei de Mídia, com ênfase na defesa da liberdade de expressão, no pluralismo, na competição e na sustentabilidade dos veículos independentes.

30 – O jornal estadunidense *The Wall Street Journal* aponta em editorial que a presidenta Cristina Kirchner avança com força sobre a Justiça. E afirma que "a imprensa independente teve sucesso em frear um governo faminto de poder (o que explica que ela tente estrangulá-la)".

Maio 2013

3 – Tentando relativizar o alerta emitido pela relatora para a independência judicial da ONU relativo à reforma judicial levada a cabo pelo kirchnerismo, o funcionário Martín Sabbatella afirma que "para o *Clarín*, a opinião de um relator da ONU só é importante quando é contra o governo nacional".

9 – Deputados K apresentam um projeto de lei para confiscar a empresa Papel Prensa. O governo poderia ficar com parte das ações dos particulares e teria assim a maioria na direção. Atualmente, as ações da companhia pertencem ao Grupo Clarín (49%), ao jornal *La Nación* (22,49%), ao Estado Nacional (27,5%) e o resto é cotizado na Bolsa de Valores. Se o projeto for aprovado, o Estado passaria a controlar a maioria.

10 – A Associação de Entidades Jornalísticas Argentinas (Adepa) repudia o projeto do governo para confiscar a Papel Prensa por meio de um documento divulgado com o título de "Sem acesso ao papel-jornal não existe imprensa livre".

11 – Por intermédio de um comunicado, a SIP alerta que a decisão do governo de Cristina Kirchner de controlar o papel-jornal para fixar o preço, a produção, a comercialização e a distribuição representa um "novo e grave retrocesso" para a liberdade de expressão na Argentina.

13 – A Justiça revoga as multas de 500 mil pesos que Guillermo Moreno havia aplicado a consultorias privadas por difundir medições de preços diferentes daquelas do Indec. A sentença foi avalizada por quatro das salas da Câmara de Apelação.

25 – A presidente Cristina Fernández de Kirchner aproveita a comemoração de um novo aniversário da Revolução de Maio para celebrar os dez anos do kirchnerismo no poder. Durante seu discurso, ataca o jornal *Clarín*, sem mencionar seu nome, ao repetir uma mentira K, segundo a qual o Grupo Clarín teria vendido ações às AFJP a preços abusivos.

28 – Em virtude de denúncias da corrupção kirchnerista apresentadas no programa *Periodismo para todos*, o ensaísta Horacio González e o escritor Vicente Battista, do movimento Carta Abierta, afirmam no canal TN que o jornalista Jorge Lanata não exerce o jornalismo, mas se concentra em "escândalos". "Lanata é golpista", dispara o escritor.

30 – A Legislatura portenha transforma em lei o projeto de defesa da liberdade de imprensa que substituirá o DNU emitido pelo chefe do governo portenho, Mauricio Macri, no âmbito dos rumores de intervenção no Grupo Clarín. A iniciativa, acordada entre o chefe do bloco Proyecto Sur, Julio Raffo, a Coalición Cívica e o macrismo, afirma que tenta proteger os veículos de imprensa e o exercício do jornalismo na cidade de Buenos Aires.

Junho 2013

6 – A Justiça ordena ao Estado regulamentar um "esquema de distribuição de publicidade oficial 'equitativo'" entre os canais de TV da capital federal. Assim sendo, manda o governo retroceder na discriminação exercida contra o Canal 13, do Grupo Clarín, emissora que havia sido excluída da cota publicitária oficial.

Julho 2013

8 – A Afsca, o órgão de controle dos veículos de comunicação, presidido por Martín Sabbatella, solicita à Justiça que seja declarada a inconstitucionalidade da lei 4.565 da cidade de Buenos Aires, que protege a liberdade de imprensa e de expressão no território portenho.

Agosto 2013

14 – Durante seu primeiro ato público após as eleições primárias que não favoreceram o kirchnerismo, a presidenta Cristina de Kirchner fala em Tecnópolis e acusa os veículos de comunicação de terem interpretado maliciosamente os resultados eleitorais. Mais tarde, via Twitter ataca o *Clarín*, *La Nación*, *Infobae* e *Perfil* e lhes pede que "não se façam de bobos".

25 – São divulgadas as pesquisas de opinião (Hugo Haime & Associados e Management & Fit), que dão conta de que 70% das

pessoas consideram que o objetivo do governo com a Lei de Mídia é "controlar os veículos de comunicação". De cada dez pessoas, apenas duas acreditam que o governo procura "democratizar os veículos".

29 – Na audiência convocada pela Corte para a Lei de Mídia, o presidente da Afsca, Martín Sabbatella, conclui sua apresentação acusando o *Clarín* de utilizar suas empresas para extorquir a democracia e de querer "colocar e tirar presidentes". Além disso, afirma que o Grupo Clarín "construiu seu poder econômico com a cumplicidade da última ditadura militar e na década de 1990, quando o país afundava e os operadores Pymes se associavam com o negócio do futebol".

Capítulo IX

A dívida eterna

Em 2001, quando entrou em *default*, a dívida pública era de US$ 144,4 bilhões. Depois da troca de Lavagna era, em junho de 2005, de US$ 126,5 bilhões. No dia 30 de junho de 2013, segundo dados do Ministério da Economia, estava em US$ 196,143 bilhões. Não foi Néstor quem iniciou a negociação com os credores; o plano de reduzir o montante devido a organismos internacionais teve início durante a presidência de Eduardo Duhalde. É importante ver a evolução da dívida para entender o problema no seu contexto:

Ano	Presidente	PIB (milhões de U$S)	Partido no governo	Montante da dívida externa (milhões de U$S)	% aumento da dívida no período de governo
1966	Onganía	Militar de fato		3.276	+46%
1967				3.240	
1968				3.395	
1969				3.970	
1970	Levingston			4.765	
1971	Lanusse			4.800	
1972				4.800	
1973	Cámpora/Perón			4.890	+62%
1974	Martínez de Perón			5.000	
1975				7.800	
					Continua...

Ano	Presidente	PIB (milhões de U$S)	Partido no governo	Montante da dívida externa (milhões de U$S)	% aumento da dívida no período de governo
1976	Videla		Militar	9.700	+364%
1977				11.700	
1978				13.600	
1979				19.000	
1980				27.200	
1981	Galtieri			35.700	
1982				43.600	
1983	Bignone			45.100	
1984	Alfonsín		UCR	46.200	+44%
1985				49.300	
1986				52.500	
1987				58.500	
1988				58.700	
1989				65.300	
1990	Menem		PJ	62.200	+123%
1991				61.334	
1992				62.586	
1993				72.209	
1994				85.656	
1995				98.547	
1996				109.756	
1997				124.832	
1998				140.884	
1999				146.219	
2001	De la Rúa	264.000	Alianza	153.000	+5%
2002-2003	Duhalde	235.000	PJ	163.000	+6,53%
2011	CFK	470.000	FPV	128.600 *(79.900) titulares estrangeiros	-16%

Em 1966, durante a ditadura do general Onganía, a dívida externa era de US$ 3.276 bilhões. Mas não foi senão a partir de 1976, sob a presidência de Videla, que a dívida cresceu 364%, passando a ser de US$ 27 bilhões. No dia 23 de dezembro de 2001, a Argentina declarou a maior moratória da história do país: US$ 130 bilhões, em meio a uma forte crise financeira e política após a saída do presidente De la Rúa. A renúncia do vice-presidente Carlos "Chacho" Álvarez gerou uma ruptura na Aliança, que se aprofundou no Parlamento. O governo tinha uma maioria apertada na Câmara dos Deputados, que foi se desgastando pelas contradições internas. A nomeação de Domingo Cavallo à frente do Ministério da Economia acabou apartando as fileiras internas do governo. Ele foi o pai da convertibilidade, ou seja, o sistema pelo qual um peso valia um dólar.

Em 2001, o governo tinha de enfrentar pagamentos de parcelas da dívida que somavam algo em torno de US$ 23 bilhões, ao mesmo tempo em que precisava financiar um déficit fiscal de US$ 7 bilhões. As taxas de juros aumentavam e o risco país havia passado de 5,33% em 1999 para 7,73%, em 2000. Já no início do ano, os economistas coincidiam na avaliação de que se avizinhava uma forte recessão e, de fato, nesse ano o PIB teve queda de 1%. José Luis Machinea, então ministro da Economia, convenceu De la Rúa de que apenas um empréstimo salvaria a Argentina de uma longa recessão. A operação foi chamada de "Blindagem", na convicção de que funcionaria como um resseguro de que a Argentina pagaria em 2001 os serviços da dívida.

– De la Rúa não tinha ideia do que significaria essa decisão – lembra um colaborador daquela época. – Deixou-se seduzir pelas palavras de Machinea, que estava convencido de que poderia pilotar uma crise desde que pudesse contar com liquidez. Não calculou que com essa decisão terminaria cavando seu túmulo político. Foi o FMI que acabou pressionando o governo para que adotasse medidas que acabaram numa explosão social e na famosa fuga de helicóptero.

No início de novembro, a Argentina negociou com o FMI uma multimilionária blindagem financeira com aportes do Banco Interamericano de Desenvolvimento, o BID, do Banco Mundial, do governo da Espanha (o maior investidor estrangeiro na Argentina na época) e de um grupo de bancos privados que operavam no país. A blindagem foi aprovada em dezembro, cerca de US$ 40 bilhões. Esperava-se que servisse para ratificar a vigência do plano de convertibilidade e que possibilitasse uma redução das taxas de juros. O FMI impôs uma série de condições: congelar o gasto público primário em nível nacional e provincial por cinco anos, reduzir o déficit fiscal e reformar o sistema da Previdência Social, elevando a idade de aposentadoria das mulheres para 65 anos.

A blindagem só conseguiu conter as retiradas de depósitos bancários até março de 2001. Em outubro, o desemprego havia pulado para 18,3% e o mal-estar social era crescente. No final daquele ano, as reservas do Banco Central estavam em US$ 20 bilhões e as retiradas de depósitos nos bancos não paravam. Em março de 2001, foram sacados US$ 5,543 bilhões de dólares dos bancos: foi o maior volume de retiradas em só um mês de toda a história argentina e custou a renúncia de Machinea. Ele foi substituído por Ricardo López Murphy, que chegou ao cargo com a intenção de fazer, nos nove meses seguintes, um brutal ajuste fiscal: tinha de cortar o orçamento em 1,962 trilhão de pesos, incluindo cortes na saúde e na educação. O anúncio gerou uma forte reação popular e López Murphy durou 15 dias à frente do Palácio da Fazenda.

"A crise é tão grave que temos que pegar o touro pelos chifres e todos precisamos colaborar, sem fazer especulações eleitorais", justificava De la Rúa à 1h15 da madrugada do dia 20 de março. Cavallo voltou ao seu cargo no Ministério da Economia. Sua primeira medida envolvia o FMI: o governo não havia conseguido cumprir com as metas de gasto público e déficit fiscal do primeiro trimestre de 2001; as províncias tampouco iam conseguir financiamento. Cavallo lançou um programa denominado "Déficit zero", que pretendia que a arrecadação mensal tivesse como prioridade o pagamento dos juros da dívida e só o saldo fosse usado para os gastos do setor público. Aplicou-se uma redução de salários de 13%, que aprofundou ainda mais a crise. Para reestruturar a dívida nacional e provincial era necessário reduzir a carga dos juros de US$ 14 bilhões para US$ 7 bilhões.

Dessa forma, aprovou-se um novo empréstimo de US$ 8 bilhões junto ao FMI, dos quais US$ 5 bilhões foram desembolsados no dia 10 de setembro de 2001 para reforçar a liquidez do Banco Central e US$ 3 bilhões ficaram pendentes de desembolso entre novembro de 2001 e março de 2002. Uma forte corrida bancária e a fuga incessante de capitais barraram o plano. Em novembro registrou-se a saída de US$ 2,917 bilhões, o que esgotou a liquidez do sistema financeiro, e os bancos locais começaram a sinalizar que estavam em vias de ter problemas de caixa.

No dia 1º de dezembro de 2001, Cavallo decidiu estabelecer controle de câmbio e restrições aos saques de dinheiro nos bancos. A palavra oficial para designar a medida foi "bancarização", mas ficou na história local como "*corralito*". No dia 19 de dezembro, quando o Congresso discutia a formação de uma Comissão de Orçamento para tratar dos números de 2002, o país amanheceu com saques e distúrbios; lojas e supermercados foram assaltados por grupos organizados e por oportunistas e a violência de rua intensificou-se ao longo da tarde.

A repressão policial na Praça de Maio produziu 25 mortos e mais de 400 feridos. No dia 20 de dezembro, às 19h45, soube-se da renúncia do presidente. O vazio presidencial obrigou a Assembleia Legislativa a se reunir e ela determinou que Ramón Puerta assumiria o cargo. Sucessivamente, ocupariam a primeira magistratura Adolfo Rodríguez Saa, Eduardo Camaño e, finalmente, Eduardo Duhalde. Tudo em 15 dias. No dia 6 de janeiro de 2002, Duhalde decidiu acabar com a Lei de Convertibilidade que havia permanecido em vigor por pouco mais de dez anos. O câmbio foi fixado em 1,4 pesos por dólar e a classificação de risco do país passou a ter um papel preponderante nos noticiários (essa classificação está relacionada com a impossibilidade de um país cumprir com as suas obrigações; quando Duhalde assumiu, estava em 4 mil pontos, segundo o JP Morgan, e foi subindo à medida que o FMI punha entraves para um acordo para a dívida não paga; em agosto de 2002 chegou ao seu ponto máximo, 7.222 pontos).

– Esperamos que a Argentina faça as reformas necessárias, as drásticas decisões para conquistar a confiança de algumas instituições internacionais. Acho que não tem sentido dar dinheiro a países que são corruptos porque o dinheiro não ajuda as pessoas, ajuda a um grupo de elite. E isso não é justo nem para as pessoas desse país, nem para os contribuintes estadunidenses. – A frase é do então presidente dos

Estados Unidos, George Bush, e acabou repercutindo na Argentina, onde o ministro da Economia, Remes Lenicov, acabou afastado. Duhalde decidiu substituí-lo por Roberto Lavagna, embaixador junto à Organização Mundial do Comércio, em Genebra. As negociações pela dívida ganharam então, inclusive, um tom de enfrentamento pessoal com Anne Krueger, diretora adjunta do FMI, que se declarou convencida de que "a Argentina não é capaz de se autogovernar".

Quando chegou ao ministério, Lavagna nomeou para secretário de Finanças Guiller Nielsen, um economista de origem radical que havia feito carreira na Administração Nacional da Seguridade Social (Anses), com Melchor Pose, e depois no Banco Central, durante o mandato de Remes Lenicov. Seria Nielsen quem encararia a negociação com o FMI. Os Estados Unidos, a Espanha e o FMI estavam na expectativa do que aconteceria com a economia argentina e o Fundo pressionava para que se pagasse, em maio, uma parcela da dívida de US$ 700 milhões ao Banco Mundial. Caso não se saldasse essa dívida, o país ficaria ainda mais isolado. O crédito foi saldado dois dias antes do vencimento com um empréstimo sobre as reservas do Banco Central, o que representava, ao mesmo tempo, uma piscadela de olho de Lavagna aos papas do FMI.

Depois de várias reuniões conseguiu-se que esse organismo prorrogasse por um ano o pagamento da parcela de US$ 134 milhões que o país lhe devia. O panorama entre agosto e setembro era complicado: os jornais anunciavam um possível calote ao FMI e aos credores e Thorton, do Fundo, insistia com a ideia de que o país deixasse a inflação subir até chegar a um índice de 400%. Coisa que Lavagna não estava disposto a aceitar.

No dia 16 de agosto de 2002, a equipe econômica envia ao FMI um documento com a situação projetada para o país: prevê um crescimento de 3% em 2002 com um superávit fiscal primário de 2%. Para Anne Krueger as metas eram irreais: "A Argentina não crescerá e a inflação superará os 4%", declarou.

No dia 24 de agosto, Lavagna redobrou o ataque ao FMI, comunicando que, estivesse ou não de acordo, o país faria uso de um recurso estabelecido no estatuto do organismo, pelo qual se adiariam por um ano os prazos de pagamento da dívida contraída (eram cerca de US$ 2,7 bilhões). O Fundo decidiu aceitar a decisão pelo temor de que o exemplo pudesse se expandir a outros países devedores. Até aquele momento, a Argentina tinha pagado US$ 3,8 bilhões e feito pagamentos menores de US$ 329 milhões ao Fundo, ao BID e ao Banco Mundial. Mas para Krueger não era suficiente:

– Haverá acordo quando apresentarem um programa – disse Anne Krueger a Lavagna.

– Nós já temos um programa – respondeu o ministro.

– Bem, então quando tenham um que nós possamos apoiar.

– Isso é outra coisa. Se for assim, talvez nem haja acordo.

O Fundo pressionava para que a Argentina saldasse sua dívida com reservas do Banco Central, que nesse momento chegavam a apenas US$ 9,3 bilhões. Néstor Kirchner, então governador de Santa Cruz; Gioja, de San Juan; De la Sota, de Córdoba, e outros governadores rejeitavam essa iniciativa. Ao não conseguir um acordo, Lavagna e Duhalde decidiram não pagar ao Banco Mundial a parcela de US$ 726 milhões que vencia no dia 15 de novembro, embora continuassem pagando os juros da dívida, cujo montante era dez vezes menor que o pagamento do capital.

Dessa forma, o plano que teve início sob a presidência de Duhalde continuou quando, no dia 25 de maio de 2003, Néstor Kirchner assumiu e manteve a equipe econômica. Nesse momento, a dívida externa superava a metade do PIB. A relação entre Lavagna e Kirchner era cordial, porém distante. Há quem diga que Néstor nunca o "perdoou" por ter rejeitado sua oferta de ocupar a vice-presidência.

– Conheci Néstor quando me ofereceu para ser seu candidato a vice-presidente, em dezembro de 2002. Houve uma breve reunião da qual também participou Cristina, que falou mais do que ele. No dia seguinte eu lhe respondi que agradecia, mas que não ia aceitar porque não o conhecia e entendia que um vice-presidente na Argentina não podia voltar a renunciar, porque vínhamos do trauma de Chacho

Álvarez. Depois precisou contar com o meu apoio como ministro da Economia. Nesse caso era diferente, porque havia uma tarefa a ser concluída – lembra Lavagna.

Em janeiro de 2003, Nielsen, um dos homens da mais alta confiança de Lavagna, conseguiu um acordo interno com o FMI e o humor de Krueger para com a equipe técnica argentina mudou radicalmente:

– Que sorte, fico feliz de que a Argentina esteja a caminho da sua recuperação – disse a Nielsen.

O ritmo da fuga de capitais para o exterior se reduziu, a construção crescia em um ritmo de 37% ao ano, o superávit comercial atingia novos recordes e ascendia a US$ 16,358 bilhões de dólares, e as previsões de crescimento feitas pelos bancos de investimento estrangeiros para 2003 eram de 4,5%. O FMI esperava que no final de 2003 a Argentina apresentasse uma oferta. Enquanto isso, a equipe técnica liderava outra batalha difícil: a negociação com os credores privados. Grande parte deles eram pequenos poupadores, aposentados aos que era preciso convencer da emergência econômica da Argentina. Em 2001, o país havia contraído uma dívida de US$ 9,758 bilhões de dólares.

No final de 2002, a dívida se reduziu em US$ 4,127 bilhões e antes da posse de Néstor, no primeiro trimestre de 2003, havia diminuído em outros US$ 900 milhões. Depois do acordo com todos os organismos multilaterais, só restava 48% da dívida em *default* nas mãos de pequenos poupadores. Nielsen empreendeu uma viagem por Nova York, Washington e Tóquio tentando convencer esses credores de que o país não havia agido de má-fé. Mas o desconto da dívida que a equipe econômica propunha era feroz: entre 70% e 75%. Nesse momento, os papéis da dívida, segundo lembra Lavagna, cotizavam-se em 20% de seu valor prévio ao *default*. Os pequenos poupadores eram algo em torno de 500 mil, mais da metade dos quais (340.900) eram italianos que, por intermédio do chanceler Mario Baccini, exigiam a devolução total do dinheiro devido, uma cifra impossível de ser paga: US$ 100 bilhões.

Nesse contexto, começaram as diferenças de opinião entre a equipe técnica e Néstor:

– Não havia grandes discrepâncias, mas qualquer coisa podia "pegar mal" com Kirchner. Uma vez ele fez umas declarações contra Anne Krueger e numa reunião eu lhe disse: "Néstor, se você quer bater na Krueger, nós lhe preparamos os textos para fazê-lo, porque se você atira nela com chumbo grosso, a única coisa que vai conseguir é alinhar todo o *staff* do Fundo com ela e contra nós. É preciso bater cirurgicamente e fazê-lo de tal maneira que os profissionais se separem dela" – lembra Nielsen. Ele ficou tremendamente irritado. Saímos da reunião e já corria o boato: "Nielsen renunciou". O mundo estranho de Néstor *era* estranho.

A negociação da dívida não era um assunto simples. A conhecida política do "credor privilegiado" em vigor no mundo financeiro obrigava a Argentina a saldar sua dívida com as instituições financeiras internacionais se não quisesse ficar isolada comercial e financeiramente. Os credores privilegiados são o Fundo Monetário, o Banco Mundial e o Clube de Paris.

No dia 22 de setembro de 2003, Lavagna e Nielsen apresentaram um cronograma de reestruturação da dívida não paga, constituído por um menu de bônus que substituíam os 152 bônus que estavam com os pagamentos suspensos. Lavagna lançou a proposta em Dubai diante de uns duzentos credores que compareceram à sede da Assembleia Anual do Fundo, com poucas esperanças de recuperar o dinheiro investido. O plano de pagamento aos detentores privados de bônus tentava conseguir uma redução de US$ 70,726 bilhões no passivo que a Argentina tinha e os credores privados podiam escolher entre três bônus (Discount, Par e Capitalizables) indexados. A proposta foi rejeitada.

– Há um erro que constitui parte da invenção do discurso K: o desconto de 75% foi proposto em 2002, com Duhalde. Néstor apenas confirmou a proposta e a negociação ocorreu sob seu governo – esclarece Lavagna.

No dia 22 de setembro de 2003, foi lançada a proposta de 75% de redução aos detentores da dívida local. O anúncio foi feito por Nielsen no Banco Nación diante de um auditório de cem poupadores argentinos. Estes rejeitaram a proposta de forma taxativa. Aos berros, os pequenos investidores acusaram os membros da equipe econômica de expropriadores.

No dia 1º de junho de 2004, o governo voltou à carga e anunciou a "Proposta de Buenos Aires", na qual o desconto original de 75% era reduzido em média a algo entre 63% e 45%. Em janeiro de 2005, a Argentina lançou formalmente a reestruturação e a negociação obteve mais de 76,5% de aceitação. Ao mesmo tempo em que se discutia o percentual do desconto, foi anunciado o lançamento do Cupom PIB, que se apresentou como uma forma de se associar à recuperação argentina. O cupom vinculava seu pagamento anual ao crescimento econômico do país e foi emitido com um longuíssimo prazo: a data de vencimento era o ano de 2035. Naquele momento ninguém suspeitava que o país pudesse ter anos com crescimento de mais de 9%. E muito menos se pensava que o Instituto Nacional de Estatísticas e Censos (Indec) da Argentina subestimaria a inflação, como fez depois, e ao mesmo tempo, inflaria a expansão do PIB.

– Havia muita pressão do que se chamavam negociações de boa-fé, mas que nos deixavam loucos. Por isso aparece o título. Queríamos mostrar ao mundo que se o crescimento da economia argentina fizesse uma curva para cima, nós, através desse título, estávamos dispostos a compartilhar os benefícios adicionais com nossos credores, que nesse momento estavam passando por um período difícil. Isso tapou a boca do mundo financeiro – justifica Nielsen.

Até o momento houve apenas um ano – 2010 – em que o título não fez nenhum desses pagamentos vinculados. Desde que se concretizou a primeira amortização – em 15 de dezembro de 2006 – até 2012, o Estado desembolsou cerca de US$ 9,965 bilhões de dólares pelas diferenças do Título do PIB.

– Aquilo que em princípio poderia ter sido uma ideia interessante, vincular o destino do credor ao do devedor, acabou sendo uma carga que representa uma sangria para o país. Para que fique claro: a partir de 2013, o PIB real deveria cair cerca de 30% no acumulado para voltar ao que fora projetado como base, que teria pagamento zero. Nas condições atuais, um crescimento maior do que meros 3,22% (e de 3% desde 2015) obriga a desembolsos anuais de pelo menos US$ 3,5 bilhões. Ou seja, esses recursos foram uma mentira: a menos que a Argentina sofra uma catástrofe econômica, esses títulos implicam um pagamento certo e seguro para o credor – afirma o legislador Claudio Lozano.

Lavagna saiu do ministério no dia 28 de novembro de 2005, quando o presidente pediu sua renúncia. Foi substituído por uma ex-aluna sua, Felisa Miceli, que até o momento desempenhava a função de presidente do Banco Nación. A saída posterior de Miceli foi escandalosa, quando publicamos no jornal *Perfil* que a polícia havia encontrado no seu banheiro uma bolsa com dinheiro que ela não podia justificar.

– Néstor me pedia informação, mas eu como ministro tinha independência de ação e o plano econômico era levado a cabo como havia sido programado. Até que em 2005, depois de ganhar as eleições legislativas da metade do mandato, sentiu que tinha nas mãos um cheque em branco. Na última conversa que tivemos, ele me disse: "Agora ganhei eu, quero mudar o plano econômico e preciso mudar a equipe". Era um direito seu como presidente. Sua mensagem foi clara: antes, com os 22% que ele havia conseguido nas eleições e os 10% de votos que nós tínhamos trazido, havia uma situação especial de governo em parceria. Mas em novembro de 2005 ele percebeu que havia vencido e não precisava de nós. Foi quando começou a mudança na sua gestão e pediu a minha renúncia – conta Lavagna.

– Kirchner não suportava ter ao seu lado um ministro tão popular – opina Nielsen. – Eu me lembro de que uma manhã, indo para o ministério no meu carro, escuto Marcelo Longobardi dizer no rádio: "Se Lavagna for a Mar del Plata (nesse dia se encerrava lá a reunião do Instituto para o Desenvolvimento Empresarial da Argentina – Idea – e Lavagna era o convidado a encerrar o evento), não é mais ministro da Economia". Era evidente que havia uma manobra em andamento. Quando chegou ao seu escritório no décimo andar, Nielsen deixou seu casaco e desceu apressado para o quinto, onde ficava o escritório do ministro, para lhe contar o que havia ouvido.

– Ninguém me disse que não deveria ir a Mar del Plata – disse Lavagna.

– Olha que vários não vão aparecer; o Scioli pensava em ir e no fim não vai – apontou Nielsen.

– Ninguém me disse nada. Irei para conversar, como estava previsto.

– Ok, vamos, mas com toda a equipe.

– Não, não podem vir porque não há passagens.

– Deixe de frescura, pegamos o avião da Agricultura ou pedimos ao Fernández o do Ministério do Interior e vamos todos os secretários.

– De modo algum – concluiu Lavagna.

Nielsen voltou ao seu escritório e pouco depois o telefone tocou: era o secretário de Lavagna.

– Guillermo, o avião da Agricultura está disponível.

– Fomos com toda a equipe – lembra Nielsen – e chegamos justamente quando Roberto começava a falar. Tínhamos uma mesa com o prefeito de Mar del Plata, Daniel Katz. Atravessamos o salão e ficou claro que estávamos ali para servir de respaldo. Esse foi o final.

Depois que o Brasil anunciou que havia quitado a dívida com o FMI, Kirchner não quis ficar atrás. Então se apressou em anunciar que pagaria tudo ao Fundo em 24 horas. Dessa forma, em 3 de janeiro de 2008, a Argentina deixou de ter dívidas com o Fundo Monetário, concretizando um pagamento antecipado de US$ 9,53 bilhões, relativo a um passivo contraído entre janeiro e setembro de 2001 com vencimentos programados até 2009.

As reservas do Banco Central se recuperaram em nove meses e terminaram esse ano com um incremento de US$ 4 bilhões. Ou seja, de US$ 28,078 bilhões, as reservas do BC caíram para US$ 18,58 bilhões e finalizaram o ano em US$ 32,037 bilhões. No dia 31 de janeiro de 2007, os ministérios da Argentina e da Espanha assinaram um acordo de reestruturação da dívida, desconsiderando o que, na lógica da reestruturação da dívida total, vinha primeiro: o Clube de Paris.

– Era preciso negociar primeiro com o Clube de Paris e por último com o Fundo, mas Néstor mudou a prioridade por uma questão midiática, de ego.

"Assinei um decreto no qual dou instruções ao Ministro da Economia (Carlos Fernández) para que utilize as reservas do Banco Central para saldar a dívida com o Clube de Paris", anunciou Cristina numa reunião de empresários no dia 2 de setembro de 2008, no Dia da Indústria. Nessa noite, Cristina também afirmou que as dívidas com a Alemanha, o Japão, a Holanda, a Itália, a Espanha e os Estados Unidos (que naquele momento representavam 87% do total) seriam pagas com fundos do Banco Central. Nenhuma dessas dívidas foi paga até hoje.

Em resumo, a Argentina quitou antecipadamente a dívida com o FMI, de US$ 9,53 bilhões, mas não conseguiu saldar a que tinha com o Clube de Paris, que somava US$ 6,5 bilhões. A partir desse momento, o país ficou sem financiamento externo e a Venezuela entrou em cena. Hugo Chávez fez um acordo com Néstor para comprar, entre 2005 e 2007, cerca de US$ 5,1 bilhões em bônus soberanos da Argentina a taxas mais altas do que as do mercado. Para a Venezuela foi um negócio perfeito: comprava títulos a preço baixo com alto rendimento. Para a Argentina significou conseguir um financiamento caro. Em agosto de 2007, Chávez voltou a comprar títulos públicos argentinos por US$ 1 bilhão com juros de 14,8%, muito superior ao que o mercado então projetava.

Quando Cristina assumiu a presidência no final de 2007, Martín Lousteau, então ministro, lhe propôs retomar as negociações com o Clube de Paris. Lousteau já tinha se reunido com a diretoria do clube para conseguir um acordo. Cristina rejeitou a proposta:

– Não me interessa o Clube de Paris, não vou pagá-los até 2030 – disse-lhe ela.

– A eclosão da crise das hipotecas subprime no mundo modificou a posição de Cristina. O Clube de Paris reúne todos os bancos oficiais de crédito à exportação do mundo e concede financiamento de longo prazo a baixas taxas de juros.

Em 2008, Cristina nomeou Guillermo Nielsen embaixador na Alemanha, numa iniciativa que pretendeu ser um gesto amigável para os mercados financeiros.

– Quando Cristina me chamou e me ofereceu ir para a embaixada alemã, me deu um mandato. Naquele momento tínhamos vários casos no Ciadi (instituição do Banco Mundial projetada para solucionar disputas entre governos) de empresa alemãs e a prioridade então era desativá-los. Ela também me disse que ia recuperar o atraso com o Clube de Paris – lembra Nielsen.

Mas o acordo nunca saiu e Nielsen renunciou em 2010.

– Não prestavam atenção aos embaixadores. Faziam o que queriam. Além disso, havia sido anunciado o acordo com o Clube de Paris e isso não foi cumprido. Não havia nada mais a ser feito.

Com Amado Boudou como ministro da Economia, o governo impulsionou uma normativa para suspender a vigência da Lei Cerrojo e poder lançar uma nova permuta de dívida por títulos. Isso ocorreu entre 10 de dezembro de 2009 e 31 de dezembro de 2010; nesse período entraram na permuta bônus no valor de 18 bilhões e não aderiram detentores de títulos que somavam 5,45 bilhões.

– Havia muitas coisas a serem feitas quando, em 2002, arquitetamos o plano de reestruturação da dívida. Estava previsto que entre 2005 e 2008, a Argentina recuperaria todos os títulos de crescimento, mas o governo não o fez. Havia recursos para fazê-lo, mas ninguém se ocupou disso até 2010, quando uma consultoria que se chama Arcadia lhes apresentou um programa pronto com o qual fizeram uma pequena reestruturação que fez a adesão aumentar de 76,5% a 92%. Falta ainda cerca de 8%. Mas os Kirchner se ocuparam mesmo do assunto quando lhes trouxeram um negócio fechado; foi um negócio dos bancos – diz Lavagna.

Um negócio dos bancos e do vice-presidente da nação

A consultoria Arcadia Advisors trabalhou com o governo na reestruturação da dívida desde outubro de 2008. Foi uma megaoperação financeira de 12 bilhões de pesos reconhecida recentemente, em 2010, pelo Ministério da Economia, depois que o deputado Claudio Lozano denunciou no Congresso os vínculos da Arcadia com funcionários K. A Arcadia realizou durante os dois anos anteriores reuniões com bancos dos Estados Unidos, as entidades financeiras que logo fizeram a proposta de reestruturação sabendo de antemão que a Argentina iria trocar esses títulos que estavam em *default*.

O acesso a essa informação privilegiada permitiu aos bancos comprar títulos argentinos a um preço muito baixo (pois, ao estar em *default* sua qualificação de risco era elevada) para conseguir depois grandes diferenças na reestruturação. A contratação dos bancos que organizaram a reestruturação não foi estabelecida em nenhum decreto ou resolução. Os bancos eram, em princípio, Deutsche e Citi, depois a Arcadia convocou o Barclays Capital e apresentou ao Ministério da Economia uma proposta de reestruturação da dívida.

No pedido de relatórios ao Executivo apresentado ante a Comissão de Orçamento, Lozano solicitou explicações não apenas da relação de Boudou com Arcadia, mas também dos números da troca em si: "Com respeito ao lucro para os detentores de títulos [...] nas atuais condições financeiras o valor de mercado dessa proposta está entre US$ 50 e US$ 51 para o segmento atacadista, e US$ 56 para o segmento varejista. Porém, se minimiza o fato de que os fundos (que durante esses anos compunham a dívida em *default*) de menos de US$ 30 ganhem mais de 80% [...] e, com relação ao custo para o país [...], emite-se um total de US$ 10,85 bilhões, ou seja, 59,3% do montante nacional a ser trocado. No entanto, apenas uma queda elevada do produto impediria o pagamento contingente do Cupom PIB de ocorrer. Portanto, a dívida emitida sobe para US$ 10,95 bilhões + US$ 7,43bilhões = US$ 18,28 bilhões, ou seja, 99,9%. Conclusão: estamos diante de uma reestruturação sem desconto".

O governo anunciou que havia trazido US$ 12,2 bilhões ao país e que ficavam canceladas as obrigações pendentes desde que a Argentina havia entrado em *default*. O que o relato K não contou foi que essa reestruturação implicou, por sua vez, a emissão de uma nova dívida no valor de cerca de US$ 7,6 bilhões e que foram lançados novos bônus do Título do PIB, num total de US$ 5,4 bilhões. No total, a Argentina ofereceu cerca de US$ 13 bilhões, um montante superior ao que o país conseguiu com a reestruturação.

A Arcadia é uma consultoria dirigida por Marcelo Etchebarne, que entrou em contato com Boudou por intermédio de Pablo Bossio, irmão de Diego, diretor da Administração Nacional de Seguridade Social (Anses). Pablo Bossio trabalhava no estúdio Echebarne.

– Etchebarne já havia feito outras permutas de dívida pública em Formosa, San Juan, Buenos Aires, todas províncias alinhadas com o governo nacional, e foi quem acabou levando adiante a troca nacional – acrescenta Lozano.

– Ele também fez um bom negócio com as taxas que foram pagas. Projetavam os números, os bancos diziam pagar taxas de 36%, quando na verdade eram de 34%, e o resto era dividido entre Boudou e Arcadia – denunciou uma fonte do Ministério da Economia.

Uma rede de e-mails que vasou ao público mostra a conexão entre Etchebarne e Boudou. No dia 3 de agosto de 2009, às 22h19, a partir do endereço m.etchebarne@cekd.com foi enviado um e-mail para aimevudu@gmail.com com os seguintes dizeres:

> Estou lhe passando duas versões. O memorando confidencial tem apenas os itens a favor dos fundos abutres (*holdouts*). O memorando Economia é uma versão mais longa sobre o caminho que eu vejo para voltar aos mercados:
>
> 1. O momento político dos bônus locais favorece você.
> 2. É uma peça adicional a todas as que você tem de usar (acho que você não se pode dar ao luxo de prescindir de muitas delas).
> 3. Permitirá você acessar o mercado voluntário de crédito, emitindo dívida em valores entre 3 bilhões e 4 bilhões em 2010 no pagamento de parcelas (sem aumentar o endividamento líquido).
> 4. Vai garantir sucesso na reprogramação da dívida de curto prazo.

5. Contribuirá para que as empresas privadas tenham novamente acesso aos mercados internacionais e, eventualmente, possam voltar a emitir ações para obter autêntico capital de risco.

Amanhã estarei em BsAs até as 5h, quando sai meu voo.

Um abraço, M.

Nesse e-mail, o proprietário da Arcadia claramente apresentava argumentos para que Boudou elaborasse um discurso político de defesa da necessidade de reabrir a reestruturação da dívida. Um dia depois, através do seu celular Blackberry, ele enviava outro e-mail:

"Você pode tomar depois a decisão de fazer a reestruturação, mas acredito enfaticamente que seria um erro não ter os papéis prontos para o caso de se querer tomar a decisão mais tarde.

Preparar os papéis leva entre 4 e 3 meses.

O custo de estar pronto é muito baixo. Eu o faria sem alarde. Uma vez que estejamos prontos, você pode decidir se faz ou não uma reestruturação.

Estará então muito mais claro se você pode fazer uma reestruturação de forma simultânea com novo dinheiro do mercado, por exemplo (hoje, com base na evolução dos bônus, achamos que isso vai acontecer se você continuar com anúncios positivos).

Há uma percepção no mercado de que você está começando um ciclo virtuoso. Hoje foi um dia chave, é preciso reconhecer.

Acho que nas reuniões de outubro no Banco Mundial seria importante que você anunciasse o seu plano financeiro 2010 para os sofisticados grupos de investidores privados.

Se isso continua em pé, você estará a um passo de consumar uma reestruturação e sair para o mercado."

O principal favorecido pela reestruturação dá conselhos a quem vai aprová-la. Quando, no e-mail afirma "hoje foi um dia chave", ele se refere ao fato de que nesse dia a Afip havia anunciado uma subida de 10,2% na arrecadação fiscal do último ano (julho-2008 contra julho-2009), motivo pelo qual os mercados financeiros comemoravam a entrada de 27,013 bilhões de pesos nos cofres fiscais.

No dia 2 de agosto teve início uma sequência de e-mails entre os diretores dos bancos suspeitos. Nesse dia, Marcelo Blanco, executivo chefe do Deutsche Bank, envia um e-mail com múltiplos destinatários: o então responsável pela dívida da América Latina de Barclays, Gustavo Ferraro, encarregado do escritório local do Barclays; Juan Brouchou, presidente do Citi na Argentina, e Cristolpher Gilfond, diretor de Dívida Latino-americana do Citigroup. Estavam copiados ainda nesse e-mail Sebastián Reynal, que naquela época era chefe de Cobertura de Clientes e do Banco de Investimento do Deutsche Bank, e Santiago Bausili, consultor da entidade. O assunto era "Holdouts y Boudou" e ali Blanco afirmava que "de acordo com os comentários feitos pelo ministro de Finanças durante uma viagem a Brasília, recomendo que solicitemos um encontro formal com ele e sua equipe, se possível para a semana que vem, para discutir um próximo intercâmbio e a participação do consórcio de bancos".

Essa reunião ocorreu na terça-feira, dia 25, às 15h, no escritório de Boudou, e ali se acabaram de cozinhar os termos da proposta de reestruturação. "A Argentina nunca abandonou o Fundo, pois continuou pagando a cota. Agora é preciso ir dialogando para encontrar uma intersecção entre os seus interesses e os nossos. E algum caminho encontraremos para ter uma relação normal como sócios do clube", disse Boudou aos jornalistas. E acrescentou: "Nosso objetivo final não é voltar ao Fundo, mas voltar ao mercado financeiro internacional".

Oito meses depois Boudou formalizou a proposta de reestruturação da dívida. Quando teve que argumentar em público a favor da operação, usou quase as mesmas palavras que Etchebarne havia utilizado nos seus e-mails.

– Escassos três anos depois da concretização da reestruturação, Boudou acabou acusado de tráfico de influência. Quando Cristina assumiu o governo, começou a fazer um discurso muito ligado à questão de terminar de regularizar a dívida, que não era o discurso do governo de

Néstor, e a falar da questão dos *holdouts*, do Clube de Paris, garantindo que isso iria abrir o acesso aos mercados financeiros. Todo o grupo procedente da Ucede foi o que esteve atuando para que Cristina reabrisse a questão da reestruturação. Agora, se foi Massa, Boudou ou Bossio... ninguém pode saber – lembra Claudio Lozano. – O governo disse publicamente que tinha uma proposta dos credores, mas a centralizava no banco Barclays. Embora a Constituição estabeleça que quem participa de uma negociação desse tipo é o Congresso, aos legisladores nunca lhes foi permitido discutir os termos da oferta financeira. O Parlamento votou pela suspensão da Lei Cerrojo sem debater a oferta financeira – explica Lozano. – Eu vinha denunciando que a troca estava sendo feita em favor dos credores. O que eu não sabia e fiquei sabendo depois era que o ministro da Economia estava envolvido. – Boudou estava dos dois lados do balcão.

Em meados de 2013, o promotor entrou com um requerimento de instrução e solicitou as primeiras buscas de provas que tornaram Boudou réu por tráfico de influências na troca de 2010. O diretor da Anses, Diego Bossio, também foi envolvido no mesmo processo. A causa hoje tramita no tribunal federal de Ariel Lijo, da mesma forma que o caso Ciccone.

Em 2003, os títulos soberanos argentinos estavam com um preço muito baixo. Desde a declaração de *default*, o preço da dívida argentina havia caído estrepitosamente. Em 2003, podia-se comprar um título por algo entre 10% e 30% do seu valor nominal. Isso despertou o interesse dos chamados fundos abutres, que se caracterizam por comprar dívidas de Estados e empresas à beira da falência para logo pressionar os emissores dessa dívida para que pagassem 100% do valor devido. Quando a proporção entre a dívida pública e o PIB estava em 160%, os fundos abutres ou *holdouts* começaram a comprar títulos soberanos a preços muito baixos.

Entre a reestruturação de 2005 e a sua ampliação, em 2010, mais de 92,4% dos credores aceitaram a oferta de pagamento de 75%, e entre a minoria que não entrou na troca estavam os fundos em LTD de Keneth Dart, Aurelius e NML de Elliot Associates. Quando a reestruturação de

2005 foi lançada, este último fundo iniciou duas ações judiciais contra a Argentina diante dos Tribunais do Estado de Nova York, solicitando o embargo dos fundos do Estado argentino.

EM LTD, por sua vez, também iniciou ações judiciais invocando a cláusula "*pari passu*", pela qual se um país pagar sua dívida aos participantes de um acordo de quitação, também tem de pagar aos que não participaram dele. Os pleitos visavam bloquear a reestruturação como chantagem, e fracassaram: a primeira troca foi concluída em 2005 com um nível de adesão de 76,15%.

Também os *holdouts* tentaram conseguir o aval da Corte Suprema de Justiça do Reino Unido, que aceitou a petição desses fundos abutres para que apresentassem as demandas ante a Justiça britânica. E recorreram à Itália, onde o Centro Internacional de Arbitragem de Disputas sobre Investimentos (Ciadi) se pronunciou dizendo que os títulos argentinos nas mãos dos querelantes são investimentos que favorecem a prosperidade das duas partes contratantes e que, portanto, estavam protegidos pelo convênio do organismo.

Na sua peregrinação judicial, os fundos abutres encontraram o juiz federal do Distrito de Nova York, Thomas Griesa, que determinou um primeiro bloqueio dos ativos que a Argentina tem no exterior. Em julho de 2011, os fundos abutres tentaram se apoderar dos fundos que o Banco Central argentino tinha nos Estados Unidos: US$ 105 milhões depositados na Reserva Federal. Mas o governo recorreu à Corte de Apelação de Nova York, argumentando que esses fundos tinham imunidade frente a embargos segundo a lei estadunidense de imunidade soberana de 1976. O tribunal decidiu favoravelmente à Argentina.

No dia 2 de outubro de 2012, o fundo NML Capital, sediado nas Ilhas Caimã, conseguiu que um juiz de Gana determinasse a apreensão da fragata *Libertad* no porto de Tema, a cerca de 25 quilômetros a leste de Acra, para obter o resgate reivindicado, algo em torno de US$ 370 milhões. Também solicitou a retenção de outro navio argentino, a corveta *Espora*, que estava presa na Cidade do Cabo por um problema mecânico. O governo argentino ordenou a evacuação do navio no dia 20 de outubro de 2012 por falta de garantias de respeito aos direitos humanos dos seus tripulantes, deixando a bordo o capitão e uma tripulação mínima necessária. Dois meses depois, o Tribunal Internacional do Direito Marítimo ordenou a Gana que liberasse a fragata.

No dia 26 de agosto de 2013, Cristina anunciou a reabertura da reestruturação da dívida. O anúncio foi três dias depois de a Câmara de Apelações de Nova York confirmar a sentença favorável aos *holdouts* que insistiam no pagamento total da dívida. A reabertura da reestruturação foi aprovada pelo Congresso na noite de 11 de setembro de 2013. Votaram a favor a Frente para a Vitória, o radicalismo, o PRO, a Frente Peronista e a Frente Renovadora, votaram contra o FAP e a Coalizão Cívica.

Afinal, quanto se deve hoje, e para quem?

<table>
<tr><th colspan="2">Agência Nacional de Crédito Público</th></tr>
<tr><th colspan="2">Dívida Pública do Estado argentino [1] – Dados de 30/6/2013</th></tr>
<tr><td></td><td>Evolução da dívida líquida do setor público nacional (SPN)</td></tr>
<tr><td>Conteúdo:

• Evolução da dívida líquida do SPN

• Composição da dívida pública por credor

• Estrutura da dívida pública

• Perfil estático dos vencimentos

• Links de dados sobre a dívida pública, segundo trimestre de 2013</td><td>Em 30/6/2013

• A dívida líquida da nação com credores do setor privado, organismos multilaterais e agências de governos estrangeiros era de US$ 80,375 bilhões, o que equivalia a 17,9% do PIB da Argentina.

• Uma parte dessa dívida – equivalente a 13,1% do PIB – é dívida externa pública. Ou seja, dívida com residentes no exterior, seja com o setor privado (7,6% do PIB), com organismos multilaterais ou com agências de governos estrangeiros.
• Durante o primeiro semestre de 2013, a dívida pública nacional – líquida de recebíveis do próprio setor público nacional – se reduziu em US$ 2,198 bilhões em relação a 31/12/2012.

• Do total da dívida pública nacional líquida, aproximadamente 31% corresponde a empréstimos de organismos multilaterais e bilaterais, e os 69% restantes a obrigações em carteira do setor privado.

• Durante o primeiro semestre do ano de 2013, a dívida pública em poder de detentores do setor privado registrou uma redução de US$ 1,968 bilhão. Dessa forma, o estoque de dívida pública com privados – tanto em moeda nacional como estrangeira – equivale ao 12,3% do PIB, determinando uma redução de 0,7 pontos percentuais no produto com relação a dezembro de 2012. No caso da dívida com o setor privado em moeda estrangeira, reduziu-se a um mínimo de 9,3% do PIB.</td></tr>
</table>

*Dívida pública líquida: exclui recebíveis de agências do setor público nacional.
Dívida pública externa: reconhece como credores os residentes no exterior.

Dívida pública líquida por credor em % do PIB

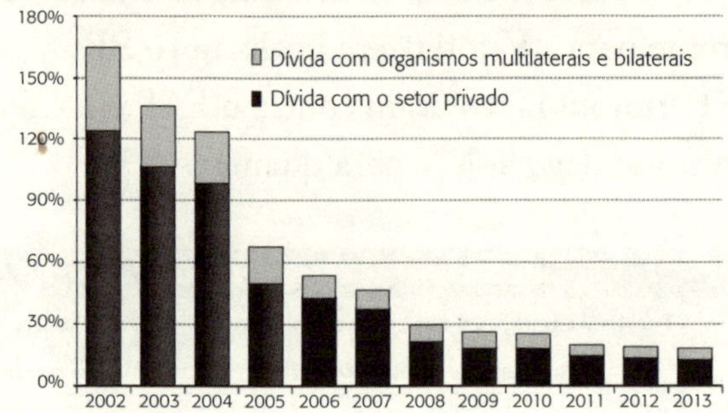

Dívida pública com o setor privado em % do PIB

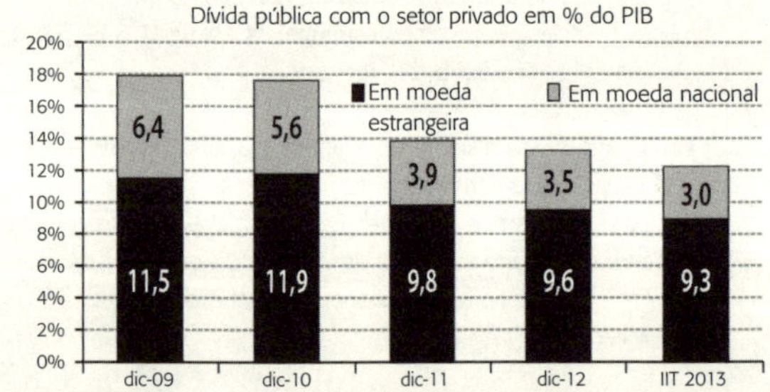

Página 2 Oficina Nacional de Crédito Público

• Por sua vez, as obrigações com organismos oficiais internacionais (multilaterais e bilaterais) chegavam a US$ 25,006 bilhões, que equivaliam a 5,6% do PIB.

• Se à dívida líquida se acrescentam as obrigações que, ao mesmo tempo, representam recebíveis de agências do próprio setor público nacional (BCRA, FGS, BNA e outros) chega-se à dívida nacional bruta. Em 30/6/13 esta chega a US$ 196,143 bilhões (3), 43,6% do PIB. Isso implica uma redução, com relação a dezembro de 2012, de US$ 1,321 bilhões.

Composição da dívida pública por credor

Os maiores credores do Estado Nacional são organismos públicos: o Banco Central da República Argentina (BCRA), o Fundo de Garantia de Sustentabilidade (FGS) da Anses e o Banco da Nação Argentina (CNA). Somados a outros organismos nacionais, eles detêm 59% do total da dívida bruta do SPN.

Os organismos multilaterais com os quais a nação ou as províncias, com o aval do Tesouro, registram dívidas incluem o Banco Mundial, o Banco Interamericano de Desenvolvimento e a Corporação Andina de Fomento. Por seu lado, a "dívida bilateral" inclui obrigações com agências de governos estrangeiros, como as agrupadas no Clube de Paris. O total da dívida com organismos multilaterais e bilaterais era equivalente, no final do segundo trimestre de 2013, a pouco menos de 13% da dívida bruta total.

O restante está classificado como dívida com o setor privado. Nesse grupo se incluem títulos públicos que, na sua grande maioria, encontram-se nas mãos do setor privado. Também se incluem valores menores a serem recebidos de bancos provinciais e outros organismos do setor público provincial. Esse conjunto, que denominamos "dívida com o setor privado" chegava, em 30/6/2013, a 28,2% da dívida bruta total.

Esses últimos grupos (organismos multilaterais e bilaterais e setor privado) são os que constituem a "dívida líquida nacional" detalhada no presente relatório.

Quadro 1

	31/12/2012***			30/6/2013				
Dívida pública nacional bruta	Em bilhões de US$ (a)	% total	% do PIB	Em bilhões de US$ (b)	% total	% doPIB (3)	Var. absoluta (b)-(a) bilhões de US$	Var. relativa [(b)/(a)-1] (%)
Agências do setor público*	114,891	58,2%	26,1%	115,768	59,0%	25,7%	0,877	0,8%
Multilaterais e bilaterais**	25,236	12,8%	5,7%	25,006	12,7%	5,6%	(0,229)	-0,9%
Setor privado	57,337	29,0%	13,0%	55,368	28,2%	12,3%	(1,968)	-3,4%
Total da dívida pública	197,464	100%	44,9%	196,143	100%	43,6%	(1,321)	-0,7%

*Inclui títulos públicos, notas promissórias, empréstimos e antecipações concedidas ou em carteira de organismos do setor público nacional. Dados preliminares.

** Inclui dívidas em situação de pagamento diferido num total de US$ 6,433 bilhões em 31/12/2012 e US$ 6,072 bilhões em 30/6/2013. Não inclui multas nem juros por mora.

***A desagregação da dívida por credor no ano de 2012 foi objeto de revisão com relação a publicações anteriores.

Estrutura da dívida pública líquida[2]
A seguir, se desagrega a composição da dívida pública líquida, constituída por credores do setor privado, organismos multilaterais e agências de governos estrangeiros.

Escritório Nacional de Crédito Público

Desagregação por prazo (Gráfico I)

O prazo médio da dívida líquida em situação normal [3] de pagamento é de 10,7 anos.

O prazo médio da dívida líquida em moeda estrangeira em situação normal de pagamento é de 11,6 anos, e com privados em moeda estrangeira é de 13,5 anos.

A dívida líquida em situação normal de pagamento em moeda nacional com CER tem um prazo médio de 8,6 anos.

13% da dívida líquida em situação normal de pagamento vence entre julho de 2013 e dezembro de 2014 – consistindo principalmente em Letras do Tesouro em mãos privadas –; 36% vence entre 2015 e 2020 e os 51% restantes vencem a partir do ano 2021 (está constituída majoritariamente pelos títulos públicos emitidos nas reestruturações de 2005 e 2010).

Gráfico I – Dívida líquida por vencer em situação normal de pagamento por prazo*
US$ 74,365 bilhões

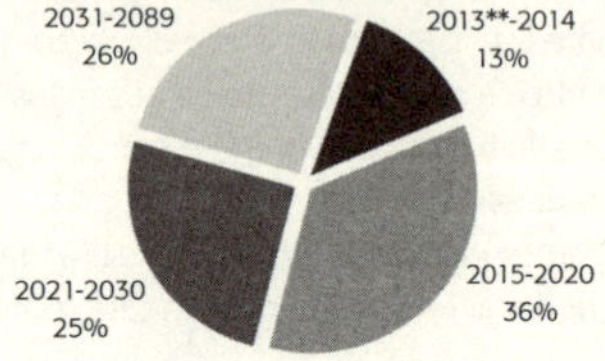

*Dívida em situação normal de pagamento exclui aquela não reestruturada, majoritariamente com o Clube de Paris.
**A partir do 3º trimestre de 2013.

Desagregação por moeda (Gráfico II)

A dívida líquida em pesos equivale a US$ 13,601 bilhões, dos quais US$ 9,26 bilhões se reajustam por CER (2% do PIB).

O restante da dívida líquida (14,8% do PIB), constituída por dívida em dólares (10,2% do PIB) e dívida em euros (4,2%) principalmente.

A dívida com privados em moeda estrangeira é de US$ 41,767 bilhões (9,3% do PIB).

Gráfico II – Dívida líquida por moeda
US$ 80,375 bilhões

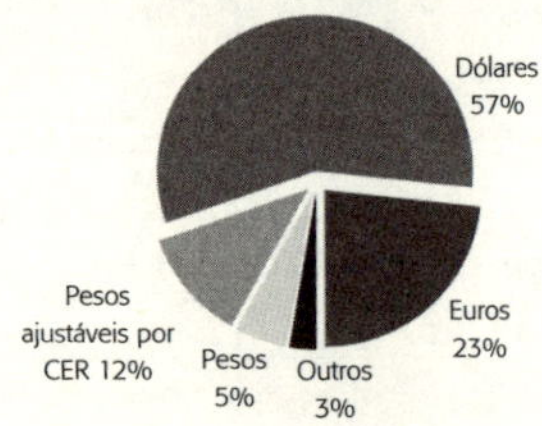

Desagregação por tipo de taxa (Gráfico III)

Do total da dívida líquida, sobre 1% não incidem juros, sobre 83% incidem taxas fixas de juros (a maior parte da qual foi emitida nas reestruturações de dívida de 2005 e 2010) e sobre 16% incide uma taxa variável, destacando-se a taxa Basdlar[4] e a taxa Libor[5].

A dívida com o setor privado sobre a qual incide taxa fixa está composta, em sua maior parte, por títulos públicos (87%), Discount em euros (17,6%) e dólares (12,5%), Boden 2015 em dólares (13,1%) e Bonar X (7,2%).

Gráfico III – Dívida líquida por tipo de taxa de juros
US$ 80,375 bilhões

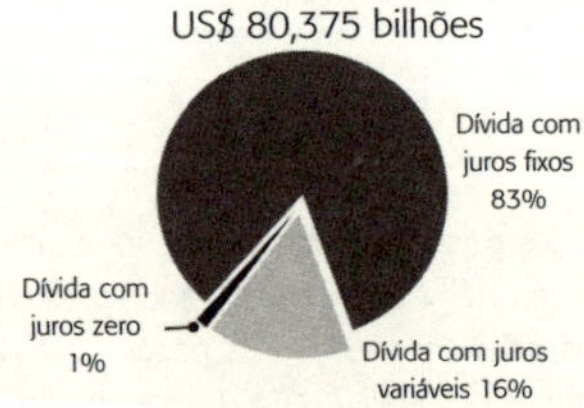

Desagregação por instrumento (Gráfico IV)

Cerca de 61% da dívida é constituída de títulos emitidos a médio e longo prazo, 23% correspondem a organismos internacionais, 9% a organismos oficiais, enquanto que os 7% restantes estão distribuídos entre bancos comerciais, empréstimos garantidos, letras do Tesouro e títulos da dívida.

Gráfico IV – Dívida líquida por instrumento
US$ 80,375 bilhões

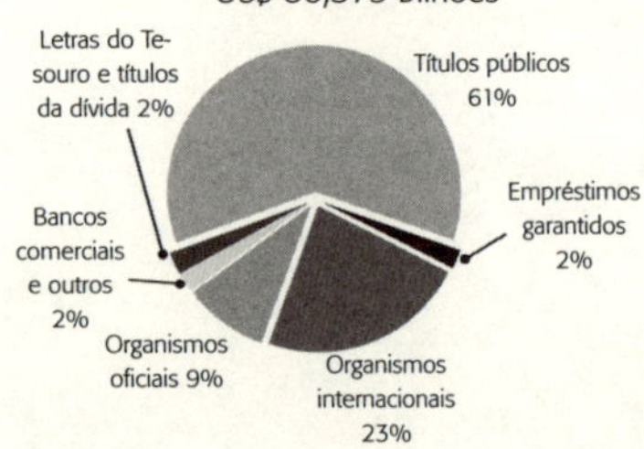

Agência Nacional de Crédito Público
Perfil de vencimentos estáticos[6]

A dívida líquida em situação de pagamento normal em 30/6/2013 tem, para o período entre julho de 2013 e dezembro de 2022, vencimentos anuais médios de capital de US$ 3,845 bilhões. Durante esse período, os vencimentos anuais de capital com o setor privado chegariam a uma média de US$ 2,472 bilhões, representando 64% dos vencimentos médios de capital desse período.

Perfil de vencimentos de capital – jul. 2013 a dez. 2022

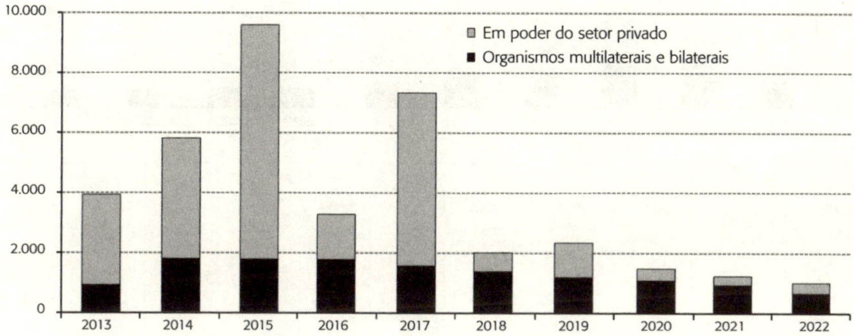

Vencimentos com setor privado	2013	2014	2015	2016	2017	2018	2019	2020	2021	2022
Como % do PIB em 30/6/2013*	0,7%	0,9%	1,7%	0,3%	1,3%	0,1%	0,3%	0,1%	0,1%	0,1%

(*) O PIB é a média dos últimos 4 trimestres, em pesos correntes, e se mantém fixo durante todo o período.

Para o período de julho de 2013 a dezembro de 2022, os pagamentos anuais de juros – excluídos os pagamentos de juros dos valores negociáveis vinculados ao PIB (TVP) – chegariam a um valor de US$ 2,278 bilhões. Os serviços de juros com o setor privado no mesmo período chegariam em média a US$ 1,952 bilhões, representando 86% do total da média de serviços com juros.

Perfil de vencimentos de capital – jul. 2013 a dez. 2022

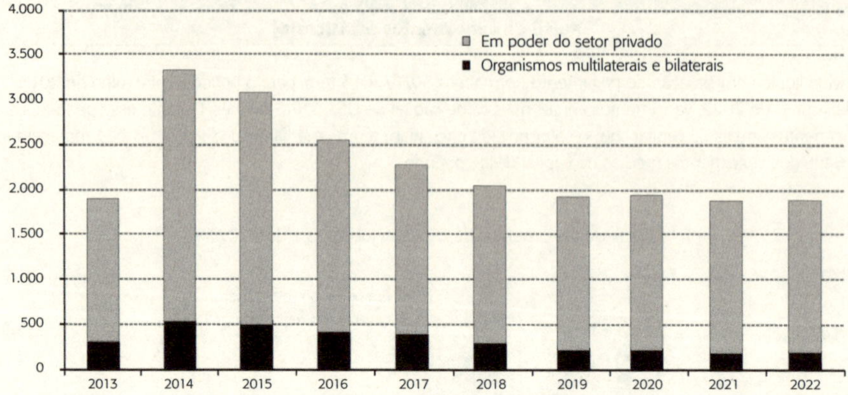

Vencimentos com setor privado	2013	2014	2015	2016	2017	2018	2019	2020	2021	2022
Como % do PIB em 30/6/2013*	0,4%	0,6%	0,6%	0,5%	0,4%	0,4%	0,4%	0,4%	0,4%	0,4%

(*) O PIB é a média dos últimos 4 trimestres, em pesos correntes, e se mantém fixo durante todo o período.

[1] Dívida do setor público nacional não financeiro, nos termos da lei 24.156. Exclui, portanto, a dívida do Banco Central da República Argentina e a dívida das províncias e municípios (não garantida pela nação). Por razões de padronização de cifras, também exclui os títulos elegíveis para a reestruturação (Decretos 1.735/04 e 563/10) que não foram apresentados. Para mais detalhes sobre os ditos títulos ver páginas A.1.2 e A.1.12 do ***link*** Dados da Dívida Pública – II Trimestre.

[2] Para mais detalhes ver páginas A. I. 6 e A. 3. 7 do ***link***: Dados da Dívida Pública – II Trimestre 2013, que se encontra no final desse relatório.

[3] A dívida em situação de pagamento normal exclui aquela não reestruturada (basicamente com o Clube de Paris).

[4] Taxa de juros por depósitos a prazo fixo de 30 a 35 dias para mais de um milhão de pesos.

[5] Taxa interbancária de Londres.

[6] O perfil de vencimentos estático inclui as obrigações projetadas de acordo com os compromissos firmados em 30/6/2013, com o tipo de câmbio, CER e taxas de juros vigentes nessa data. Para mais detalhes, ver folhas A. I. 6 e A. 3. 7 do ***link***: Dados da dívida pública – II trimestre 2013, que se encontra no final desse relatório.

Agência Nacional de Crédito Público
Links para informações sobre dívida pública

- Dados de dívida pública no segundo trimestre de 2013:
<www.mecon.gov.ar/finanzas/sfinan/documentos/deuda_publica_30-06-2013.xls>

- Base de dados de dívida pública no segundo trimestre de 2013:
<www.mecon.gov.ar/finanzas/sfinan/documentos/basesigade_2013-06-30.zip>

- Dados de dívida pública no primeiro trimestre de 2013:
<www.mecon.gov.ar/finanzas/sfinan/documentos/deuda_publica_31-03-2013.xls>

- Base de dados de dívida pública no primeiro trimestre de 2013:
<www.mecon.gov.ar/finanzas/sfinan/documentos/basesigade_2013-03-31.zip>

A dívida pública nacional é o conjunto de créditos que estão em nome do Tesouro, embora ela não seja inteiramente do Tesouro em si (existem, por exemplo, empréstimos de órgãos para as províncias etc., mas ele é sempre o responsável final). O primeiro salto da dívida entre as várias áreas do setor público aconteceu entre 2008 e 2009, com a estatização das AFJP. Naquela ocasião, a Anses se beneficiou com uma parcela em dobro: passou a administrar uma carteira de títulos públicos avaliada em 40 bilhões de pesos (na realidade, ativos de 86 bilhões, incluindo ações das empresas com participação em cotas) e recebeu um fluxo de aportes que antes iam para as AFJP, de cerca de 16 bilhões de pesos, o que aumentou seu superávit. Como o Tesouro entrou em déficit naquele ano (as retenções de impostos sobre os produtos agrícolas caíram 11% por causa da seca e dos preços) e o acesso aos investimentos internacionais era nulo, pediu à Anses o superávit emprestado e cobriu suas necessidades em dólares com fundos do Banco Central da República Argentina (BCRA) através de adiantamentos temporários. Mas o caixa da Anses não é infinito, e em 2010 decidiu aprofundar o financiamento com as reservas do Banco Central.

O ativo do BCRA é o respaldo da moeda; se o BCRA tem cada vez mais papéis e menos dólares em seu ativo, a capacidade de defender os pesos que carregamos em nossas carteiras será menor.

A chamada dívida entre as várias áreas do setor público, que acontece basicamente com o Banco Central e a Anses, é inusitadamente elevada e – a menos que se pense que nunca será paga – apresenta vantagens e desvantagens. Em 2012, US$ 6 de cada US$ 10 da dívida pública estavam nas mãos do próprio setor público. Essa proporção cresceu astronomicamente na década K: em 2002, para cada US$ 100 havia menos de US$ 5 em mãos do setor público.

Alguns economistas consideram "boa" essa dívida, caracterizando-a como "uma dívida não relevante" na hora de medir a sustentabilidade da dívida ou as verdadeiras necessidades de financiamento. Ninguém poderia supor que o Tesouro iria para os mercados com qualquer taxa (como nos anos 1990) ou restringiria as importações (como nos últimos anos) para juntar dólares a fim de cumprir um vencimento com a Anses ou com o BCRA. O *roll over* é automático.

Mas também se deve observar que para o BCRA, dispor de dólares em caixa não é a mesma coisa do que ter um título público que, certamente, será renegociado. E, para o Fundo Anticíclico da Anses, não é a mesma coisa ter fundos ou investimentos do que títulos que, ao vencer, devem ser trocados por outros novos.

Capítulo X

O copyright da verdade

Para o escritor e editor Alejandro Katz, autor de *El simulacro* ("O simulacro") (2013), a divisão no governo Kirchner "começou no primeiro dia, no discurso de posse diante do Parlamento". A reivindicação do "populismo" e a consequente reinstalação do termo "inimigo" sobre "adversário" correspondem a um filósofo neomarxista que teve o privilégio de observar, de Londres, o peronismo evoluir nos últimos 30 anos: Ernesto Laclau. Para Beatriz Sarlo, nem sequer é preciso lê-lo: "Pode circular tranquilamente em sua simplificada versão midiática".

Laclau considera que, se um sistema político atravessa uma crise que afeta as velhas formas e estruturas, se aparece disperso ou desmembrado como a Argentina no início deste século, somente o populismo é capaz de construir novamente uma unidade, articulando as diferentes demandas que irrompem por todos os cantos e tornando-as equivalentes, ou seja, aptas para se juntar em um mesmo campo. Por isso, o populismo não tem um conteúdo definido de antemão; depende das reivindicações que forem articuladas nessa nova unidade. [...] A intervenção política ordena demandas e define conflitos.

"Para Laclau, a forma política apropriada (pelo menos para a América Latina, mas não apenas para a América Latina) é o populismo, que pode ser de esquerda ou de direita, mas Deus quis que, neste momento do continente, com Chávez na liderança, fosse de esquerda", escreve Sarlo.

O padrão "América Latina" para uma discussão de filosofia política recorda vagamente as teorias dos climas de Montesquieu e Bodino, embora três séculos mais tarde; que os latino-americanos "necessitem" do populismo, ao contrário do resto do mundo, é bastante similar a dizer que o clima influi diretamente na estrutura social, com a conseguinte "superioridade política" dos estados com clima frio em relação aos estados meridionais.

Para Sarlo, os argumentos para a persistência no poder esgrimidos por Laclau no caso dos líderes populistas "são, em geral, os mesmos argumentos pelos quais uma ditadura poderia permanecer". Laclau diz: "Sou partidário hoje, na América Latina, de uma reeleição presidencial indefinida. Não de que um presidente seja reeleito a vida inteira, mas que possa postular-se. Por exemplo, no atual período histórico, sem Chávez o processo de reforma da Venezuela seria impossível; se ele for embora hoje, terá início um período de restauração do velho sistema através do Parlamento e de outras instituições. Sem Evo Morales, a mudança na Bolívia é impensável. Na Argentina, não chegamos à situação em que Kirchner seja indispensável, mas, se desaparecer o que o kirchnerismo significou como configuração política, muitas possibilidades de mudança desaparecerão".

Neste caso, prossegue Sarlo, dever-se-ia pedir ao governo de Kirchner mais populismo, não menos. Laclau considera o kirchnerismo como um populismo ainda incompleto se comparado com o chavismo. O que significa mais populismo? Que o kirchnerismo aprofunde o corte político que constitui o povo, que aprofunde a divisão da sociedade entre os de baixo e os de cima (estou citando-o) e, caso necessário, que rompa os marcos institucionais que se transformam em barreiras à vitalidade e à dinâmica da decisão política; que defina o conflito, e não se confundam: os adversários são sempre inimigos.

Era inevitável que os que se viram como proprietários do *copyright* da verdade transformassem o Relato em uma questão de fé. Isso se estendeu ao jornalismo – sobre o qual falaremos com mais detalhes adiante – e fez os fatos desaparecerem; já não importa o que está sendo informado, e sim quem informa. A opinião alheia – a do "inimigo", para citar Laclau-Sarlo – não complementa, mas sim serve para confundir. Você está, agora, lendo palavras sobre uma folha. Seria impossível discutir se essa folha é uma vaca, em vez de ser o que é. Se assim fosse, os que veem nela uma vaca apenas somariam estatística; garantem uma pluralidade de forma que não afeta o conteúdo: a folha não é nenhuma vaca. Tudo passa a ser uma questão de fé.

A ideia do kirchnerismo como dogma de fé foi abordada por Katz em um artigo publicado no *La Nación* em 4 de setembro de 2012:

"Tênue sombra primeiro, listra mais tarde, fenda, sulco, cova, vala. O que não era mais do que uma linha divisória se transformou, nos últimos anos, em uma fronteira cada vez mais sem salvação. Os pronomes se converteram em adjetivos: "nós" e "eles" passaram a designar os "bons" e os "maus", os "decentes" e os "indecentes", os "justos" e os "réprobos", escreveu Katz. A fronteira atravessa laços de família, a memória da amizade, as relações profissionais, as mesas de café, a própria rua. Os anos kirchneristas se transformaram nos anos da separação: eles e nós".

"Temos (ou tínhamos) amigos comuns" – perguntam Gustavo Noriega e Guillermo Raffo ao escritor e roteirista Marcelo Birmajer, em *Progresismo, el octavo pasajero* ("Progressismo, o oitavo passageiro") (Sudamericana, 2013) – "pessoas com quem compartilhávamos a metade de nossas vidas, discutindo política sempre e estando em desacordo quase sempre, sem que isso fosse um problema." Por que agora, de repente, são o inimigo? O que aconteceu? "Eles nos consideram o inimigo, não o contrário."

Agora, cada vez que vou a uma reunião, trato de não falar de política, finjo-me de bobo, falo sobre qualquer coisa, diz o escritor Jorge Fernández Diaz, editor do *La Nación*. Mas quando colocam você do lado do Mal é doloroso. É algo de psicologia profunda, que levei para a terapia... militei perto da esquerda nacional quando tinha 20 anos. Cristina diz que leu Abelardo Ramos; não leu nada, eu li, admirei o velho, o conheci. Como pode ser que esse governo tenha me escolhido para esse lugar? Primeiro, o estupor diante disso: eu sou um inimigo do Estado, sou o

Mal, represento a Antipátria... Você está louco? É como se um pai lhe dissesse: você é um inútil de merda, não serve para nada, está perdido. O que você faz diante de um pai que faz isso? Você se rebela.

A aparição em cena do Relato único e da fé leva à desaparição da política: Hoje não há política, diz Katz. Se o que o kirchnerismo deixa depois de dez anos é Sergio Massa, Daniel Scioli, De La Sota ou De Narváez como o mundo visível da sucessão, então mataram a política.

– Você gostaria que ele fosse presidente? – perguntaram Raffo e Noriega a Julio Bárbaro.

– Sim! Eu era camarada com a amante, irmão. Era camarada com a mina. Fui seu amigo. [...]

– O uso que Néstor fez das Mães e dos direitos humanos foi honesto ou maquiavélico?

– Maquiavélico! Imagina se vai ser honesto!

– Mas ele lhe dizia isso abertamente?

– Nenhum sujeito que chega ao poder fala ou pensa como inocente. Na primeira folha de *Antimemórias*, André Malraux diz: "A autenticidade, quem disse que isso seja uma virtude?" Eles são a geração da mera ambição. Por isso, a reconversão de minha geração em lealdade a eles é sua degradação. Somente degradando-se é que podem comprar uma instância menor de consciência.

– Por isso também precisam dos direitos humanos. E do discurso moralista de esquerda. Porque essa "mera ambição" é o que querem associar ao menemismo.

– Eles não podem explicar que o salário os seduz. O progressismo é um espaço que não obriga a nada e, como não obriga a nada, possui uma massa de aderentes.

– Não obriga a nada e permite muita coisa.

– Você não vai encontrar um progressista pobre. Porque os pobres não são progressistas. Não precisam do verniz. O progressista é o rico com culpas; e o de direita, o rico sem culpa. Há dois tipos de ricos: sem culpa de direita – *eu fiz por onde e os pobres não trabalham* – e o progressista, que é o rico com culpa, e que diz ao psicanalista: "A empregada me dá raiva, me dá pena, coitada". E então? Como a psicanálise serve para a gente cultivar o egoísmo sem culpa, depois de analisado você está se lixando para os outros e dorme tranquilo. O progressismo é uma classe social, é o pertencimento a uma classe social. Não há progressistas pobres, não há fracassados progressistas. O progressismo precisa do sucesso. Um fracassado é um pobre de merda. [...] O sectarismo. Se você estuda os Montoneros, estuda a seita. Por que não se atreviam a romper com a seita. Se você estuda o PC, estuda a seita. [...] O progressismo é o capim da ideologia. Não corresponde a um pensamento próprio nem é gerado a partir de um pensamento, mas de uma imagem social. É como jogar golfe. O que é jogar golfe? É algo que lhe dá status. Ser de direita é malvisto. Porque o fato central é que a direita argentina sempre foi uma merda. Aqui pega mal ser de direita. E ser peronista é complicado.

A década kirchnerista foi a última batalha dos anos 1970 empreendida no século XXI?

Capítulo XI
Edificando o passado

Quinhentos e setenta e três anos antes de Néstor Kirchner, Itzcoatl, o primeiro rei do México, quarto tlatoani[45] dos mexicanos, mandou destruir todos os anais e códices para que a história de seu povo começasse a ser contada a partir de seu reinado. Itzcoatl também realizou uma reforma religiosa mexica e obrigou os seus a adotar uma nova teogonia conforme suas conquistas militares. Assim nasceu a toltequidade. A serpente de obsidiana (esse era o significado de seu nome na língua náhuatle) se apropriou do título mais ilustre de todos: culhuatecuhtli, ou seja, o senhor dos culhuas. Culhuacan era o lugar onde havia se conservado viva a dinastia tolteca. Seu reinado não apenas significa a adoção de um novo passado, mas a de um novo presente: a chamada Tríplice Aliança foi a união dos povos de Tenochtitlán, Texcoco e Tacuba, iniciada no século XIII e que perdurou até a chegada dos espanhóis, em 1519.

A história de Itzcoatl é a primeira registrada em que um rei decide reinventar um passado à sua medida e é mencionada em *Os abusos da memória*, um breve, embora brilhante, trabalho sobre o tema, de Tzvetan Todorov (linguista, filósofo e historiador búlgaro de nacionalidade francesa, prêmio Príncipe de Astúrias 2008). Em 2010, Todorov viajou à Argentina para proferir uma série de conferências sobre a memória que se revelaram incômodas para a gestão K e desataram uma série de

[45] Termo empregado por povos mesoamericanos para designar seu governante. (N.T.)

enfrentamentos silenciados que ainda perduram. "Às vezes, ao contemplar uma paisagem de longe, percebemos coisas que escapam aos habitantes do lugar: é o privilégio efêmero do visitante estrangeiro", escreveu Todorov em um artigo publicado na ocasião pelo jornal espanhol *El País*.

Todorov faz parte de uma trilogia que ele talvez desconheça: foram estrangeiros os que, com maior certeza e originalidade, ajudaram a descobrir a alma argentina: o romancista polonês Witold Gombrowicz, autor, entre outros, de *Diario argentino* e *Ferdydurke*, exilado entre Buenos Aires e Tandil durante mais de vinte anos, e José Ortega y Gasset, filósofo espanhol, expoente do perspectivismo, que visitou nosso país em três oportunidades. O olhar poético e descarnado da alma argentina nos bares do Norte ensaiado por Gombrowicz e as observações de Ortega sobre o argentino como promessa constante ("Quase ninguém está onde está, e sim na frente de si mesmo, e dali governa e executa sua vida daqui, a real, presente e efetiva. A forma de existência do argentino é o futurismo concreto de cada qual"; o argentino "não tem mais vocação de ser o que já imagina ser, e por isso vive entregue não a uma realidade, mas a uma imagem") podem se associar à terrível lucidez de Todorov na hora de observar nossas interpretações do passado.

Todorov visitou a Esma[46].

"Por volta de 5 mil pessoas passaram por esse lugar" – escreveu. "Não se sabe com precisão o número total de vítimas, mas se estima que tenham sido umas 30 mil." No artigo em questão, o filósofo fala das torturas e do sequestro de crianças, e logo se detém no Catálogo Institucional do Parque da Memória, que afirma: "Indubitavelmente, hoje a Argentina é um país exemplar na relação com a busca da Memória, a Verdade e a Justiça". Todorov acrescenta: "Apesar da emoção vivida diante dos rastros da violência passada, não consigo endossar essa afirmação. Em nenhum dos lugares que visitei vi o menor sinal que remetesse ao contexto no qual, em 1976, foi instaurada a ditadura, nem ao que a

[46] Escola de Mecânica da Marinha, usada como centro de tortura na última ditadura argentina. (N.T.)

precedeu e a sucedeu. Como todos sabemos, o período 1973-1976 foi o das tensões extremas que levaram o país à beira da guerra civil. Os Montoneros e outros grupos de extrema-esquerda organizavam assassinatos de personalidades políticas e militares, que às vezes incluíam todas as suas famílias, faziam reféns para obter resgate, explodiam edifícios públicos e roubavam bancos. Após a instauração da ditadura, obedecendo aos seus dirigentes, muitas vezes refugiados no exterior, esses mesmos grupos passaram à clandestinidade e continuaram a luta armada [...]. Como ela foi vencida e eliminada, não é possível estimar as consequências que sua vitória teria. Mas, a título de comparação, podemos recordar que, mais ou menos no mesmo momento (entre 1975 e 1979), uma guerrilha de extrema-esquerda assumiu o poder no Camboja. O genocídio que desencadeou provocou a morte de cerca de um milhão e meio de pessoas, 25% da população do país. As vítimas da repressão do terrorismo de Estado na Argentina, demasiadamente numerosas, representam 0,01% da população. É óbvio que não podemos comparar as vítimas reais com as potenciais. Tampouco estou sugerindo que a violência da guerrilha seja equiparável à da ditadura. No entanto, não deixa de ser certo que um terrorismo revolucionário precedeu e conviveu com um terrorismo de Estado e que não se pode compreender um sem o outro. Em sua introdução, o Catálogo do Parque da Memória, define assim a ambição desse lugar: "Somente desta maneira é possível realmente entender a tragédia de homens e mulheres e o papel que cada um teve na História". Mas não se pode compreender o destino dessas pessoas sem saber por qual ideal combatiam nem de que meios se serviam. O visitante ignora tudo relativo à sua vida anterior à detenção: foram reduzidas ao papel de vítimas meramente passivas que nunca tiveram vontade própria nem levaram a cabo nenhum ato. É-nos oferecida a possibilidade de compará-las, não de compreendê-las. Mas sua tragédia vai além da derrota e da morte: lutavam em nome de uma ideologia que, se tivesse sido vitoriosa, provavelmente teria provocado tantas vítimas, ou mais, quanto seus inimigos. Em todo caso, eram em sua maioria combatentes que sabiam que assumiam certos riscos. A maneira de apresentar o passado nesses lugares seguramente ilustra a memória de um dos atores do drama, o grupo dos reprimidos; mas não se pode dizer que defenda eficazmente a Verdade, já que omite partes inteiras da História. [...] Uma sociedade precisa conhecer a História. Como poderia ser coroado pelo êxito o chamado ao Nunca Mais? Quando alguém atribui todos os erros aos outros e se julga irrepreensível, está preparando o retorno da violência. Compreender o inimigo quer dizer também em que aspecto nos parecemos com ele. Não se pode esquecer de que a imensa maioria dos crimes coletivos foi cometida em nome do bem, da justiça e da felicidade para todos. As causas nobres não desculpam os atos ignóbeis.

Todorov recorda que, um século depois de Itzcoatl, o rei que reinventou o passado dos mexicas, os conquistadores espanhóis "se dedicaram, ao mesmo tempo, a retirar e queimar todos os vestígios que testemunhassem a antiga grandeza dos vencidos. Entretanto, por não ser totalitários, tais regimes somente eram hostis aos sedimentos oficiais da memória, permitindo essa sobrevivência sob outras formas, por exemplo, relatos orais ou poesia. Após compreender que a conquista das terras passava pela conquista da informação e da comunicação, as tiranias do século XX sistematizaram sua apropriação da memória e aspiraram a controlá-la até em seus rincões mais recônditos".

"Toda a história do Reich milenar pode ser relida como uma guerra contra a memória", escreve com razão Primo Levi, "mas poderíamos dizer o mesmo da União Soviética ou da China comunista. Os cadáveres dos campos de concentração são exumados para que sejam queimados e suas cinzas espalhadas; as fotografias, que supostamente revelam a verdade, são habilmente manipuladas para evitar lembranças incômodas [...]. Conta-se que nas ilhas Solovetsky matavam a tiros as gaivotas para que não pudessem levar consigo as mensagens aos prisioneiros. A necessária ocultação de atos que, no entanto, são considerados essenciais leva a posições paradoxais como a resumida na célebre frase de Himmler a propósito da "solução final": "É uma página gloriosa de nossa história que nunca foi escrita e jamais será". [Informar sobre os campos] é a melhor maneira de combatê-los [...], sem dúvida essa foi a razão pela qual os condenados a trabalhos forçados na Sibéria cortavam o dedo e o atavam a um dos troncos de árvore que flutuavam pelo leito do rio; melhor que uma garrafa jogada ao mar, o dedo indicava a quem o encontrasse que classe de lenhador havia talhado a árvore".

Em seu ensaio, Todorov distingue entre a recuperação do passado e sua utilização: "A recuperação do passado é indispensável" – escreve –, "o que não significa que o passado deva reger o presente, mas, ao contrário, que este fará do passado o uso que preferir." "Existe um modo para distinguir de antemão os bons e os maus usos do passado?", ele se pergunta, e conta o caso do "indivíduo que não consegue completar o chamado período de luto, que não consegue assumir a realidade de sua perda desligando-se do doloroso impacto emocional que sofreu, que continua vivendo seu passado em lugar de integrá-lo no presente e que está dominado pela lembrança sem poder controlá-la (e é, com diferentes graus, o caso de todos aqueles que viveram nos campos da morte), é um indivíduo que evidentemente precisa de compaixão e ajuda: involuntariamente, condena a si mesmo à angustia sem remédio, quando não à loucura".

Os "bons" ou "maus" usos do passado estão associados a um estereótipo: o da superioridade moral da vítima. A partir da forma como caracterizemos o ocorrido nos anos 1970 e durante a ditadura posterior, será criada uma "casta" na posição de credora da sociedade ou uma sociedade completa baseada na aplicação da justiça. Por pertencimento e oportunismo, o governo explorou o mito da "juventude maravilhosa" dos anos 1970, por sua vez enraizado em outro mito da época: o do "homem novo", uma ideia bíblica e de tradição católica, que finalmente passou à esquerda revolucionária.

Em 12 de outubro de 2013, viralizou nas redes um vídeo em que o legislador e candidato K Juan Cabandié repreendia uma agente de trânsito em Lomas de Zamora e pedia a um sujeito a quem chamava de "Martín" que lhe aplicasse um corretivo. (Martín Insaurralde, prefeito de Lomas, era o candidato K na província de Buenos Aires.) Mas o caso que custou ao governo federal parte da vitória na eleição da capital não era apenas um exemplo de vida cotidiana de abuso de poder. Em sua diatribe contra a agente Belén Mosquera, Cabandié esgrimiu sua qualidade de "filho de desaparecidos" em um contexto que colocava as vítimas da ditadura acima do restante dos cidadãos.

– Qual é a normativa para me dizer que vai sequestrar meu carro? – diz Cabandié em imagens registradas pela "câmara escondida".

– Essa é uma infração. Você não tem o seguro. Sabe que o seguro é regulamentar – responde a agente.

– Isso é uma contravenção, querida. Isso não lhe permite sequestrar um carro. Você está se achando "a esperta", do mesmo jeito que este senhor está se achando. Assim não dá para tratar as pessoas. Eu em nenhum momento joguei na sua cara que sou deputado. Tive que dizer porque ele perguntou.

– Você me desrespeitou. Desrespeitou, o que é diferente. Aliás, acho que é ainda pior: um deputado faltando ao respeito e tratado as pessoas como idiotas.

– Isso era uma conversa privada. Minha. Se você escutou, problema seu. [...] Sou mais esperto que você.

– Pode assinar a multa?

– Eu aturei a ditadura.

– Está bem, parabéns.

– Porque eu sou filho de desaparecidos, porque tenho culhão, porque estou onde tenho que estar, aturando os filhos da puta que querem arruinar este país.

– Quer assinar a multa ou não quer assinar? Estou trabalhando e em nenhum momento lhe faltei ao respeito. [...]

– Seja preciso com isso, passe a informação ao Martín, mas não para que a mandem embora, para que lhe apliquem um corretivo... porque é uma menina meio inconveniente, entende? – Diz Cabandié na última parte do vídeo, falando ao telefone com quem supostamente seria vinculado ao candidato Insaurralde.

"Em algum lugar de sua mente você supõe que eu e você somos diferentes dos outros mortais em nosso país, que somos uma raça superior ou que nossa história nos dá direito de ter impunidade. Eu entendo, você é um dos que acreditaram no maldito relato, esse relato mentiroso que diz que este governo representa a continuidade dos ideais de nossos pais", escreveu a Cabandié Matías Reggiardo Tolosa, filho de desaparecidos, após o incidente.

Laura Di Marco, autora de *La Cámpora* ("A Cámpora"), afirma que "ser filho de desaparecidos na Cámpora é pertencer a uma linhagem especial. O capítulo de [Juan] Cabandié em *La Cámpora* se chama 'Sangue azul'. É ser de sangue azul. Significa estar em um lugar particular pela história que viveram. Eu acho, como diz Matías na carta, que em algum lugar de sua mente ele acredita que é diferente porque os Kirchner o fizeram acreditar nisso. Sem acumular os méritos suficientes, [os integrantes da Cámpora] alcançaram cargos para os quais não estavam preparados".

Dos Kirchner, copiaram a arrogância – prossegue Di Marco –, a prepotência, isso de querer impor uma doutrina a qualquer preço, de se sentir acima das pessoas. Quando Cabandié falava com Belén Mosquera, a sensação que eu tinha era: "Você está aí e eu aqui, porque me corresponde estar aqui pela tragédia que vivi e que me faz ter direitos".

"Cabandié fala da ditadura com uma superioridade moral, e me parece que já existem muitos rapazes da minha idade que têm de buscar outro trabalho, mais do que seguir vivendo do ódio de ontem, porque mais de um dos que vivem do ódio de ontem, inclusive, não sabemos onde estavam ontem", opina o peronista histórico Julio Bárbaro.

"O que poderia parecer agradável no fato de ser vítima?", indaga Todorov no já citado *Los abusos de la memoria*.

Nada, na verdade. Mas se ninguém quer ser uma vítima, todos, por sua vez, querem ter sido, sem sê-lo mais; aspiram ao *estatuto* de vítima. A vida privada conhece bem esse roteiro: um membro da família assume o papel de vítima porque, como consequência, pode atribuir aos que o rodeiam o papel muito menos invejável de culpados. [...] Algo certo no caso dos indivíduos, e mais ainda no caso dos grupos. Quando se consegue estabelecer, de maneira convincente, que um grupo foi vítima da injustiça no passado, isso lhe abre no presente uma linha de crédito inesgotável.

"O que são seis milhões de judeus mortos, ainda por cima fora da América!", parece perguntar-se Louis Farrakhan, líder da nação do Islã quando exclama: "O holocausto da população negra foi cem vezes pior que o holocausto dos judeus". "Cada grupo se considera a vítima principal."

Vivi essa contradição, com Jesica Bossi e Luciana Geuna, nas páginas do falido jornal *Crítica*: trabalhamos durante meses numa série de denúncias sobre os planos de moradias das Mães e de Schoklender, até que finalmente ficou decidido não publicá-las para evitar suscetibilidades. Um ano e meio depois, o escândalo veio à tona do mesmo jeito. A mesma lógica tinha levado os bancos a não notificar o Banco Central sobre os cheques sem fundo das Mães. E fez com que todas as testemunhas da vida airosa de Schoklender olhassem para o outro lado. Ainda hoje, as Mães continuam sem realizar a menor autocrítica sobre sua gestão à frente das moradias sociais de Sueños Compartidos[47]: Bonafini, nesse sentido, encarna como ninguém a ideia de linhagem enunciada por Di Marco: age sentindo-se dona da democracia. Quem se atreveria a julgar San Martín?

Em uma entrevista na TV em 1967, perguntaram a Jean Paul Sartre por que usava o pronome "*nous*" quando descrevia o colaboracionismo francês com a ocupação nazista e a deportação dos judeus franceses aos campos de concentração do Leste Europeu. Sartre explicou que esse era um recurso retórico destinado a fomentar a autocrítica e o arrependimento. Mas o "*nous*" tinha para Sartre um significado mais profundo: "Porque essas foram ações criminosas dos franceses. E eu, assim como você, senhor jornalista, somos franceses".

---

[47] A Misión Sueños Compartidos é um projeto de construção de moradias populares, organizado pelas Mães da Praça de Maio, com verbas do Estado. (N.E.)

Capítulo XII

A última batalha dos anos 1970

Há muitos anos, alguém me contou esta história: que a primeira guerrilha argentina havia se instalado em Salta, no meio da selva, nunca entrou em combate e teve, no entanto, dois mortos: o próprio grupo fuzilou-os porque tentaram desertar. Convivi com essa história em minha cabeça durante mais de vinte anos, até que finalmente viajei a Salta, consegui os autos do processo, entrevistei algumas testemunhas que ainda viviam e escrevi *Muertos de amor* ("Mortos de amor"), um romance breve que relata os fatos.

O grupo se chamava Exército Revolucionário do Povo e buscou, entre 1963 e 1964, reproduzir no norte de Salta a guerrilha rural de Che e Fidel em Cuba. Estava sob o comando de um jornalista, fundador em Havana de Prensa Latina, Jorge Ricardo Masetti, nomeado "Comandante Segundo" pelo próprio Che. Paralelamente ao lançamento do livro pela Alfaguara, eu tramitava um visto de jornalista para visitar Cuba e filmar um documentário; já tinha estado em Havana cinco ou seis vezes (em um congresso sobre Juventude e Dívida Externa, como jurado do Festival de Cinema e do prêmio de jornalismo Prensa Latina, entre outras), mas desta vez, com *Muertos de amor* nas ruas, o governo cubano negou minha entrada no país.

Aquelas imagens haviam me perseguido até se transformar em livro: um pequeno grupo no meio da selva, muitos deles universitários que só tinham ido a um acampamento do colégio, uma espécie de "Esperando

Godot" subtropical, esperando uma revolução que demorava a chegar, matando-se entre si. Adolfo Rotblat e Bernardo Groswald foram os fuzilados por seus companheiros: Rotblat simplesmente sucumbiu ao esforço físico e decidiram matá-lo, e Groswald enlouqueceu, tendo por isso o mesmo destino. Quarenta anos depois, os fuzilamentos – que circulavam entre os militares com a insistência de uma lenda urbana – vieram à tona em um trabalho do filósofo cordobês Oscar del Barco, que questionava as mortes e alguns pontos obscuros da violência política. A polêmica em torno dos mortos do ERP se transformou em um dilema teórico: tinham sido assassinados pela antropologia; o enfoque mostrava como, até mesmo nos menores detalhes, pesa sobre a esquerda a suposta superioridade moral à qual nos referimos no capítulo anterior.

Por que trazer agora, aqui, aquela discussão? Insistir nos lugares-comuns do passado pode servir para evitar tocar nos verdadeiros problemas do presente. No caso dos direitos humanos e das vítimas, o assunto é claro:

"Preocupar-se dessa maneira com o passado – escreve Todorov – permite que nos desentendamos do presente... outorgando-nos, além do mais, os benefícios da boa consciência. Recordar agora com minuciosidade os sofrimentos passados talvez nos torne vigilantes a respeito de Hitler ou Pétain, mas nos permite ignorar as ameaças atuais – já que estas não contam com os mesmos atores nem assumem as mesmas formas. Denunciar as debilidades de um homem sob Vichy me faz aparecer como um bravo combatente pela memória e pela justiça, sem me expor a perigo algum nem me obrigar a assumir minhas eventuais responsabilidades diante das misérias atuais. Lembrar as vítimas do passado é gratificante, mas é incômodo preocupar-se com as de hoje em dia. Ante a ausência de uma ação real contra o fascismo atual, seja ele real ou fantasmagórico, o ataque se dirige resolutamente contra o fascismo de ontem".

Um dos trabalhos mais extensos e louváveis sobre os anos 1970 foram os três volumes de *La voluntad* ("A vontade"), de Martín Caparrós, com a colaboração de Eduardo Anguita.

Nesse livro, fizemos um esforço muito grande para não adjetivar – recorda Caparrós diante de Raffo e Noriega – e para não adjetivar inclusive com palavras que não podem chegar a se pensar como adjetivos [...]. O exemplo que eu costumava dar é o de quando um guerrilheiro matava um policial. Podíamos colocar "justiçou", "assassinou" ou "matou". Colocávamos "matou", que não era nem "assassinou" nem "justiçou", nem a reivindicação nem a condenação [...]. Escrevi muitos artigos sobre isso, um dos quais, lamentavelmente, é citado com bastante frequência pelos militares. Foi quando julgaram Menéndez há quatro anos, e ele dizia que tinha sido uma guerra contra a subversão. E eu disse que sim, que estávamos em guerra, que havia um setor que queria uma sociedade radicalmente distinta do que éramos e que estava em guerra com outro setor que tendia ao capitalismo de mercado tal como é. E que se agora existe um sistema capitalista de mercado, é porque ganhou o setor que o defendia – os militares e afins – e perdeu o setor que o atacava. E que, efetivamente, era um enfrentamento por um modelo de sociedade. Não eram malvados torturadores esmagando crianças inocentes: era um enfrentamento entre dois setores que lutavam por dois modelos distintos de sociedade.

– O que me parece um problema é a recuperação dessa mitologia e dessa liturgia da luta armada por parte do kirchnerismo.

– Sim, creio que o kirchnerismo a esteja utilizando. Para compensar uma política de centro, centro-direita com a roupagem da centro-esquerda mais à mão.

Roupagens que, como se referem a coisas que aconteceram há 35 anos, não têm risco de produzir fatos na atualidade... É uma página progressista barata essa de se remeter àquelas supostas velhas glórias. Barata na medida em que não implica nenhuma luta no presente: estavam combatendo valentemente um exército que já havia sido destruído por Menem. Então eles tiraram o quadro da parede e fizeram com que as Avós estivessem por aí, as Mães por aqui, mas não era uma briga arriscada na arena política, creio que era a forma mais barata de comprar para si um título de "progressivo".

Somos pequenos demais frente à História a ponto de escrevê-la em nosso tempo; os anos 1970 ainda não foram escritos, e ainda existe ambição demais, mediocridade demais, dor demais. Como pedir aos que hoje se preparam para enfrentar sua própria morte que enfrentem, também, o seu passado? O estereótipo ainda persiste: um grupo de meninos de cabelo cacheado e com cara de anjo que lutavam por um futuro melhor, em democracia. E no transcurso dessa luta, os fins justificando os meios.

Posto diante do espelho, em *Memórias de fuga: una catarsis del pasado para sanar el presente* ("Memórias de fuga: uma catarse do passado para curar o presente"), editado pela Sudamericana, Hector Ricardo Leis relata esses anos a partir de seu exílio no Brasil em 1977:

Não me sentia uma vítima, e sim um sobrevivente. Uma coisa não é igual à outra, mas o consenso entre os exilados tendia a ver o passado em uma perspectiva maniqueísta de vítima ou algoz. Apesar de ter sido encarcerado, sequestrado e obrigado a fugir do país, ainda assim não me via como vítima, tampouco como algoz. Eu tinha sido parte dos acontecimentos, não era inocente nem culpado. Soube que podia morrer e tentei evitar que o fosse gratuitamente. Vítimas são os que sofrem ou morrem por causas alheias à sua vontade, sem condições físicas ou mentais para evitar essa circunstância [...]. Em outras palavras, qualquer um pode ser vítima, mas é difícil ser sobrevivente [...]. Quando sobrevive, alguém preparado para enfrentar o sofrimento e a morte é um sobrevivente. Se essa pessoa é honesta consigo mesma, poderá entender os acontecimentos que viveu. Ao contrário, alguém não preparado está obrigado a ser uma vítima: mesmo sobrevivendo, não conseguirá olhar para o futuro, ficará congelado no passado.

Fomos almas belas, escreve Leis. Nossa força era moral e intelectual, nosso idealismo era perfeito tanto teórica como eticamente. Embarcar cegamente na luta armada consumirá totalmente esse capital social. Se Fidel Castro e seus companheiros não tivessem triunfado, a história teria sido outra. A Revolução Cubana colocou à prova a conversão marxista dos anos 1960 daqueles jovens que começaram a viver existencialmente a revolução armada sem possuir os recursos teóricos e a experiência suficientes para avaliá-la de maneira correta. Os partidos comunistas da região tinham líderes burocráticos e pró-soviéticos que mal poderiam entender a ânsia revolucionária dos jovens militantes, defendiam a coexistência com o bloco capitalista e a transição pacífica ao socialismo, argumentos aceitáveis para as gerações anteriores mas não para a nossa, que estava ansiosa por participar da festa da luta armada pelo socialismo. Na América Latina, ressurge ciclicamente a "Síndrome do Novo Mundo", que faz uma geração sentir que está chegando tarde à história. Foi essa ansiedade que brotou com força depois de Cuba: não era preciso esperar a revolução, ela dependia da vontade dos militantes.

Foi uma bela conversão, em nome das ideias e dos sentimentos, sem interesses pessoais. Nossa segunda conversão ao peronismo não seria tão bela; nosso altruísmo via-se dividido pelo voluntarismo: queríamos tomar o poder a qualquer preço. [...] Era preciso fazer algumas cirurgias oportunistas no marxismo, é verdade. O objetivo as exigia com urgência. Nossa amplitude subjetiva começou a se empobrecer à medida que aumentava nossa certeza na revolução, que supostamente resolveria todos os problemas, desde os proletários até os feministas.

Leis cita em seu livro palavras de John William Cooke posteriores ao golpe de Onganía em 1996, deixando clara a posição dos grupos armados em relação à democracia.

"Aspiramos a suplantar a democracia liberal burguesa com a democracia socialista, o país colonizado com o país livre" – diz Cooke. Não acompanharemos ninguém que acredite que o lema seja lutar por um retorno à 'democracia', seja ela a espúria e formal que existia ou uma hipotética 'democracia pura', que inclusive é uma quimera irrealizável. Haverá violência reacionária até que possa ser derrotada pela violência revolucionária. Qualquer outra proposta é uma enganação, uma ilusão liberal restaurada às pressas pelo reacionário reformista".

"Exercemos a violência em um contexto de sua naturalização" – escreve Leis. "Embora milhares de nós tenham pegado em armas e cometido todo tipo de delito durante o período democrático de 1973-1976, a maioria ainda acredita que não fez nada de errado. A memória existente hoje na Argentina sobre os anos 1970 é evidentemente falsa e instrumental, mas não foi construída apenas com os esforços do kirchnerismo, das Mães e das Avós. A maioria dos sobreviventes da guerrilha se mimetiza com essa memória, sente-se mais vítima que culpado, confundiu a violência aventureira com a violência altruísta, e depois altruísmo com inocência. Ainda assim, essa ilusão teria sido detectada há tempos se não fosse o martírio dos desaparecidos. A violência que veio do outro lado apagou os vestígios da anterior e transformou os aventureiros em vítimas inocentes."

"Obedecíamos ordens cegas sem pensar muito nas consequências. Essa atitude era o ovo da serpente do que poderíamos ter sido caso houvéssemos triunfado. Não creio que teríamos chegado à tortura, não fazia parte de nossa cultura geracional, mas do nosso lado existia uma potencialidade infinita para o niilismo e para matar. Nossa Cuba teria sido pior, sem dúvida: não tínhamos o menor projeto de sociedade futura, queríamos o poder e estávamos cegos para qualquer coisa."

"Finalmente, o triunfo dos Kirchner e sua reivindicação política dos anos 1970 fizeram o resto" – conclui Leis –, "seu delírio atual raciocina assim: os militares estão presos, alguns de meus companheiros estão no governo e a memória oficial diz que fomos heróis, então não há dúvida de que ganhamos. Não ganhamos como gostaríamos, mas ganhamos."

Capítulo XIII

Não vou de trem, vou de avião

"O menemismo fez do mau gosto sua marca registrada", disse em uma entrevista Sylvina Walger, autora do livro que definiu aqueles anos com uma única frase: *Pizza com champanhe*.

Conta o mito que, após uma reunião de gabinete que se estendeu até tarde, Menem mandou comprar pizza para que seus assistentes comessem. O champanhe, obviamente, era a bebida obrigatória. Durante o governo de De la Rúa, apareceram os "garotos sushi", liderados por Antoñito, e há quem tenha tentado chamar a década atual de "esquerda caviar". No entanto, outro elemento distinguiu estes anos: os aviões.

"Nunca vi tanto avião particular na minha vida", disse um dos trabalhadores do aeroporto Astor Piazzolla de Camet, em Mar del Plata, na tarde em que Cristina, ao lado de governadores, ministros e empresários, chegou à cidade para receber a falida fragata *Libertad* depois de sua interdição em Gana. O avião particular é uma amostra sexy de poder à qual poucos políticos resistem: tem autonomia, privacidade, evita a multidão dos aeroportos e está tão, mas tão longe das pessoas que elas nem sequer chegam a imaginar quanto custa. Será que esta é a década dos aviões?

"Eu acabava de escutar atentamente a senhora prefeita enumerar todas as conquistas da cidade. E recordava também de quando vinha de helicóptero, não o de agora, mas de quando o acompanhei pela primeira vez até Rosário como presidenta da nação", contou Cristina em 26 de julho de 2013, durante um ato em Morón. As alusões sobre a perspectiva que se tem da realidade a partir dos ares são uma constante na presidenta Cristina Kirchner. É que são poucas as vezes que a presidenta se locomove por terra.

Nos primeiros dez meses de 2013, Cristina percorreu pelo menos 252.300 quilômetros em aviões, helicópteros e jatinhos particulares. Fez 15 viagens internacionais, 31 ao interior do país e 23 à Grande Buenos Aires. Esses traslados significaram ao menos 535 horas, isto é, um pouco mais que 22 dias completos de 2013 nas nuvens. Desses 22 dias, quase seis ela passou a bordo de um helicóptero cobrindo os 15 quilômetros que separam a residência de Olivos da Casa Rosada. Ida e volta são 28 minutos de viagem. Somente para ir e vir de Olivos, Cristina gastou uns US$ 585.900 nos dez primeiros meses do ano.

Para os voos internacionais e ao interior do país, Cristina escolhe o *Tango 01*, um Boeing 757 que necessita de US$ 3.200 por hora para funcionar. Esse avião com capacidade atual para 30 pessoas é o que o ex-presidente Carlos Menem comprou. O mesmo que Fernando De la Rúa prometeu vender. E o que os Kirchner usam quase diariamente. Mas o *Tango 01* não é o único avião da presidência. Também existem o *Tango 02* e o *03*, dois Fokkers 28 e o *Tango 10*, um Learjet 60 que, antes de acabar nos hangares do empresário kirchnerista Lázaro Báez em San Fernando, era utilizado pela presidenta para levar os jornais a El Calafate. Cristina gostava de lê-los cedo e em papel.

Mas os aviões "suplentes" da presidência não transportam apenas jornais. Também levam funcionários. É que quando Cristina viaja para alguma inauguração, ato ou reunião, uma fila de funcionários a acompanha. E não o fazem pela Aerolíneas Argentinas. Em 7 de maio de 2013, por exemplo, quando Cristina voou a Córdoba no *Tango 01*, foram também o helicóptero Sikorsky Blackhawk H-01 e o Fokker F28 T-02. Em sua visita a Comodoro Rivadavia, em 13 de fevereiro de 2013, a mandatária chegou acompanhada por funcionários que voaram no *Tango 10* e no *Tango 02*.

Os filhos da presidenta também aproveitam a frota presidencial. Em 20 de abril de 2012, Florencia viajou sozinha no *Tango 10* de Buenos

Aires a Río Gallegos. Já tinha viajado assim em 9 de abril de 2010, quando voou de Olivos a Gallegos para chegar a tempo ao aniversário de 15 anos de uma de suas amigas. E quando a frota da presidência não é suficiente, o governo paga à estatizada Aerolíneas Argentinas o aluguel de um avião de 147 lugares para transportar funcionários e empresários. Foi assim, por exemplo, em 21 de agosto de 2013, quando o governo reuniu em Río Gallegos as principais câmaras de empresários no âmbito de uma mesa de diálogo econômico após a derrota nas primárias. Como em outras oportunidades, o encarregado de negociar o preço do aluguel foi o então secretário de Comércio, Guillermo Moreno.

A viagem de Cristina no *Tango 01* a Río Gallegos na noite de 10 de junho de 2012 para buscar Máximo custou US$ 35 mil ao Estado. Em Buenos Aires, Máximo foi internado no Hospital Austral de Pilar com uma "artrite séptica" no joelho direito. Para visitá-lo, Cristina voou de Olivos até Pilar de helicóptero. "Os custos operacionais em helicópteros e em aviação são altos, porque a matéria-prima é alta; são elementos de muito desgaste, de muito esforço. Estou falando de fadiga de material, então é preciso mudar isso permanentemente para garantir uma manutenção boa o suficiente. E acredito, estou convencido de que a manutenção do avião presidencial tem que ser a melhor possível, porque não se pode correr o risco de, levando a presidenta, precisar ficar em qualquer aeroporto do mundo, o que seria um papelão e até inseguro", precisou Jorge Pérez Tamayo. Esses "papelões" aos quais se refere Pérez Tamayo não são uma exceção no kirchnerismo.

Em setembro de 2013, por exemplo, o governo precisou alugar um Learjet 60 matrícula LV CKK. Isso porque o *Tango 01* sofreu uma avaria e Cristina não podia voltar a Río Gallegos. A presidenta voou em 16 de setembro do sul até Buenos Aires. Mas o avião esteve reservado a semana inteira no hangar militar do Aeroparque. Por essa disponibilidade, a presidência teria pagado uns US$ 35 mil. A empresa que o alugou foi a Royal Class, firma que pertencia à família do empresário Alfredo Yabrán, que se suicidou em 1998 depois do assassinato do fotógrafo José Luis Cabezas. A Royal Class foi vendida, nos papéis, ao CEO da companhia,

Miguel Livi. Embora os papéis nunca tenham aparecido, no ambiente aeronáutico asseguraram que quem havia comprado a marca da companhia – porque os aviões continuavam pertencendo aos Yabrán – era, na verdade, Sergio "Potro" Velázquez, o piloto histórico de Néstor e Cristina Kirchner desde os seus tempos em Santa Cruz. A Royal Class também é a dona do avião que trouxe o venezuelano Antonini Wilson em 4 de julho de 2007, com uma maleta contendo US$ 790.550 sem declarar e que tinham chegado para financiar a campanha presidencial de Cristina Kirchner. Mas o avião da Royal Class não foi o primeiro nem o único alugado por Cristina.

Quando viajou a Roma para a posse do papa Francisco, também em 2013, ela precisou deixar o *Tango 01* no Marrocos e chegar à Itália a bordo de outro avião particular, um jet Bombardier BD-700-1A10. O motivo?

Medo de um embargo do *Tango 01* por parte dos "fundos abutres", como antes havia ocorrido com a fragata *Libertad* em Gana. "Serei extremamente sincera; não posso viajar a alguns países da Europa no avião presidencial, que tem imunidade, porque em alguns países com entraves coloniais ainda pode haver algum juiz que disponha um embargo, porque algum credor, abutre, não quis entrar nas duas ofertas de reestruturação da dívida, e assim tenho que viajar em outro avião", admitiu a própria mandatária durante seu discurso na cúpula de presidentes do Mercosul em julho de 2013.

O governo também alugou um avião particular para a primeira viagem com empresários de 2013 pela Ásia. Foi um Global Express 7000, uma aeronave de luxo da empresa Chapman Freeborn pelo qual pagou US$ 880 mil. Com esse aparelho, fez a polêmica escala nas ilhas Seychelles, um paraíso fiscal onde presumia-se que existiam contas vinculadas à família Kirchner e ao dinheiro sujo que saiu do país via Lázaro Báez.

Mas o governo nem sempre tem que pagar para trasladar a mandatária com velocidade e segurança. Quando Cristina viaja ao interior do país, governadores e empresários se apressam em lhe oferecer transporte aéreo. Por exemplo, o governador de Salta, Juan Manuel Urtubey, trasladou seu helicóptero até Tucumán para levar Cristina do aeroporto até um novo hospital da cidade, o Eva Perón, que seria inaugurado pela mandatária. E em Bariloche, o polêmico empresário britânico Joe Lewis, o mesmo que fechou o caminho para chegar a Lago Escondido, colocou sua aeronave à disposição. Outro que se preocupou com os voos de Cristina foi Sergio Uribarri. O governador de Entre Ríos pôs sempre à disposição o helicóptero da polícia provincial, um Bell 429 LQ-CZZ.

Mas as brigas políticas, em algumas ocasiões, tiveram um efeito negativo para Cristina. Em uma de suas tantas visitas a Santa Cruz, ela teve que recorrer ao governador de Chubut, Martín Buzzi, para chegar de helicóptero até Las Heras. O governador de Santa Cruz, Daniel Peralta, distanciado do kirchnerismo, não lhe ofereceu as aeronaves da província. "Martín teve a deferência de nos emprestar o avião da província de Chubut, para poder chegar aqui, a Las Heras. Obrigado, muito obrigado, Martín. Do contrário, teriam sido horas e horas. É uma pena, não? Porque os dois aviões que a província tem foram comprados por Kirchner, mas tudo bem, o governador de Chubut teve que me emprestar para poder chegar, são coisas que acontecem. Enfim...", disse Cristina, com sua ironia habitual, durante um ato em Las Heras, em Santa Cruz.

A paixão dos pinguins por helicópteros e aviões é contagiosa. E marca a época. Até o ex-jardineiro de Cristina Kirchner, Ricardo Fabián Barreiro, transformou-se em um senhor dos ares. É dono de um Robinson 44 Astro matrícula LV-ZHW avaliado em cerca de 200 mil euros. Segundo o registro nacional de aeronaves da Anac, o helicóptero LV-ZHW pertence a Cielo Patagónico Sur S.R.L., sociedade que inscreveu a aeronave em 19 de janeiro de 2012. Cielo Patagônico é sociedade que Barreiro constituiu com Pablo Javier Argiz Vale, piloto de helicóptero, em agosto de 2006. Os dois conhecem de aviões: Argiz é funcionário da Administração Nacional de Aviação Civil (Anac) e Barreiro trabalha na área de Recursos Econômicos Financeiros e Controle de Qualidade do Organismo Regulador do Sistema Nacional de Aeroportos (Orsna). Mas o jardineiro, além disso, administra a concessão em El Calafate da companhia de carga aérea

Jet Paq, que pertence à Aerolíneas Argentinas. Negócio incompatível. É que o aeroporto de El Calafate, onde a Jet Paq opera, é controlado pelo Orsna. O helicóptero de Barreiro opera através de um nome de fantasia, Heli Ice Tours. Pode levar três pessoas e a hora de voo gira em torno de 600 pesos. Mas Barreiro não é o único homem vinculado ao kirchnerismo que soube fazer negócios e crescer no mundo aeronáutico.

O empresário Lázaro Báez, denunciado por lavagem de dinheiro perante o juiz Sebastián Casanello, também é dono de aeronaves. Lázaro possui uma empresa de táxi aéreo, a Top Air, e outra de manutenção, a Aviación Atlántico Sur, uma oficina situada em San Fernando. Nessa oficina, em 2013, o PPT encontrou "em reparação" um dos aviões da frota presidencial, o *Tango 10*. Nos aviões de Lázaro viajaram desde Leonardo Fariña, o homem que levava as maletas de Lázaro Baéz, e Carlos Bulgheroni até a governadora de Tierra del Fuego, Fabiana Ríos, que, apesar de contar com dois aviões da Direção Aeronáutica Provincial, não pôde usá-los por falta de manutenção. Ao contrário de Ríos, que recorreu à "generosidade" de Lázaro para se locomover, outros governadores kirchneristas contam com sua própria frota para chegar a atos oficiais, assistir a um jogo de futebol do clube de seus amores ou simplesmente sair de férias.

O governador de Misiones, Maurice Closs, foi um dos que mais investiram em aviação. No orçamento de sua província para este ano (2014), agregou um gasto extra de 4 milhões de pesos para melhorar o hangar onde guarda seu helicóptero-ambulância. É uma aeronave que Closs utiliza para assuntos pessoais. Depois de um show que Ricardo Arjona fez em Posadas, em 21 de abril de 2013, por exemplo, Closs emprestou ao cantor o helicóptero-ambulância para que visitasse as Cataratas e o Grande Salto do Moconã. Porém, para viagens fora da província, o governador aluga um jato privado pelo qual paga 42 mil pesos ida e volta, segundo consta do *Boletín Oficial* da província de Misiones. Mas o governador se tornou tão adepto dos ares que, em meados de 2013, usou o helicóptero para ir da residência oficial a um ato na avenida costeira, que estava a apenas 40 quarteirões de distância. Foi em Misiones, onde Closs se negou a responder à Comissão de Orçamento da Assembleia

Legislativa provincial sobre qual era o custo de uso e manutenção da aeronave, que María Ovando ficou detida mais de dois anos depois que sua filha Carolina morreu em seus braços por desnutrição e falta de assistência médica.

Em Tucumán, o cenário se repete. A província governada por Jorge Alperovich conta com dois aviões-ambulância de última geração: um Cessna Citation Bravo matrícula LV BEU e um Learjet matrícula LV CKA. Este último custou à província 36,9 milhões de pesos, uns seis milhões a mais do que havia sido autorizado pela Assembleia Legislativa provincial. Entretanto, quando os tucumanos precisam do serviço, o avião não está disponível. Em janeiro de 2011, uma família sofreu um acidente em Chaco e a mulher tinha que ser transferida com urgência para Tucumán, mas Alperovich tinha usado a aeronave para ir a Punta del Este com sua família. Em 1º de outubro de 2012, outro tucumano, Dardo Caciccio, solicitou um voo em helicóptero-ambulância para levar sua filha Morena, de 10 meses, até Buenos Aires para ser atendida. Nenhuma das duas aeronaves estava disponível. Morena viajou no dia seguinte em um avião sem as condições necessárias e morreu em 3 de outubro. O problema de Alperovich com os aviões não se restringe apenas a seu uso arbitrário. Em 2006, o promotor geral federal Gustavo Antonio Gómez iniciou uma investigação para determinar se era certo que o avião Cessa Citation Bravo 550, comprado pela província naquela época, era conduzido por um piloto que não tinha brevê.

Chaco é um capítulo à parte. Os aviões sempre foram uma dor de cabeça para seu ex-governador, e agora chefe de Gabinete, Jorge "Coqui" Capitanich. O governo da província tinha um avião Rockwell 690 matrícula LV-MBY, que foi vendido a Lázaro Báez. O avião, segundo denuncia a oposição, foi comprado pelo empresário kirchnerista por um preço irrisório. A compra de um novo avião veio com outra polêmica. Entre o final de 2010 e o início de 2011, a província de Chaco pagou US$ 4 milhões por um Learjet 60, matrícula LV-CIO, à empresa de transporte aéreo Baires Fly S.A. Esse mesmo avião foi usado por Leonardo Fariña para viajar ao Uruguai em reiteradas oportunidades entre 22 e 27 de janeiro de 2011. Pouco tempo depois disso, Capitanich foi ao Panamá com suas filhas no mesmo avião.

La Rioja também tem uma frota própria. A província governada por Luis Beder Herrera é dona de um Cessna 650 Citation VII matrícula LQ--WTN que pertence à Direção Nacional de Aeronáutica da província de La Rioja, e de um helicóptero Eurocopter fabricado em 2010. Ao contrário do avião, que o governador utiliza para comparecer em reuniões partidárias ou oficiais em Buenos Aires ou no interior do país, o helicóptero é o "brinquedo" do filho do governador e seus amigos. Em fotos que Beder Herrera Júnior postou no Facebook, ele aparece pilotando a aeronave.

Na província de Buenos Aires, a situação não é diferente. Em 2012, em meio à crise com professores e funcionários estatais por atrasos salariais e falta de fundos que ameaçou derrubar seu governo, Daniel Scioli prometeu vender a frota de aeronaves da província para enfrentar essa pressão econômica, mas nada aconteceu. As aeronaves não foram vendidas, e algumas inclusive foram usadas como próprias pelo vice-governador, Gabriel Mariotto. Tal como o *Clarín* publicou em meados de 2013, Mariotto usou o helicóptero BK 117 para ir de Lomas de Zamora, sua cidade natal, a La Plata, onde trabalha. O ex-diretor do Comitê Federal de Radiodifusão (Confer) utilizava a universidade pública de Lomas como se fosse seu heliponto, embora não tenha balizamento nem medidas de segurança. No início de 2013, Mariotto trocou o BK 117 por outro helicóptero da frota presidencial, um Eurocopter BO-105CBS, que em 2009 estava designado para operações de segurança na costa atlântica.

O governo de Jujuy conta com um velho avião-ambulância matrícula LV-LTB e um Cessna Citation que foi comprado do banqueiro Jorge Britto, vinculado o kirchnerismo.

O governo de Santiago del Estero, por sua vez, possui dois Learjet, um Beechcraft King Air e dois helicópteros Bell. O entorno do governador Gerardo Zamora justificou a compra do último aparelho citando a crescente demanda de voos de emergência.

Em Santa Cruz, o escândalo veio à tona a partir das diversas viagens que o governador Daniel Peralta e sua esposa, a deputada nacional

Blanca Blanco, fizeram a Bariloche no avião-ambulância da província. Esses voos foram os que serviram para descobrir, mais tarde, os investimentos do governador em San Martín de los Andes.

O governador da província de Salta foi denunciado pelo uso abusivo do avião provincial. Em sua denúncia, a deputada da Frente Democrática Saltenha acusava Urtubey de usar a aeronave oficial, entre 11 e 18 de novembro de 2012, para fazer cinco viagens de ida e volta a Buenos Aires, que se estenderam a outras províncias, como Santiago del Estero e Jujuy. As viagens tiveram distintos motivos. Durante esses dias, Urtubey foi a um ato com Sergio Massa em Tigre relacionado com o voto eletrônico, a uma reunião K em Santiago del Estero, a um congresso do Partido Justicialista em Salta e de novo a Buenos Aires para presenciar a estreia do documentário sobre o ex-presidente Néstor Kirchner. No meio dessa semana de agenda intensa, o governador saltenho deu uma escapada em um avião particular até Sunchales, em Santa Fé, para assistir a uma partida do clube Juventud Antoniana contra o Unión de Sunchales. Fontes do governo de Salta disseram que o avião oficial não foi usado para ver jogos de futebol. O certo é que essa semana de viagens custou quase 200 mil pesos ao Estado saltenho. Também despertou suspeitas o uso do avião-ambulância provincial, cujos voos coincidem sugestivamente, de 2008 a 2012, com as partidas que o River Plate disputou em Buenos Aires, time do qual o governador Urtubey é torcedor.

O polêmico governador de Formosa, Gildo Insfrán, agora economiza em suas viagens mas tem uma longa história de voos privados. Já em 2001, os jornais locais de Formosa informavam sobre como Insfrán gostava de viajar dessa forma em plena época de crise. O senador nacional pela UCR de Formosa, Luis Naidenoff, denunciou Insfrán por receber subornos quando foram detectados 36 voos de Formosa ao Aeroparque e do Aeroparque a Formosa em aviões da Baires Fly (matrículas LV-CCO e LV CZK) que foram pagos pela empresa privada Únicos Air. Cada uma dessas viagens custou US$ 13 mil.

Capítulo XIV

Uma do Jaimito

Ricardo Jaime começou sua carreira política como diretor da Catastro[48] da província de Córdoba entre 1983 e 1984. Ocupou o mesmo cargo na cidade de Caleta Olivia entre 1984 e 1987, e aí seu destino começou a mudar. Mais tarde, foi representante municipal e presidente do Conselho Deliberativo desse município até 1991. Dois anos antes de deixar aquele cargo, conheceu a pessoa que mudaria sua vida: Néstor Kirchner, naquela época prefeito de Río Gallegos. Os dois eram unidos pela paixão por futebol, cordeiro e mulheres. Jaime foi um dos militantes que apoiaram a candidatura de Néstor a governador; com ele percorreu o norte da província em busca de votos esquivos.

Néstor era um político ignoto que desejava tirar o poder do então caudilho provincial Arturo Puricelli, que governava a província desde 1983. Em 1989, Puricelli se negou a apoiar Menem, e Carlos Saúl decidiu apoiar o candidato opositor, Néstor Kirchner, nas primárias de 1991. Sem o apoio de Menem, Kirchner não teria chegado ao governo provincial. Assumiu o poder na província em dezembro de 1991 e nomeou Jaime seu secretário-geral, cargo que ocupou até 1996. Mas foi no segundo mandato de Néstor que Jaime se tornou seu virtual braço direito, enquanto esteve a seu cargo o Conselho Provincial de Educação. Durante sua gestão entre 1996 e 1999, as escolas nacionais passaram para a órbita

[48] Direção responsável pelo registro dos bens imobiliários. (N.T.)

provincial e foi implementado o terceiro ciclo da Educação Geral Básica (EGB). Segundo o jornalista Héctor Barabino, durante essa gestão Jaime eliminou os jardins de infância e os gabinetes psicopedagógicos e aplicou com mão de ferro a lista de presença aos professores, reduziu o quadro de pessoal e costumava espionar os docentes em greve. Os professores o chamavam de "karateka" e já naquela época ele gostava de usar anéis, pulseiras e correntes de ouro, que assomavam por debaixo de sua camisa negra aberta até a metade do peito. Entre 2000 e 2003, retornou à sua província e foi secretário de Educação de Córdoba do governador De la Sota. Néstor queria que Jaime ficasse e lhe ofereceu o caixa da Vialidad[49] provincial. Mas Jaime sentia saudade de suas filhas, e o "negócio" não o convencia. Quando Néstor assumiu a Presidência, em 2003, convocou-o para ocupar a Secretaria dos Transportes. Jaime chegou a Buenos Aires como quem chega a um território hostil. Não conhecia quase ninguém – Ricardo Cirielli, então subsecretário de Transporte Aerocomercial, intercedeu ante o sindicalista Gerardo "Momo" Venegas, que lhe conseguiu um quarto com desconto no hotel da União Argentina de Trabalhadores Rurais e Estivadores (Uatre). Em pouco tempo, Jaime tinha mudado de *look*: trocou camisas de algodão por outras de seda, sapatos de US$ 500 e – claro – relógio, pulseira e correntes de ouro amarelo.

Jaime chegou a controlar 20 bilhões de pesos em subsídios: os beneficiários desse dinheiro eram as concessionárias de trens e metrôs, as linhas de ônibus e depois a Aerolíneas estatizada. Em 2003, os subsídios na região metropolitana eram de 760 milhões de pesos. No ano seguinte, foram de 1 bilhão; em 2005, 1,1 bilhão; em 2006, 1,8 bilhão; e em 2007, 4,219 bilhões de pesos. O maior crescimento veio em 2008, quando os subsídios dispararam para chegar a 8,746 bilhões, 107% a mais que no ano anterior. Segundo o livro *El rekaudador* ("O arrecadador"), de Omar Lavieri, no último semestre de 2009, estando a cargo da Secretaria, Jaime repartiu 5,823 bilhões de pesos. Em 2003, Jaime reabilitou o trem *El Gran Capitán*, que percorria 1.100 quilômetros entre Buenos Aires

[49] Organismo responsável por manter e ampliar a malha rodoviária da província. (N.T.)

e Posadas, conectando 34 cidades. O sonho durou pouco: o serviço foi interrompido em 2011. A única linha ferroviária que os Kirchner inauguraram foi a do "Bonde do Leste", que ligava as principais avenidas de Puerto Madero com a promessa de unir, no futuro, os bairros Retiro e La Boca. A linha deixou de funcionar em outubro de 2012. Ricardo Jaime era o autor do projeto, que foi inaugurado com a presença do então prefeito Jorge Telerman, Néstor e Cristina. Cada formação que hoje se encontra parada custou à União 2 milhões de euros, além de outros 50 milhões de pesos para atualizar o traçado e os trilhos.

Em 20 de novembro de 2012, o jornal *Clarín* revelou uma série de correios eletrônicos que a Justiça extraiu de 11 computadores que estavam nos escritórios de Manuel Vázquez, o homem que administrava os negócios de Jaime, situados na rua Arroyo, 880, em frente ao hotel Sofitel. Ali compareciam empresários do transporte do mundo inteiro, que chegavam à Argentina para se aproximar dos projetos oficiais do setor. Os e-mails são uma amostra incrível de tráfico de influências, sociedades espalhadas pelo mundo, contas bancárias em entidades remotas, resoluções oficiais feitas sob medida, recibos de comissões. Um conjunto de 26 mil e-mails. O juiz Oyarbide desconsiderou a documentação e impugnou a possibilidade de que fosse tratada como prova em quaisquer dos processos de corrupção em andamento contra Jaime.

Os e-mails revelaram a existência de um avião Learjet 31 que Jaime usou como se fosse dele até 22 de maio de 2009. Em 13 de agosto de 2008, às 17h12, Julián Vázquez, filho de Manuel, recebeu as primeiras imagens da aeronave. "Foi um enorme prazer conhecê-lo e espero que tenha gostado do avião [...] De qualquer forma, estou averiguando sobre os outros, e assim que souber de alguma coisa entrarei em contato com você. Nos vemos na semana que vem em Buenos Aires", escreveu-lhe em um e-mail Humberto Moas, homem de vendas da Bombardier, a firma fabricante de aviões. Oyarbide e o promotor Carlos Rívolo investigavam como tinha sido a compra do Lear no âmbito do processo por enriquecimento ilícito: a compra foi realizada por meio da Pegasus Equity Investments, radicada na Costa Rica. Julián Vázquez era o procurador da empresa. O Banco de Utah foi utilizado como agente fiduciário para realizar a operação na qual a Pegasus recebeu um crédito das Ilhas Virgens em nome de Elkrest Investments Limited. Foram três os empresários argentinos que fizeram uma "coleta" para que o secretário viajasse de modo mais confortável.

A compra de trens de Portugal e da Espanha e a negociação com as empresas que atribuíram para si o falido trem de alta velocidade que ligaria Córdoba e Rosario a Buenos Aires também estão entre os negócios que deixaram rastros nos computadores confiscados. Em 27 de fevereiro de 2006, foi enviado um e-mail do PC de Manuel Vázquez para Miguel Angel Lorente, sócio de Vázquez na Espanha, através de uma das sociedades que formavam o sistema de intermediação: Controles y Auditorías Especiales. Ali eram detalhadas as cifras que deviam ser calculadas pela compra dos trens usados da Espanha. "Querido Miguel Angel, envio-lhe as cifras que foram combinadas oportunamente", diz o documento escrito pelo assessor de Jaime. O detalhe dos conceitos das contas que englobam pagamentos à Rede Nacional de Ferrovias Espanholas (Renfe) somava 32,6 milhões de euros. Vázquez detalha como os milhões seriam divididos: "Para Renfe, 13.546.927,44 (é superior à quantia real, pois eu o inflei oportunamente), 2.624.351,61 para Feve, 6.050.000 euros para interiorismo, 2.000.000 de euros para Cyaes, 3.788.874,08 para o frete, 97.800 para o seguro, 1.050.000 para EE e 3.536.832 de euros para Banda (sic)". "A Banda" fica com 10,8% do total.

O Trem de Alta Velocidade (Tave) também passou pelos escritórios de Vázquez. Há centenas de correios eletrônicos que vão e vêm da Alstom, líder do projeto e vencedora da licitação juntamente com a espanhola Isolux e as argentinas Iecsa (Calcaterra) e Emepa (Romero). As resoluções que o governo jamais difundiu sobre o financiamento de uma obra orçada em US$ 4 bilhões estavam no computador de Vázquez. A negociação pela compra de aviões Embraer, o soterramento do trem Sarmiento, a barragem da Lagoa La Picasa e até mesmo projetos de energia eólica passaram por esse disco rígido.

"Prezado Ricardo; anexo fotos de como a aeronave está sendo totalmente revisada. Até agora, está tudo como o previsto: sem problemas. Um abraço, Manuel." Jaime estava a par do processo de compra do Lear 31A-215 avaliado em US$ 4 milhões, e usou o avião como se fosse seu até que o caso virasse manchete nos jornais. Em 24 de setembro de 2008, em pleno processo de aquisição, Jaime recebeu um e-mail de seu assessor, que lhe enviava fotos do avião e o avisava de que tudo estava ok, segundo uma matéria do jornalista Omar Lavieri. O correio eletrônico foi enviado por Vázquez à conta de e-mail oficial que Jaime possuía quando era secretário de Estado dos Kirchner: rjaime@minplan.gov.ar. Nessa mensagem, são confirmadas as suspeitas de que o comprador do avião pertencia ao entorno de negócios de Jaime. Vázquez lhe reenviou várias fotos que tinha recebido da empresa Bombardier, fabricante do avião matrícula N786YA, adquirido em 24 de dezembro de 2008. O secretário de Transportes supervisionava uma operação no valor de US$ 4 milhões, enquanto seu salário oficial mal superava os 10 mil pesos. Em um arquivo de Word escrito em 17 de novembro de 2008, Vázquez resume qual é a situação da nave que Jaime finalmente usou para viagens de prazer: "Como acho que você não entendeu bem o processo de compra do avião, aqui vai um resumo: em 20 de julho, fechei a operação de compra do Learjet 31A215. Do meu bolso entreguei US$ 100 mil de adiantamento e logo eles me foram restituídos pelos 'Três'. O tempo todo, 'Os Três' me pediram que atrasasse a operação o quanto fosse possível, e sempre lhes pareceu que o que saía era oneroso demais. Em 19/9, contratamos os serviços do Bank of Utah para que fosse o agente fiduciário do título do avião, o que custará cerca de US$ 6 mil".

Segundo o arquivo das mensagens, eles estiveram a ponto de comprar outro avião, um Piper Cheyenne 400. A investigação de Lavieri levou mais de um ano, após o qual ele concluiu que:

- Um grupo de empresários do transporte forneceu dinheiro para comprar do secretário de Estado um avião avaliado em US$ 4 milhões.

- Foram pagas comissões a uma empresa cujo titular era Vázquez para que a Argentina comprasse material ferroviário da Espanha e de Portugal, e Jaime autorizou seu assistente a recebê-las.
- O irmão de Jaime, Daniel, recebia dinheiro de empresas que o secretário de Estado devia controlar.
- O assessor de Jaime arrecadou dinheiro não declarado para as campanhas eleitorais dos governistas.
- Vázquez pagou viagens que Jaime realizou em táxis aéreos, a maioria nunca descoberta pela Justiça.
- O assessor de Jaime, juntamente com um sócio espanhol, pedia propina às firmas espanholas.
- A esposa de Julio De Vido, Alessandra Minicelli, que trabalhava na Sindicatura Geral da União (Sigen)[50], revisava contratos entre empresas privadas e o Estado, que Vázquez lhe enviava por e-mail, uma tarefa que excedia sua função pública.
- O testa de ferro de Jaime interveio na compra de um iate que custou US$ 1 milhão.
- O assessor de Jaime cobrou da LAN uma comissão de US$ 1,55 milhões.
- A consultoria que o assessor de Jaime chefiava emitia notas falsas para poder cobrar e justificar as comissões.
- Foram criadas sociedades na Costa Rica para cobrar as propinas de operações suspeitas.
- Jaime comprou um carro por intermédio de uma empresa fantasma para seu uso pessoal.
- Jaime comprou uma rádio e um jornal em Córdoba e os financiou por meio de publicidade oficial.
- Vázquez manteve conversas para adquirir o canal Telefe em nome do kirchnerismo.

[50] Órgão responsável por auditorias e controle interno do setor público. (N.T.)

- O assessor de Jaime controlou o acordo de reprivatização do Ferrocarril Belgrano Cargas, um negócio em que entraram as mesmas empresas que forneceram dinheiro à consultoria de Vázquez.
- Vázquez tinha contas no exterior que movimentavam milhões de pesos e não estavam declaradas ante a Receita argentina.
- O testa de ferro de Jaime intercedeu para que a Aerolíneas comprasse aviões do fabricante brasileiro Embraer.

Após a derrota eleitoral do FPV nas eleições legislativas de 2009, Ricardo Jaime apresentou sua renúncia por "motivos pessoais" e "de forma indeclinável". Em seu lugar assumiu o secretário Juan Pablo Schiavi, que acabou perdendo o cargo em virtude da Tragédia do Once[51]. Os 51 mortos e 702 feridos nesse acidente de trem colocaram, pela primeira vez, um rosto humano à corrupção; embora o caso Skanka tivesse salpicado Julio De Vido e o escândalo da bolsa houvesse ejetado Felisa Miceli do Ministério da Economia, o dinheiro roubado por Jaime, os subsídios entregues a empresas que não investiram e a falta de supervisão do Estado sobre os serviços públicos apareciam pela primeira vez, claramente, em uma tragédia colossal. A corrupção mata – eis a síntese que a própria população se encarregou de fazer. O caso do Once foi um divisor de águas. Somente 20 meses após a tragédia, e depois da persistente luta empreendida pelos sobreviventes e familiares dos mortos, a Justiça determinou a data do processo. O julgamento começará em 18 de março de 2014: Ricardo Jaime e Juan Pablo Schiavi sentarão no banco dos réus. Entre os 29 processados, também estão os donos da ex-concessionária TBA, Claudio e Mario Cirigliano, o ex-interventor da CNRT, Pedro Ochoa Romero, Antonio Sicaro e Marcos Córdoba, os maquinistas que comandavam o trem. Contra Ricardo Jaime foram apresentadas mais de 30 denúncias judiciais e se iniciaram 20 processos:

---

[51] O acidente ferroviário que ficou conhecido como Tragédia do Once pelos meios de comunicação ocorreu em 22 de fevereiro de 2012, às 8h33, quando o trem 3772 colidiu com os sistemas de contenção da plataforma 2 da Estação Once de Septiembre (Once), em Buenos Aires. (N.E.)

- Suposto enriquecimento ilícito: Jaime não pode justificar seu descomunal crescimento patrimonial nem o de sua mulher até chegar aos 12 milhões de pesos entre 2003 e 2008, enquanto era secretário de Néstor. No meio da fortuna apareceu também um avião particular em seu nome.
- Irregularidades na concessão de subsídios às empresas ferroviárias.
- Abuso de autoridade, má utilização de recursos públicos e formação de quadrilha.
- Propinas do Grupo Plaza, que o funcionário devia controlar. A empresa pagou viagens ao Rio de Janeiro, Florianópolis, Punta del Este e Córdoba, entre 2006 e 2008.
- Administração fraudulenta e negligência juntamente com seu sucessor Schiavi no caso do Once.
- Propinas por parte de Claudio Cirigliano, dono da TBA, por lhe pagar táxis-aéreos para que viajassem a Córdoba e ao Brasil com sua família.
- Aluguel de um apartamento de luxo na Avenida Libertador, que era pago pelo Terminal de Ônibus de Retiro, também sob seu controle.
- Roubo de provas em uma vistoria em sua casa de Carlos Paz no processo por enriquecimento Lazarogate: Miriam Quiroga, ex-secretária de Néstor Kirchner, identificou-o como um dos homens que levavam maletas com dinheiro entre a Casa Rosada e Santa Cruz.
- Sobrepreços na compra de vagões de metrô da companhia chinesa Citic, propinas na aquisição de aviões da Embraer e na compra de vagões da empresa espanhola Renfe.
- Falência da Transportes del Oeste, má gestão na Aerolíneas Argentinas e sustento da Lafsa, a linha aérea que nunca voou e pagou salários a uma centena de empregados durante vários anos.

Capítulo XV

Felisa: devolva a sacola

Para alguns intelectuais, como Alejandro Katz, este governo deixará mais a marca da mentira que da corrupção. Mas na década kirchnerista, a forma de fazer negócios dos funcionários com o Estado mudou e se aprofundou substancialmente. Há casos paradigmáticos. A construtora sueca Skanska e a sacola com dinheiro no banheiro do gabinete da ex-ministra da Economia, Felisa Miceli, foram os primeiros que marcaram o perfil do kirchnerismo.

Felisa Miceli foi a primeira mulher a ser ministra de Economia na história argentina e a primeira funcionária kirchnerista condenada por corrupção. As seguintes matérias, publicadas ao longo desses anos no jornal *Perfil*, podem servir como resumo e apresentação do contexto histórico. Na primeira delas, são relatadas as circunstâncias que levaram à renúncia de Lavagna e à chegada de Felisa Miceli. A segunda foi a que levou à saída de Felisa do Ministério da Economia.

"Felisa, isso me mata"

Ultimamente, soube de dois ou três casos que me pareceram particularmente repugnantes. Por exemplo, a forma como estava tudo tarifado no Ministério da Economia e no Ministério do Planejamento, segundo dizia o homem que é tido como o "caixa" de

Lavagna, o "Rato Pérez", a um grande empresário que me confirmou. Esse homem, Pérez, dizia ao empresário que, se não estava de acordo com o preço, com a propina que devia pagar por certa medida, que fosse pedi-la ao ministro De Vido, mas que lhe custaria o dobro. Esses são os fatos. Eu o vi? Não. A fonte que me disse isso é uma fonte indubitável? Sim. E mais: eu me reuni com ele em um edifício do complexo Catalinas. É o presidente de uma multinacional importante na Argentina, e tivemos uma conversa magnífica durante duas horas. Eu lhe disse: "Se estamos tão de acordo, por que não me apoia nisso? Eu denuncio, e o senhor vem e ratifica". E ele me diz: "Não posso". Por quê? E então me explica: se fizer isso, afetará gravemente a filial da empresa para a qual trabalha. Porque na Argentina paga-se propina, caso contrário não se pode ser um empresário desse nível. O que vai fazer, então? Ele não se sente em condições de mudar o país. Mas, além disso, ele vem pagando há anos, como todos esses empresários. E disse: "Se eu denunciar isso, vou estar reconhecendo que cometi reiteradamente o delito de suborno. E vou preso. Posso ser preso por isso?" Então escuto isso que me diz, e penso: e eu? Sou jornalista para quê? Para que serve que eu seja jornalista?

(Do falecido jornalista Julio Nudler a Claudia Acuña,
no site <www.lavaca.org>)

– Agora não, agora é preciso dar-lhe tranquilidade – disse, com um leve sotaque, Claudine Marechal de Lavagna, a esposa belga do ministro. – Está curtindo a piscina – completou a mulher, falando de sua casa em Saavedra. – Ele não tem vontade de sair.

Recordei esse diálogo dois dias depois, reunido com um dos amigos íntimos do ministro, que ainda continuava na piscina ou regando, com parcimoniosa dedicação, as plantas de seu jardim.

– E agora, o que fará?

– Não sei. Nem ele deve saber.

– Bom, já faz bastante tempo que queria ir embora.

– Sim, mas... ir embora ou ficar não são tempos que ele escolha.

– Por quê?

– Porque isso quem decide é o Grupo.

Deixei que a palavra "grupo" entrasse na conversação com naturalidade, como se sempre tivesse estado ali.

– Sei.

O amigo acendeu um cigarro e continuou:

– Imagine que não vão apoiá-lo a vida inteira para que depois, de repente, ele lhes diga: "Vou embora". Não, espere, você sairá quando nós quisermos, ou ficará. É lógico.

– Claro, é lógico... O Grupo.

A conversa fluía, banal, e a certa altura criei coragem.

– Desculpa, quando você diz o Grupo, é...

– Techint – disse ele, quase murmurando. Sua cara me dizia: você nunca viu o Sol?

O Sol nasce para todos

Os últimos dias de Lavagna foram marcados por acusações cruzadas com seu par De Vido. As centrais K de rumores apontaram contra Eduardo Ángel "Rato" Pérez, secretário legal e administrativo do Ministério da Economia, identificado como o "caixa" de Lavagna, que por sua vez disse que José López, secretário de Obras Públicas, era o "caixa" de De Vido. O poder real, contudo, colocava seus ovos nas duas cestas: a Techint fechava a construção do gasoduto do Norte com Lavagna e negociava com De Vido e o presidente Chávez o resgate de sua empresa siderúrgica Sidor. O interesse do governo em financiar o gasoduto foi tão forte que o ex-ministro conseguiu que o Congresso votasse a lei 25.924, batizada nos bastidores como Lei Techint, que fixou em US$ 300 milhões os benefícios impositivos para o grupo, e logo depois foi firmado o decreto 1.687, pelo qual o Tesouro capitalizou o Banco Nación com 1,9 bilhões de pesos. Desse total, 1 bilhão era para "garantir ao Banco Nación as operações de crédito vinculadas à construção de obras no setor de gás". Com as duas medidas, o governo pagará à Techint entre 60% e 70% do custo da obra. No segundo caso, depois que Chávez ameaçou reestatizar a Sidor, De Vido se reuniu a sós com o chanceler Alí Rodríguez, Paolo Rocca (Techint) e Claudio Uberti – que trabalha na seção "Cobranças" do Ministério de Planejamento – e eles encontraram rapidamente uma "saída amigável", pela qual a empresa continuará funcionando, embora deva cortar uns US$ 40 milhões por ano do seu faturamento, uma contribuição desinteressada do grupo siderúrgico à Revolução Bolivariana.

Desse modo, Lavagna está boiando em uma piscina de Saavedra e De Vido toma posse do Ministério da Economia e do Banco Nación, ainda que sem poder espantar totalmente um fantasma que altera seu sonho: que o Pacha Velasco, esposo de Felisa, queira se transformar em ministro consorte.

Para o Pacha todo bacana

"Felisa entrou para a empresa de consultoria em 1990 e trabalhou até 1993", disse ao jornal *Perfil* um dos economistas "históricos" da Ecolatina, a consultoria de Roberto Lavagna. "Creio que foi Aldo Ferrer que a fez entrar. Felisa se dedicava e sempre se dedicou à confecção de pastas, para uma licitação. Ela nunca esteve em temas econômicos", concluiu. No jargão econômico o dado seria lapidar: Miceli nunca participou dos relatórios de conjuntura da consultoria. Portanto, é de se supor que não tem nenhuma experiência em economia. Felisa sempre se dedicou a fazer as apresentações nos organismos públicos durante a onda de privatizações. A Ecolatina foi, por exemplo, assessora na primeira privatização dos Correios. "Que trabalho ela tem, hein?", exalta-se diante deste jornal um economista do âmbito acadêmico. "Que conferências a Felisa deu nos últimos dez ou vinte anos? Que artigos publicou sobre economia? Nenhum." Vários funcionários do Banco Nación – que hesitam antes de falar e pedem que por favor não sejam identificados – confessaram que a experiência de Miceli no âmbito bancário é também quase inexistente. "Ela esteve, há vinte anos, uns seis meses no Banco Provincia, porque Ferrer a levou para lá." "Neste trabalho você tem que saber, tem que estar preparado", asseguram os funcionários "da linha" (assim se referem à linha executiva). Você faria uma operação com um médico que operou da última vez há vinte anos? Miceli deixou a Ecolatina em meio a uma crise entre Lavagna e vários assessores que pediram uma participação na empresa, cujos balanços melhoravam ano a ano. Lavagna se negou, e vários consultores saíram. Felisa foi trabalhar no escritório de Carmen Polo, uma economista especializada em transporte, até que foi nomeada gerente de administração de uma programa do Ministério da Educação. Lavagna a resgatou dali em 2002, nomeando-a como o nexo entre o Ministério da Economia e o Banco Central.

Consultados por *Perfil*, fontes sindicais e "da linha" concordaram que as demissões com as quais Felisa iniciou sua gestão à frente do Banco foram incompreensíveis: ela demitiu Jesús D'Alessandro, funcionário de carreira com dez anos de casa, substituindo-o por Juan Carlos Fábrega, ex-gerente comercial durante o menemismo. Também mandou embora vários contratados que, na verdade, integravam o quadro permanente e eram importantes. A maioria das demissões ocorreu na área de controle de auditoria e no setor jurídico. Mas o ponto mais fraco de sua gestão foi a indicação, como assessor, de seu esposo Ricardo "Pacha" Velasco. Nascido na província de Mendoza, Velasco tinha 55 anos, bigode e estatura mediana. "El Pacha" é um histórico setentista da Juventude Peronista, com um irmão desaparecido e certa experiência em militância de bairro. Teve, também, uma passagem pelo Pólo Social e sua atividade oficial é a de carpinteiro, tal como figura nos registros da Administração Federal de Ingressos Públicos (Afip). Desconhecemos se declarou sua recém-adquirida camionete 4x4 ao organismo, mas podemos concluir que o serrote e a nobre madeira contam com um futuro promissor na Argentina. Felisa, com prudência, nomeou o Pacha como assessor, mas não o fez trabalhar "*ad honorem*", ao menos nessa condição. Ao mesmo tempo, Velasco ocupou outros dois cargos na estrutura: diretor da Garantizar S.A., uma sociedade de garantia recíproca, e presidente do Fundo Integral para o Desenvolvimento Regional (Fonder), um fideicomisso que entrega até 500 mil pesos por projeto, levando em conta associações intermediárias regionais. Desde sua entrada, Velasco ocupou um escritório no primeiro andar da entidade, onde se encontram os outros membros do diretório, e ali dedicou-se a receber empresas e todo tipo de interessados. Graças a uma ordem administrativa de Felisa, ele também assumiu o controle do orçamento de publicidade, conseguiu que o diretório elevasse esse orçamento de 12 a 50 milhões de pesos e que ficasse sob seu controle. Para isso, prescindiu dos serviços da agência de publicidade que historicamente havia se ocupado do assunto. Já instalado no que imaginava como o poder definitivo, Velasco motorizou duas opções políticas: apoiou De Vido nas eleições da capital com a Corrente Popular 25 de Maio e tentou disputar com Zanola o poder na Associação Bancária. Fracassou nas duas tentativas: a Corrente Popular foi lançada na Federação de Boxe, mas depois, mesmo com a distribuição indiscriminada de créditos para microempreendimentos, evaporou-se. No caso de Zanola, um membro da comissão diretiva ganhou, mas logo depois foi Zanola que venceu as eleições e o presidente K começou a se perguntar para quê, nesse caso, precisavam de Velasco. Mas a essa altura o destino do Pacha já estava decidido, embora ele tenha sido a último a saber.

Dá-lhe gás

Felisa não apenas nomeou o Pacha, mas também assinou um acordo para a entrada de outros três diretores: três de seus vizinhos do condomínio Los Cardales. Evidentemente, Felisa é o que se chama de uma pessoa dedicada à família. Rubén Guillén, Estela Palomeque e Ricardo Lospinnato compartilharam dias úteis e feriados com Felisa, e este último é agora o novo presidente do Banco Nación; seus antecedentes laborais nesse campo, para além de alguns cursos breves, foi ter sido uma das dezenas de contadores de Pérez Companc. E tem, claro, uma certa relação com o Pacha. Um curioso caso de desaparecimento de currículo é protagonizado por Gabriela Ciganotto, diretora, amiga de Alicia e Cristina K, nascida em Caleta Olivia. Foi deputada provincial e conseguiu um milagre: que a Assembleia Legislativa de Santa Cruz aprovasse sem analisar os orçamentos de 1998 e 1999 a partir da pressão do Banco Mundial. Seu currículo diretamente não figura na página do BNA.

À medida que o Pacha foi ganhando confiança, alguns de seus negócios provocaram curto-circuito com a Casa Rosada: Emir Yoma e o frigorífico Santa Helena. No primeiro caso, o cunhado Emir devia US$ 80 milhões ao Banco Nación: Pacha lhe propôs que pagasse somente 25 milhões mais 10% da dívida real, ou seja, uns 8 milhões. Foi o próprio presidente K que ordenou voltar atrás com a combinação. Em outro caso, o empresário K Sergio "Rulito" Taselli tentou, durante vários anos, ficar com um número permanente de funcionários que eram importantes para a estrutura. A maior parte das demissões ocorreu na área de controle de auditoria e temas legais. Mas o ponto mais fraco de sua administração foi a propriedade do imóvel onde se encontra o frigorífico Santa Helena. Tudo piorou quando começou a ser discutido no banco se melhor não seria montar uma empresa recuperadora com a cooperativa dos trabalhadores, algo que se encontrava muito avançado quando Pacha e Felisa arremataram o lote e Taselli realizou seu sonho.

A ordem que chegou há mais de um mês da Casa de Governo foi taxativa: "Chega de Velasco, tirem-no daí". Mas De Vido não se esquece de seus amigos: de acordo com o decreto 1.393/05, publicado na segunda-feira, 14 de novembro, no *Boletín Oficial*, Velasco foi nomeado membro do diretório do ente regulador do gás, Enargas. Ninguém sabe se pelo menos alguma vez ele viu um botijão de perto. E há um problema: a lei 24.076, que ordena a criação da entidade, diz em seu artigo 54 que (os membros do diretório) "serão selecionados entre pessoas com antecedentes técnicos e profissionais na matéria". Evidentemente, o espírito da legislação discrimina os carpinteiros.

Em 24 de junho de 2007, revelei com Luciana Geuna no *Perfil* a surpreendente descoberta de uma sacola com dinheiro no banheiro do gabinete do Ministério de Economia. Foi o início de um processo que, cinco anos depois, terminou com a condenação de Felisa Miceli. "A vida lhe dá surpresas, surpresas lhe dá a vida, ai Deus. Quando o destino manda, nem o mais bravo pode mudar, se você nasceu pa' martelo, do céu lhe caem os pregos. A vida lhe dá surpresas, surpresas lhe dá a vida, ai Deus", diz a canção *Pedro Navaja* ("Pedro Navalha"), de Rubén Blades.

Na última terça-feira, 5 de junho, pouco depois das 6 horas da manhã, quando a temperatura era bastante inferior à média de 10 graus da jornada, os dois homens da Brigada de Explosivos do Corpo de Bombeiros da Polícia Federal subiram pelo elevador do hall de entrada da rua Hipólito Yrigoyen, 250, até o quinto andar. Como em uma entediada cena de comédia, quando a porta do elevador se abriu, o mordomo os esperava, disposto a se fazer de cicerone em um trajeto que os três conheciam de cor. Miguel Lezcano é moreno e parrudo, e há 33 anos vê passar os ministros da Economia nessas cúpulas do poder onde todos sonham ficar para sempre. Quando a rotina guia os passos, o valor do extraordinário se multiplica; as pessoas olham sem olhar, sobrevoam a cena até que, de repente, um animal salta sobre elas. As visitas matinais da Brigada são rotineiras e se repetem todos os dias desde 1978, quando o ex-ministro José Alfredo Martínez de Hoz temia que lhe colocassem uma bomba. Nenhum dos três jamais se esquecerá da manhã de 5 de junho: ainda hoje a lembrança lhes aparece durante o sono, no meio de uma conversa, durante uma viagem de ônibus. O mordomo e os policiais iniciaram o trajeto desde a recepção até o escritório privado de Felisa Miceli, localizado após a sala de Mariela Pía Santarelli Goñi, sua secretária. O lugar parece um jogo de caixas chinesas: um gabinete se conecta com outro, ainda mais privativo, e decorado com mais detalhes; do gabinete privado de uns 40 metros para uma espécie de sala de estar, mais íntima, com um banheiro ao qual somente Felisa tem acesso ou, claro, pessoas de sua íntima confiança. Quando os policiais revisaram o lavabo com automático desdém, deram de cara com uma sacola de plástico que, de longe, já sabiam que era pesada: estava cheia de notas. Se fossem máquinas, este teria sido o momento em que a tela começava a piscar. Mas eram pessoas, e fizeram um longo e pesado silêncio. No banheiro de Felisa Miceli, por acidente, a Polícia acabava de descobrir uma sacola com US$ 250 mil. Para ser mais exato: com US$ 140 mil, 50 mil euros e 100 mil pesos. Os subordinados do comissário Arturo Martínez sugeriram registrar em ata, como de fato ocorreu. A ata logo "desapareceu" da Brigada. A secretária de Felisa chamou imediatamente outra de suas secretárias – que, como a sala de estar, é "mais íntima" – e pelo telefone Mariela ordenou quase aos gritos, e com prepotência, que não deveria restar nenhum vestígio da descoberta. Foi possível manter o silêncio sobre o fato com relativo sucesso: o arquiteto Rubén Pierro, diretor técnico de operações do ministério, chefe do mordomo Lezcano e responsável por um fundo de caixa bastante vultoso, rapidamente soube de todos os detalhes, especialmente preocupado com a existência de cópias administrativas da ata policial. Os seguranças da ministra, que ocupavam um escritório dentro do edifício da Hipólito Yrigoyen, também ficaram sabendo dos detalhes do ocorrido, que foi confirmado ao *Perfil* por duas fontes diretas. A preocupação de Pierro com as cópias não era menor: era a via mais rápida para a extorsão. Será possível realmente garantir que não existiram? Quantas fotocopiadoras existem entre o trajeto do Ministério de Economia e a Brigada de Explosivos?

Eu, senhor? Pois então, quem o tem?

Não há nada pior que uma fenda em um segredo assegurado. Quando a água começa a infiltrar, o desespero é tão grande que o segredo se torna evidente. Na quarta-feira, 20, ao meio-dia, o *Perfil* localizou o mordomo Miguel Lezcano, que ingressou na administração pública nos tempos de José Ber Gelbard. Vestia uniforme azul, com um *handy* na cintura e um broche que diz "Ministério da Economia". Ele passa a maior parte do dia na cozinha do quinto andar. Mas isso é suficiente para que fique sabendo de tudo, e naquela manhã de 5 de junho ele foi testemunha direta da abertura da sacola.

Perfil: Boa-tarde, queria falar com o senhor em particular.

Lezcano: Não, não. Podemos falar aqui. Vamos, não tem problema.

P: Veja que é um tema delicado.

L: (Sorrindo). Vamos, vamos.

P: Sabemos que na manhã da terça-feira, dia 5, uma brigada de bombeiros encontrou uma sacola com US$ 250 mil no gabinete da ministra.

A atitude de Lezcano mudou em um segundo. Ele se afastou dois passos e se posicionou atrás de umas catracas. Estendeu os braços e conseguiu olhar de soslaio as seis recepcionistas que atendem no hall.

L: (Gritando) Não!!! Você não está entendendo. Trabalho aqui há 33 anos. Sou deficiente! (Voltou a olhar para as recepcionistas.) Sou cego, surdo e mudo!

P: Mas, Lezcano, só queremos saber...

L: Não, não. Você não entende. Obrigado, obrigado, vou embora. Vou embora.

E foi. Nunca mais atendeu de novo às ligações do *Perfil*. Poucos minutos antes do incidente com Lezcano, o *Perfil* tentou se comunicar com o diretor de operações, o arquiteto Pierro, que devolveu nossa ligação combinando um encontro em seu escritório. Dez minutos depois, Pierro ligou cancelado o encontro.

Arquiteto Pierro: Desculpe, mas é impossível. Estou ocupado.

Perfil: Será apenas por um instante, poucos minutos.

AP: Não... além disso, como chegaram até mim? Como sabem...?

P: Bom, temos fontes.

AP: Não posso, não posso.

P: Talvez amanhã, em outro momento. Podemos falar pelo telefone, mas não acho que seja o melhor.

AP: Por telefone, não.

P: Talvez o melhor seja que nos encontremos fora do Ministério.

AP: Bom, isso pode ser. Amanhã ligo para o senhor.

A ligação, obviamente, nunca foi feita e, após várias idas e vindas, o arquiteto Pierro comunicou por intermédio de sua secretária que não tinha "informação alguma sobre isso". No sábado, às 8h30 da manhã, liguei para o porta-voz de Miceli, Silvio Robles:

Silvio Robles: O quê? – me respondeu.

Perfil: Que havia uma sacola com US$ 239.631.

SR: Não, olha, eu não sei nada. Não me contam tudo, entende? Tem coisas que nem fico sabendo. Deixe que eu ligue para ela... depois. E ligo para você.

Uma hora após o fechamento dessa edição, o porta-voz de Robles não havia se comunicado com nenhum de meus telefones. Ele obviamente possui todos os meus números. Decidi ir dormir.

Depois que o caso veio à tona na imprensa, Felisa deu tardias e contraditórias explicações, sobre a origem do maço de notas fechados e timbrados do Banco Central, com a inscrição "Lote 38057 Bco. 30", que, como se soube mais tarde, haviam saído do Central rumo à Caixa de Crédito Cuenca, uma financeira denunciada por descontar cheques de terceiros em troca de uma comissão, de onde haviam sido retirados para chegar ao banheiro de seu gabinete.

Primeiro Felisa disse que o dinheiro era dela e que estava em sua declaração de imposto de renda. E que era dinheiro para comprar um apartamento para sua filha. Depois disse que o dinheiro era para sua própria casa e que tinha deixado no banheiro de seu escritório, na noite anterior, a descoberto, porque naquele dia o depositaria no Banco Nación. Mais tarde argumentou que, na realidade, as notas tinham sido emprestadas a ela por seu irmão Horacio, um conhecido comerciante do mundo dos laboratórios.

Naqueles anos, a briga entre o governo do então presidente Néstor Kirchner e o jornal *Clarín* não existia nem na imaginação do kirchnerismo, e o jornal serviu ao governo como plataforma para publicar a versão de Miceli. Foi a esse jornal e ao *La Nación* que ela deu a primeira entrevista.

Não foram suficientes as páginas dos jornais, nem as operações de imprensa, nem as tentativas de desmentir. Miceli acabou renunciando ao cargo em 16 de julho de 2007, quase dois meses depois da descoberta da sacola.

Meses depois, em declarações prestadas à juíza María Servini de Cubría em dezembro de 2007, Felisa contradisse todas as suas versões anteriores sobre a origem do dinheiro e garantiu que lhe havia sido emprestado por seu outro irmão, José Rubén, e que tinha tentado protegê-lo porque estava doente.

Em 26 de dezembro de 2007, José Rubén Miceli havia confirmado diante de Servini a versão de sua irmã: que ele tinha economizado 100 mil pesos para uma operação de quadril que finalmente foi coberta por seu seguro de saúde e, como não precisou do dinheiro, deu à irmã para que ela mudasse de casa. Este irmão de Felisa, inválido, morreu em 27 de setembro de 2012, mesmo dia em que um dos filhos de Miceli se casou.

Em 28 de dezembro de 2012, Servini de Cubría processou Miceli pelos supostos delitos de "ocultação" e "subtração de documento público" em conexão com a sacola encontrada em 5 de junho de 2007 em seu banheiro e dispôs a "falta de mérito" de seu irmão José Rubén Miceli. O caso foi a julgamento em setembro de 2010.

Os que compartilharam desse mês e meio que durou o escândalo até a renúncia asseguram que Felisa trabalhava com uma equipe técnica que não era de seu círculo íntimo e com a qual não falava de política, mas de economia e questões formais do ministério. Esse círculo íntimo com o qual decidia as questões políticas era formado por companheiros de militância dos anos 1970 e liderado por seu companheiro, Ricardo "Pacha" Velasco. Era Velasco que definia as questões políticas, e há quem diga que o dinheiro achado no banheiro era dele. Pacha era um homem do ministro de Planejamento, Julio De Vido. Já Felisa era vinculada a Alberto Fernández, o então chefe de Gabinete, que concedeu a Felisa seu primeiro advogado, Carlos Cruz, e ainda hoje assegura que ela "é uma boa mulher e está passando por um mau momento". Nessa época, Alberto e De Vido mantinham uma feroz disputa interna.

Durante a gestão de Miceli, o departamento jurídico do Ministério do Planejamento funcionava com o do Ministério de Economia, que tinha poder de decisão. No mesmo dia em que Felisa renunciou, De Vido criou o departamento jurídico do Ministério de Planejamento e tirou essa área sensível da órbita do Palácio da Fazenda.

Pacha foi dirigente da Juventude Universitária Peronista (JUP), montonero de segunda linha e ativo militante dos anos 1970, até finalmente se tornar um sigiloso operador kirchnerista. Antes de entrar para a função pública pelas mãos de De Vido e sua mulher, Velasco era carpinteiro em San Isidro. "El Pacha" se converteu ao kirchnerismo em 2003, quando criou a Corrente Nacional e Popular 25 de Maio (envolvido nos movimentos sociais, como o de Pérsico e Depetri, que apoiam o kirchnerismo), também integrada por Felisa.

Simples, com seu clássico corte *carré* e vestida com uma jaqueta preta estampada e uma camiseta branca, Felisa Miceli chegou aos Tribunais de Comodoro Py 2002 para enfrentar o primeiro dia de seu julgamento oral e público. Foi na segunda-feira, 29 de outubro, minutos antes das 10 horas. A audiência começou às 10h30 no salão de usos múltiplos (SUM) dos Tribunais e foi transmitida pela internet.

Durante o julgamento, Felisa evitou falar com a imprensa e manteve perfil baixo. Dias antes do início, em 6 de outubro, ela disse à FM Identidad: "Imagine um país onde morrem 50 pessoas em uma tragédia ferroviária, onde acontecem tantas coisas, é um pouco estranho que a Justiça crie caso por isso", e sentenciou: "Sobre isso fizeram-se várias suposições que não foram demonstradas, e todo o país sabe que foi uma armação".

Nos dias prévios ao julgamento, os que ainda a viam estavam convencidos de que chegaria o que de fato chegou: a condenação. "Já era. Está muito sozinha. Vai perder o processo", sentenciava um dos homens que estiveram mais perto da ministra quando estourou o escândalo. Assim como ele, outros tantos que conhecem Felisa a definem como uma mulher ingênua, que passou pelo que passou porque era inexperiente e porque cometeu um erro grave: mentiu para Kirchner quando disse que o dinheiro era seu. Na intimidade, a ex-ministra é descrita como uma mulher simpática, agradável e simples; muito marcada pelos anos 1970 e por essa forma de fazer política.

Longe daqueles anos de militância e também dos de funcionária, Felisa Miceli foi condenada a 4 anos de prisão pelos delitos de "ocultação agravada" de uma suposta manobra financeira ilícita e "subtração e ocultação de documento público", pelo desaparecimento da ata policial da descoberta na quinta-feira 27 de dezembro de 2012. Felisa escutou a sentença sentada, com as mãos sobre sua saia. Seu único gesto foi inclinar a cabeça, primeiro para a esquerda, depois para a direita. Quase não piscou, mas a alteração de sua respiração foi notada em seu peito, que se inflava e desinflava histericamente debaixo da blusa de gaze bege.

O Tribunal Oral Federal Número 2, que a condenou, era integrado por Jorge Luciano Gorini, Rodrigo Giménez Uriburu e Jorge Alberto Tassara. Seu advogado foi Eduardo Bonino Méndez e o promotor, Fernando Arrigo, que substituiu Guillermo Marijuán quando o caso foi a julgamento.

"Há julgamentos gravíssimos de casos de corrupção que nunca chegaram a uma condenação. É uma coisa que não posso entender", disse Miceli naquela tarde, após ouvir a sentença, no que pareceu uma alusão direta ao vice-presidente, Amado Boudou. "Evidentemente, não tive estrutura de poder própria", afirmou Miceli, "e muitos ministros a tiveram, e estou pagando por isso." Ela insistiu que era inocente e disse: "Eu cometi um erro, mas isso agora parece que foi um delito. É preciso assumir as coisas que você faz".

Felisa repetiu o que já havia dito, que não tinha medo de ser presa. E não foi. A ex-ministra kirchnerista não deverá cumprir pena enquanto o Tribunal Superior não resolver o caso e não houver sentença transitada em julgado.

Na manhã de 14 de agosto de 2013, a imprensa surpreendeu-se ao encontrar Felisa na abertura do encontro "Agenda para o Desenvolvimento e a Integração", que foi inaugurado pelo ministro de Economia, Hernán Lorenzino. Nesse momento, a ex-funcionária era diretora do Centro de Estudos Econômicos e Monitoramento das Políticas Públicas (Cemop) da fundação Madres de Plaza de Mayo. Em setembro de 2013, no entanto, a presidente das Madres, Hebe de Bonafini, desvinculou Miceli do Cemop por um corte de gastos.

Miceli protagonizou o único processo de corrupção do kirchnerismo que chegou a uma condenação. Alguns, como as investigações contra o vice-presidente Amado Boudou pela quebra da ex-Ciccone Calcográfica e contra o ex-secretário de Transporte Ricardo Jaime, continuam sem julgamento oral. Já outros, como o caso Skanska, foram diretamente encerrados e arquivados com a absolvição de todos os implicados, apesar da contundência das provas.

O caso Skanska teve início em 2005, mas estourou somente em 2007 como o primeiro escândalo de corrupção que afetou o kirchnerismo em geral e um de seus ministros-chaves, Julio De Vido, em particular. No comando do Ministério de Planejamento desde o primeiro minuto do governo de Néstor Kirchner, em 2003, De Vido é o homem que administra as obras públicas no país e do qual dependem as contratações mais importantes da administração nacional. Por isso, quando o juiz titular do Tribunal Nacional Penal Tributário Número 1, Javier López Biscayart, levou adiante a investigação, este patagônico foi um dos que mais se preocuparam. Era o primeiro caso de corrupção, e o governo reagia de forma diferente. Em 2007, quando o caso passou de evasão fiscal para pagamento de subornos, o então presidente Néstor Kirchner ordenou demitir os funcionários públicos que haviam sido chamados a prestar declaração e o Escritório Anticorrupção (OA), na época encabeçado por Abel Fleitas Ortiz de Rozas, participou do processo como assistente de acusação.

O caso Skanska consistiu no suposto pagamento de propinas por parte de diretores da empresa sueca a funcionários nacionais na construção do Gasoduto Norte, uma das obras emblemáticas do kirchnerismo. A Skanska era uma firma que faturava cerca de US$ 200 milhões anuais e, segundo consta dos autos do processo 1705/2005, pagou 1.256.120 pesos à empresa fantasma Infiniti Group por um serviço que nunca recebeu. A manobra teria servido para evadir impostos.

Foi López Biscayart quem descobriu o caso dos subornos quando investigava uma evasão de impostos seguindo a pista da empresa fantasma a partir de uma denúncia independente. Quando a investigação avançou e o suposto delito passou a ser pagamento de propinas, o então juiz federal Guillermo Montenegro reclamou o caso por entender que, estando envolvidos funcionários nacionais, o foro de López Biscayart perdia competência. Isso era o que também advertia o então promotor Carlos Stornelli. A investigação continuou, assim como a disputa pela competência.

Em novembro de 2009, a Câmara Federal portenha resolveu que os processos deveriam ser unificados. Até esse momento, a investigação por corrupção tramitava no tribunal de Montenegro desde maio de 2007 por decisão da Câmara Penal Econômica; já a de evasão de impostos avançava no de López Biscayart. O tribunal que deveria ficar com os processos era o de Montenegro, que já não estava no cargo, pois havia assumido em 2007 como secretário de Justiça da cidade de Buenos Aires. Por isso, agora nesse tribunal atuava o polêmico juiz Norberto Oyarbide. Mas uma parte do processo continuou sendo levada adiante por Biscayart, já que este rejeitou os pedidos de inibição de Oyarbide por não satisfazer os devidos procedimentos. Em janeiro de 2011, o tema da competência foi analisado pela Câmara de Cassação Penal e, em dezembro desse ano, o caso foi encerrado pela Câmara de Apelações, sem que ninguém recorresse da decisão.

Em sua investigação, López Biscayart expediu, em 16 de março de 2007, mandado de busca e apreensão em três gabinetes do Ministério de Planejamento e na sede do Ente Nacional de Regulação do Gás (Enargas). No dia anterior, havia vistoriado os escritórios da Transportadora Gás do Norte S.A. (TGN), titular de uma licença de exploração. O juiz buscava documentos internos que indicassem sobrepreços. Segundo um testemunho e um relatório interno, a gerenciadora teria informado ao Enargas que estavam sendo pagos à Skanska 152% a mais que o valor real. Não foram os únicos. Nos dias seguintes, o juiz expediu outros 22 mandados de busca e apreensão em distintas empresas e encontrou provas em pelo menos sete.

Embora as buscas tenham sido realizadas em meio a uma disputa judicial em torno da competência, e com ameaças de serem anuladas, a investigação levou a Skanska a demitir sete de seus gerentes e a pagar uma multa de cerca de 10 milhões de pesos pelo uso de notas apócrifas.

O avanço da investigação deixou o governo nervoso e, tanto naquela época como agora, foram iniciadas manobras na Justiça para dilatar e complicar o processo. Foi o então ministro da Justiça, Aníbal Fernández, que se encarregou de dar impulso a uma forte manobra para afastar o juiz López Biscayart do caso. Em 15 de abril de 2007, Fernández denunciou López Biscayart perante o Conselho da Magistratura porque o juiz quis enviar Adrián Félix López – a testemunha que havia vinculado funcionários do governo nesse episódio – a uma prisão da Polícia Federal, mas alguns dias depois o Conselho rejeitou a denúncia.

Na quinta-feira, 17 de maio daquele ano, o juiz López Biscayart divulgou as gravações do diálogo que Claudio Corizzo, auditor interno da multinacional sueca, teve com Javier Azcárate, gerente da empresa na época dos subornos. Nessas gravações, ficava demonstrada a participação de Fulvio Madaro, presidente do Enargas, e do gerente-geral do Fideicomisso Banco Nación, Néstor Ulloa. Mais tarde, porém, essas gravações foram rejeitadas como provas.

Em uma resolução de 1.300 páginas e após dois anos de investigação, em dezembro de 2010, o juiz Oyarbide processou os agora ex-funcionários kirchneristas Fulvio Madaro e Néstor Ulloa por suposta fraude contra a administração pública e corrupção passiva no âmbito do caso Skanska. Nessa resolução, Oyarbide destacava que as obras para a ampliação do Gasoduto do Norte, a cargo da sueca Skanska, teriam sido contratadas e realizadas por valores que seriam superiores àqueles estabelecidos nos projetos inicialmente apresentados por ambas as empresas titulares de licenças, e aprovados pela autoridade de aplicação, sem um aparente critério razoável para a validação do referido incremento, o qual não teria correlato com os custos vigentes na época da contratação, e que comportassem o pagamento ilegítimo de sobrepreços aos contratistas. Que tais manobras teriam permitido a obtenção de somas de dinheiro que teriam ingressado de forma ilegítima ao patrimônio dos funcionários públicos e/ou daquelas pessoas que fizessem parte das empresas e que em seguida foram designadas para as obras indicadas e/ou de outras que contratassem ou se encontravam vinculadas a estas.

E que tudo isso teria sido "em prejuízo do fideicomisso financeiro, do Estado nacional, dos contribuintes que constituíram o fideicomisso (investidores privados, públicos e empréstimos do exterior) e/ou dos usuários do serviço regulado de transporte e distribuição de gás por via da imposição de maiores cargas tarifárias na contabilidade".

A essa altura, no caso de Oyarbide e no de López, empresários e diretores da Skanska já estavam processados. A saber: Gustavo Vago, Mario Piantoni, Javier Azcarate, Héctor Obregón, Alejandro Gerlero, Juan Carlos Bos, Roberto Zareba, Eduardo Varni, Ignacio de Uribelarrea e Héctor Obregón, todos eles da firma Skanska. E os empresários Claudio Moretto, Rubén Gueler, Raúl Orsini, Pedro Carrozzo, Renato Cecchi, Walter Cecchi, Estela Insenga, Juan Cruz Ferrari, Jorge Roldán, Miguel Ángel Spital, Alejandro Tettamanti, Alejandro Kovacik, Alejandro Porcelli, Enrique Félix Rubinsztain, Daniel Nodar, Blas Pierotti, Adrián Félix López, Alfredo Greco, Pablo Ferrero e Jorge García.

Em 10 de novembro de 2011, a investigação por corrupção e suposto pagamento de propinas foi encerrada pela Sala I da Câmara Federal de Apelações com a absolvição de todos os funcionários implicados, e ninguém recorreu da decisão. O Escritório Anticorrupção (OA), dirigido na época pelo kirchnerista Julio Vitobello, deixou para trás os argumentos que em 2007 havia expressado Fleitas Ortiz de Rosas (ex-diretor do OA) e não se apresentou para que a Câmara de Cassação analisasse se o expediente estava bem fechado. O promotor perante a Câmara Federal, Germán Moldes, tampouco recorreu da decisão dos camaristas.

Nessa decisão de 80 páginas, a Câmara absolveu o atual secretário de Energia, Daniel Cameron, e o ex-interventor do Enargas, Fúlvio Madaro. Em uma resolução de 80 páginas, firmada pelos juízes Jorge Ballestero, Eduardo Farah e Eduardo Freiler, a investigação de Oyarbide foi rejeitada e os processados, absolvidos.

Os camaristas disseram que Oyarbide incorreu em "posturas merecedoras de questionamentos" e "contradições insuperáveis". Segundo esse Tribunal, a designação das obras foi uma "decisão política" regida pela necessidade de ampliar o fornecimento de gás antes do inverno de 2005. Os juízes sustentaram que não houve "sobrepreço" com base em uma perícia contábil realizada pelos peritos da Suprema Corte de Justiça, com o aval do ministro de Planejamento, Julio De Vido.

Segundo a decisão da Câmara, o Estado pediu orçamento às gerenciadoras e estas, por sua vez, foram buscar orçamentos para concretizar as obras uma vez que foram aprovadas. Os preços que essas gerenciadoras encontraram foram mais altos que os previstos, mas não houve sobrepreço: foi o custo real da obra. Já para Oyarbide, esses argumentos sobre a diferença entre o que foi orçado e o que finalmente foi pago correspondia a um pagamento de subornos encobertos. Mas, como a Câmara entendeu que não houve sobrepreços, também não existiram subornos.

Em 7 de dezembro de 2011, o caso Skanska foi arquivado definitivamente na Justiça Federal, já que ninguém apelou. Mas houve condenação. É que o caso investigado pelo juiz López Biscayart avançou e finalmente, em 1º de março de 2013, o Tribunal Oral Penal Econômico 2 condenou a seis anos de prisão os empresários Adrián López e Luis

Hernández, diretores da empresa fantasma Infiniti Group S.A. e Calibán S.A. por considerá-los chefes de uma quadrilha que vendia notas falsas a empresas que as vendiam para sonegar impostos. Além disso, o Tribunal condenou Alejandro Fernández e Hernando Fandiño, funcionários da Afip envolvidos no caso, a três anos de prisão e a dois anos de suspensão condicional por fazer parte da quadrilha.

Capítulo XVI

A rota do dinheiro K

Nunca em toda minha carreira jornalística reuni tantas provas sobre uma denúncia de corrupção. O caso ainda não foi encerrado. Mas é questão de tempo. Em abril de 2012, alguém me contou que o casamento de Leonardo Fariña e a modelo Karina Jelinek havia sido escoltado pelo Grupo Especial de Operações Federais (Geof). O que um grupo especial antiterrorista fazia em um casamento de pessoas do mundo do espetáculo? Os membros do Geof não vão a festas de 15 anos, pensei. Seria certo, então, o que diziam os serviços de inteligência, que Fariña era filho não reconhecido de Néstor Kirchner?

Coloquei dois jornalistas para trabalhar no tema: Nacho Otero e Leo Nicosia. Eles procuraram a família de Fariña em cada canto de La Plata. Buscaram a mãe. Mergulharam na história desse rapaz – contador, desconhecido, classe média, que de repente movimentava milhões em dinheiro vivo e exibia carros de luxo. Diziam que havia se casado com Karina Jelinek para que não lhe dessem um tiro. Diziam que tinha ficado com um dinheiro que não era dele e que o estavam procurando, e que por isso havia chamado a atenção como uma maneira de se proteger. Diziam de tudo. Até que uma noite Fariña apareceu no programa *Animales sueltos* e deu a sensação de estar preocupado e nervoso. Ele ficou sentado no estúdio ao lado dos outros convidados, falando sem ser claro e ocultando informação. "Querem confusão, vamos ter confusão. Mas que todos esperem as consequências", disse ele. E o apresentador, Alejandro Fantino, perguntou-lhe: "Para quem você está dizendo isso?" Fariña respondeu: "As pessoas para quem estou dizendo isso sabem... que interpretem como quiserem. Se até sexta-feira isso não for solucionado, na segunda eu vou e faço a denúncia penal. E doa a quem doer".

Ignácio Otero, um dos jornalistas que trabalharam no caso, recorda que Fariña estava nervoso e paranoico. Parecia que algo o estava ameaçando. Ligava para ele o tempo todo, à 1 hora ou às 2 horas da madrugada. "Na primeira vez que o vi, em um lapso de quinze minutos, ele tomou três latas de Coca-Cola, fumou três cigarros e tomou um café", recorda Otero. Finalmente, pouco tempo depois, Otero conseguiu marcar o primeiro encontro com Fariña em minha antiga casa no bairro do Retiro. Queríamos averiguar quem era Fariña. Dessa vez, Fariña veio com seu advogado. Ficamos conversando por mais de duas horas. Eu o recebi na sala e acionei o gravador do telefone. Naquela noite ele falou sem parar, mas sem dar muitos detalhes. Contou-nos que lidava com muito dinheiro não declarado de um empresário vinculado ao governo, mas não o identificou. Referia-se a ele como "o chefe". "O chefe cortou minha comunicação", disse, dando a entender que não atendia às suas ligações fazia mais de um mês. Um dinheiro havia desaparecido e o chefe pensava que Fariña o tinha embolsado. Era uma sexta-feira e ele nos disse: "Estou esperando que me liguem para negociar antes de falar. Se não me ligam, na segunda conto tudo". Na segunda, Fariña desapareceu. Aquele dia o xingamos como nunca. Eu me senti usado. Talvez ele tivesse "negociado" aquela conversa sem que soubéssemos. Talvez tivesse ameaçado o "chefe". "Cuidado que estou em contato com o Lanata e falo tudo", terá dito. Não sei. Eu queria descobrir quem era o "chefe", esse empresário vinculado ao governo de quem Fariña tanto falava.

Alguns meses se passaram e Fariña voltou a aparecer. A situação já não era a mesma, nós já pensávamos que ele escondia coisas. Ele tinha a intenção de que o entrevistássemos para mostrar a imagem de um financista sério. Nós queríamos, por outro lado, que ele nos revelasse tudo o que dizia saber sobre personagens poderosos. Encontramo-nos outra vez na minha casa, e decidi gravar a conversa. Nessa ocasião, Fariña deu muito mais detalhes. Revelou que trabalhava para Lázaro Báez; disse frases como "posso lhe assegurar que o cara controlava tudo" e "você não tem a dimensão da estrutura que Néstor havia montado". Disse mais: "Você quer fazer um relatório sobre a rede de lavagem de dinheiro do Estado? Olha, a única maneira que você tem de averiguar isso é se eu lhe contar como fazer, porque fui eu que montei [a rede]". Quando lhe perguntei se Néstor Kirchner e Lázaro Báez eram sócios, Fariña respondeu: "Sim". Eu quis saber mais:

– E você tem ideia da porcentagem? – perguntei-lhe.

– Na verdade, [eram sócios] em tudo – respondeu.

– Como em tudo? Lázaro era o testa de ferro ou o sócio?

– Na política não há testas de ferro. Há operadores, o que é diferente.

– Como é isso? Traduza – pedi.

– Você é Lázaro, eu sou Néstor. Você é meu amigo, você monta uma construtora, eu direciono obras para você. A construtora é do Lázaro, mas acontece que a cada quatro anos há uma campanha presidencial. Necessito dez milhões. Toma. Me mande três aviões. No dia em que Néstor morreu, os três aviões do Lázaro iam e vinham do Sul. Ou seja, você ganhou um favor para toda a vida. Favor contra favor.

A conversa ocorreu em 2012. E tudo o que Fariña dizia parecia certo. Mas não tínhamos papéis nem outros testemunhos que confirmassem a história. Fariña havia contado muito mais do que na primeira vez, mas nos faltavam evidências. E tivemos que tomar a decisão mais horrível que existe para um jornalista: assumir que você não pode botar no ar, não pode porque o material que você conseguiu não é suficiente. Ou seja, tenho que seguir buscando. Foi o que fizemos. A matéria com Fariña ficou guardada na geladeira por um tempo.

Entre meados e fins de março de 2013, estávamos no pior momento de um programa jornalístico: quando você está a ponto de ir ao ar. Estávamos reunidos ao redor da mesa com a equipe completa. Esteban Nico, Geuna, Fitz Patrick, Tamara, Andrea, Rapa e, obviamente, estávamos vendo o que levaríamos ao ar. Queríamos algo forte para começar. Era a enésima reunião de produção e não encontrávamos o tema. Mas de repente tocou o telefone do Nico, e a história mudou completamente. Nico desligou o celular e disse: "Acho que posso ter algo forte". Ninguém acreditou nele.

Foi assim que apareceu Federico Elaskar, um ex-sócio e também vítima das maquinações de Fariña. Elaskar era o ex-dono da financeira SGI e dizia que Lázaro Báez tinha lhe aplicado um golpe e ficado com a empresa. Sim, Lázaro Báez, amigo pessoal de Néstor e Cristina e o maior fornecedor de obras públicas em Santa Cruz. Elaskar dizia que Lázaro havia retirado US$ 55 milhões do país em um período de seis meses, através de manobras financeiras que enviaram o dinheiro a contas na Suíça de empresas radicadas em paraísos fiscais. Néstor Kirchner estava a par dos fatos. Elaskar era o financista que havia montado a engenharia para tirar o dinheiro do país. Feito o trabalho, os emissários de Lázaro se apropriaram de sua empresa em Puerto Madero. Elaskar dizia ter sido obrigado a vender sob ameaça: "Você vai acabar como Forza", disseram-lhe. Segundo ele, esse grupo o havia deixado na rua. A história de Elaskar se encaixava perfeitamente na de Fariña, como peças de um quebra-cabeça. "O chefe" era Lázaro Báez.

Nico tinha conseguido um furo. Como jornalistas, estávamos diante de um caso que intuíamos que era importante, mas que acabou sendo muito mais do que isso. A denúncia provocaria uma incrível série de reações em cadeia. Decidimos entrevistar Elaskar. Mas a tarefa não seria fácil. Nico recorda que se encontrou pela primeira vez com Elaskar em uma sala neutra. "Ele estava na grande sala de reunião de um escritório de advocacia, sozinho, sentado a uma mesa de vidro que tinha lugar para vinte pessoas. Através dos janelões, viam-se o trânsito da avenida 9 de Julio, as luzes vermelhas dos carros, o Obelisco. Ele vestia uma camisa Ralph Lauren listrada, calçava mocassim Louis Vuitton, fumava Marlboro. Fazia girar seu BlackBerry sobre a mesa. A conversa durou várias horas", diz.

O que veio depois desse primeiro encontro foi uma guerra de nervos que durou mais de um mês. Elaskar ia e vinha. Até o último momento, não sabíamos se gravaria a entrevista. Tinha medo por si mesmo, por sua namorada, por sua família. Até que um dia decidiu falar – e forneceu elementos documentais indiscutíveis. Foi em seu apartamento de Madero Center, vizinho do de Boudou. Cheguei lá pouco depois das 19 horas. Fui com Patricio Carballes, meu advogado. Também estava "Rapa" Ravanelli, produtor executivo do programa. Elaskar transpirava. E finalmente falou dando as caras. A gravação foi vista por todos. Elaskar não deixou uma pergunta sem responder. Disse que havia tido uma relação comercial com Fariña durante cinco meses, período em que Fariña movimentou entre US$ 50 e 60 milhões. Quando Nico lhe pediu que definisse como Fariña trabalhava, Elaskar respondeu: "É um office-boy multimilionário de Lázaro Báez". Explicou isso claramente: "Durante o primeiro semestre de 2011, eu me dediquei a fazer operações por conta e ordem de Leonardo Fariña para seu cliente, que era Lázaro Báez".

– Durante esses seis meses, quanto dinheiro você movimentou? – voltei a perguntar, diante da câmera, para que não restassem dúvidas.

– Aproximadamente 55 milhões de euros.

– Quantas empresas foram criadas?

– Foram criadas entre 40 e 45 sociedades "*off-shore*" em Belize, Panamá, Seychelles, diversos paraísos fiscais que costumam estar pouco regulados.

– O Panamá era o destino das operações?

– Não, em geral se utilizava Belize com contas bancárias na Suíça.

– O que Fariña lhe dizia sobre o dinheiro que trazia?

– Que era dele. No início, quando eram quantias razoáveis em euros, dizia que era dele.

– Mas quando aparece com 12 milhões de euros...

– Aí não, obviamente.

– Mas, com o tempo, ele deixou claro para você que a grana era do Lázaro?

– Sim, claro.

– Como lhe contou?

– Bom, eu lhe perguntei: "De quem é essa grana?". "Do Lázaro", me disse.

– Como ele levava o dinheiro à sua financeira?

– Buscavam o dinheiro em aviões ou ele trazia de La Plata, da casa do pai... em sacolas, mochilas.

– E como o dinheiro chegava a Buenos Aires?

– A Buenos Aires? Em avião, vindo de Río Gallegos. O avião era Lima Victor Zulu Serra Zulu, LV ZSZ, essa era a matrícula do avião.

– O avião do Lázaro?

– O avião do Lázaro.

Quando íamos embora, os seguranças quiseram sair em fotos comigo. Nunca imaginaram o que acabáramos de fazer no apartamento "C" do 3º andar. Nem o que revelaríamos pouco tempo depois. A história de Elaskar se encaixava perfeitamente na de Fariña. "O chefe" era Lázaro Báez. No relato de Elaskar, apareciam outros personagens que Fariña já tinha mencionado: Daniel Pérez Gadín e Fabián Rossi, o marido de Iliana Calabró. E Martín Báez, o filho de Lázaro, presidente de uma das 50 empresas falsas que haviam sido criadas para mandar dinheiro a paraísos fiscais. Quem enviava o dinheiro era Rossi. Quem movimentava o dinheiro no Panamá, segundo Elaskar, era Rossi. Além disso, Elaskar nos deu provas contundentes, os papéis originais da constituição da sociedade "*off-shore*" Teegan Inc., radicada em Belize e no nome de Martín Báez. Elaskar os havia guardado talvez porque sempre soube que essa história não acabaria bem. É o que eu dizia no princípio: nunca, em minha carreira, tive tantas provas sobre um crime de corrupção. Originais lacrados, documentos sobre criação de empresas com carimbos. Isso apenas começava.

Era hora de voltar a ver Fariña. Este segundo encontro foi diferente, pois já tínhamos muito mais informação. Mas Fariña não sabia quais dados possuíamos, e isso funcionava a nosso favor. Ele não poderia mentir para nós. Fariña não sabia que tínhamos conversado com Elaskar porque os dois estavam brigados e não se falavam. Decidimos gravar uma vez mais com câmera escondida. Pouco tempo depois, o jornalista de fofocas Luis Ventura diria que foi tudo uma armação, mostrando o suposto material "bruto" da gravação. O fofoqueiro se confundiu ao ver, no tape, uma câmera na sala da minha casa. Tínhamos pensado: é muito melhor colocar uma câmera na sala para que Fariña nos diga que não quer gravar. E depois trazê-lo ao escritório, onde de fato o filmaremos sem que ele saiba. Foi isso que fizemos.

Então Fariña entrou em minha casa, viu a câmera, disse que não queria gravar, como prevíamos, e veio para o meu escritório. No escritório havia quatro pessoas: Fariña, Rapa, Nacho Otero e eu. Fariña disse logo que sabia que o estávamos filmando, embora nunca tenha dito onde estava a câmera. Nacho Otero estava com a câmera. Minutos depois, Fariña admitiu que tinha elaborado um plano para lavar US$ 160 milhões de Lázaro.

– Fiz um plano, sou organizado – disse. – Vou lhe contar de outra maneira: você não pode ter 190 quilos de notas não declaradas em um mês e inseri-las no circuito. É literalmente impossível. Eu montei um programa.

– Por que você diz quilos? – Perguntei-lhe.

– US$ 1 milhão equivale a 1,1 kg de notas.

– Você movimentou a grana do Máximo?

– Não, movimentei a grana do Lázaro, que era a dele.

– É que nos chama a atenção que havia grana de Máximo no meio de tudo isso.

– Não, de jeito nenhum, nunca tratei de negócios com Máximo.

– E com Néstor você tratou?

– Sim.

– E como ele era?

– De primeira.

– Do que você falava?

– Não, digamos, eles me apresentavam os problemas, eu apresentava as soluções, e Lázaro ligava e me dizia sim ou não. Eu me relacionava com Lázaro, exclusivamente. Com o Néstor, só algumas partidas de futebol e alguns churrascos.

Pouco depois, à medida que a conversa avançava, Fariña se mostrou interessado em saber o que se passava nos escritórios da financeira SGI.

E, sem querer, acabou nos fornecendo um dado inesperado, que dá uma ideia da dimensão da financeira de Madero Center. Fariña disse:

– O que eu quero saber, porque não estou a par do tema, é: como está a situação das pessoas dali?

– Estão no escritório – eu lhe disse.

Fariña fez silêncio, recostou-se, pensou no que ia dizer e soltou:

– Na Rosadita?

– O quê?

– SGI é a Rosadita, é lá onde De Vido vai, onde as licitações são fechadas, onde são feitas as operações não declaradas, todo mundo vai lá.

Já tínhamos provas mais do que suficientes: Lázaro Báez e seu filho Martín tinham enviado US$ 55 milhões para fora do país em bolsas de dinheiro que Fariña trazia de Río Gallegos em voos privados. Apresentei as primeiras provas no domingo, 14 de abril, no PPT, que registrou recorde histórico de audiência para um programa jornalístico na TV. Mas então Fariña, um dia depois, quando o escândalo estourou em todos os canais, começou a nos desmentir publicamente: "Lanata queria ficção. Eu lhe dei ficção". E Elaskar mudou sua versão também. Pediu perdão pelo que havia dito diante do jornalista Rolando Graña e disse que tinha mentido para nós até quando declarou diante de nossas câmeras que o haviam ameaçado de morte. As provas eram inquestionáveis. No entanto, naqueles dias, presenciei a mais vergonhosa campanha do governo para nos difamar: Tognetti dizendo que os certificados podiam ser obtidos na internet. Fariña alinhado com toda a programação do canal América: Rial e Ventura operando abertamente a seu favor, Canal 7 defendendo os lavadores de dinheiro. Nunca tinham chegado tão longe.

Decidimos buscar mais provas. Reconstruímos a conexão Panamá. Nico viajou até lá e confirmou a existência dos escritórios da SGI onde trabalhavam Rossi e Daniel Pérez Gadín. Também descobriu que os diretores da Teegan Inc. – a empresa que lavava dinheiro, integrada por Martín Báez, cujos papéis originais lacrados apresentamos no programa – e o advogado que havia criado a empresa acabavam de pedir demissão devido ao escândalo desatado em Buenos Aires pela difusão do caso.

No Uruguai, Rodrigo Alegre seguiu outra pista. A da fazenda "El Entrevero", que Pérez Gadín havia comprado por US$ 14 milhões. "O dinheiro usado para essa compra entrou no Uruguai sem nenhum tipo de controle", recorda Rodrigo. "Nesse caso falharam todos os alertas e todos os controles, e o Uruguai teve de abrir sua própria investigação para saber o que aconteceu com a rota do dinheiro K." Fariña também havia nos falado do caso. Não tinha nada de ficção.

O novelo começou a se desenrolar e deu lugar a uma história paralela: a das manobras do próprio governo para ocultar a trama; em Buenos Aires, descobrimos que existiram Relatórios de Operações Suspeitas (ROS) realizadas por empresas de Báez que a Unidade de Investigações Financeiras (UIF), a cargo de José Sabatella, omitiu e não apresentou à Justiça para salvar Lázaro. A proteção a Lázaro era incrível. Diz Luciana Geuna: "No meio da investigação, uma fonte me contou algo que para mim era incrível: haviam sido emitidos relatórios de operações suspeitas de empresas de Lázaro por um banco chamado Finansur no valor de 180 milhões de pesos, e a UIF não tinha feito nada nesse momento. Demorou cinco anos para levar isso à Justiça". O caso já era um escândalo internacional. Da Suíça também chegavam provas. Um funcionário do banco Lombard Ordier confirmou que, através de uma conta no nome de Martín Báez, havia passado muito mais que US$ 1,5 milhão. Que todas as transferências tinham sido eletrônicas. Que depois do primeiro depósito de um milhão e meio, começaram a transferir muito mais dinheiro. O Lombard Ordier havia pedido a Báez documentos que assegurassem a origem legal desse dinheiro. Báez não lhes deu nada. O banco suíço encerrou a conta porque era suspeita.

Conseguimos então dados sobre um voo que Martín Báez tomou até a Suíça com Pérez Gadín e com seu advogado Jorge Chueco. Eles viajaram a Genebra em 26 de maio de 2012 em um voo da Aerolíneas Argentinas com escala em Madri. A data coincidia com o momento em que tiveram de encerrar a conta a pedido do banco Lombard Ordier.

Tudo o que eu denunciei deu origem a um processo na Justiça Federal. O processo foi distribuído para o juiz Sebastián Casanello.

Mas o governo começou então a tecer uma rede de proteção ao redor de Néstor e Cristina.

Uma noite, recorda Luciana Geuna, recebi uma mensagem no Facebook de alguém que dizia que precisávamos nos encontrar imediatamente. A pessoa me tratava como se me conhecesse. E me deu um número de telefone para que eu ligasse. Liguei e logo reconheci uma velha fonte, de muito tempo atrás. Ela pediu um encontro urgente, e nos encontramos. Então me contou que pessoas do governo estavam montando uma operação jurídica para tirar Lázaro e seu filho do processo. Essa operação seria protagonizada por Carlos Gonella, ninguém menos que o promotor que deveria investigar lavagem de dinheiro. Gonella se encarregaria de que nem Lázaro nem seu filho estivessem no processo.

A Casa Rosada aproveitou as férias do promotor do caso, Guillermo Marijuán, para ordenar ao procurador antilavagem Carlos Gonella e à procuradora-geral, Alejandra Gils Carbó, que não oferecessem denúncia contra Lázaro e seu filho. A instrução foi dada pelo secretário Legal e Técnico, Carlos Zannini.

Nós nos cansamos de mostrar provas. Tínhamos a prova da relação comercial entre eles: a ata pela qual Austral Construções, a empresa-emblema de Báez, decidia investir em sociedade com os Kirchner. Além disso, Cristina tinha feito negócios com Lázaro Báez e havia deixado o rastro em suas declarações de bens de 2007 e 2008. Lázaro e os Kirchner eram sócios. A essa altura, era evidente que havíamos aberto a caixa de Pandora. Em maio, somou-se o testemunho de Miriam Quiroga, secretária de Néstor desde que ele era governador de Santa Cruz até o fim de seu mandato na presidência. Havia muito tempo que nossa jornalista Mariel Fitz Patrick vinha tentando convencê-la a falar diante das câmeras. O que vem a seguir é um trecho da entrevista que mantive com ela:

– Você conhece o Lázaro? Onde o conheceu?

MQ: Sim, o conheço. Eu o vi primeiro em Santa Cruz; não tivemos uma relação de amizade. Mas, trabalhando, obviamente o conheci.

– Você o conheceu quando era bancário ou empresário?

MQ: Quando era empresário.

– Tem alguma explicação para o crescimento do patrimônio de Lázaro?

MQ: Bom, as alocações das obras, vários contratos com a província.

– Lázaro e Néstor eram sócios?

MQ: Não posso lhe assegurar, não vi um papel, mas sim.

– E os demais... Cristóbal?

MQ: Trabalhavam juntos, o que posso lhe dizer? Orçamentos, contratos, licitações, você tem que comprar isso, você tem que comprar aquilo, ele falava disso com Néstor.

– Percebi que o kirchnerismo participa das empresas: você quer uma ponte e lhe dão, mas passam a fazer parte da sua empresa e cobram todos os meses.

MQ: Sempre: se eu lhe dou algo, sou parte disso. E dessa maneira você vai encontrar muita gente que não quer falar.

– Além disso, é um sistema muito mais estável que o suborno. Porque o suborno, em si, você paga e depois rompe a relação; mas dessa maneira, eles entram em sua empresa e podem prejudicar você.

MQ: E podem ter controle de tudo. Hoje tudo isso saiu do controle, porque Cristina não é Néstor e não tem controle sobre as pessoas ou sobre funcionários e alguns empresários.

– Alguma vez você viu alguma movimentação de dinheiro vivo?

MQ: O que vi foram bolsas, pessoas, movimentos, e um colega de trabalho que me disse: "Toma, segura a bolsa". "Quanto tem aqui?", perguntei-lhe. "Não tenho nem ideia de quanto. Eles pesam o dinheiro", disse. Eu lhe pedi: "Deixa eu ver uma [nota]", e ele comentou: "[As notas] estão muito bem contadas pelo chefe". Isso eu vi nas mãos de Daniel Muñoz, assessores, secretário particular.

– Onde foi?

MQ: Minha sala fica em frente à sala do ex-presidente, claro que por ali passavam todos, pessoas que se dirigiam a outra instância e falavam com o ex-presidente. E logo vinha Daniel

Muñoz, em algumas ocasiões, e me dizia: "Toma, pesa. Quanto pode haver aqui?" Vi Cristóbal López e Lázaro Báez poucas vezes, porque os encontros com ele eram em El Calafate. E Eskenazi em sua primeira etapa.

– Você via essas bolsas no gabinete do governo, mas depois aonde iam?

MQ: Com Adrián Muñoz a Olivos, e depois a Santa Cruz. De avião e muitas vezes por via terrestre.

– E quando não era Adrián Muñoz, quem era?

MQ: Não sei, alguma pessoa designada, esse assunto era muito controlado por um integrante da Side [Secretaria de Inteligência do Estado], Larcher, era o controle que tinha. Larcher permanentemente ia lá para apresentar o relatório.

– Você viu todas essas pessoas desde 2003?

MQ: Até 2007.

– Você as viu de uma maneira em 2003 e de outra em 2007?

MQ: Claro que as vi de outra maneira porque houve muita mudança, em sua forma de vestir, de gastar, em eletrônica. Mas eles diziam que eram pagamentos para gastos com transporte e hospedagem, porque viajavam muito ao exterior. Não me contariam nada. Nunca entrei nesse circuito nem nesse círculo. Eu me dedicava a trabalhar, chegava muito cedo e ia embora muito tarde.

– Nunca lhe disseram "compre um terreno em Calafate"?

MO: Sim, Néstor me disse isso, que investisse lá. Cheguei a redigir uma nota na prefeitura e nunca me responderam. Não investi.

– É verdade que Néstor não usava cartão de débito?

MQ: Sim, é verdade. É muito estranho, não? Sempre andava com dinheiro.

– E nas viagens também?

MQ: Daniel Muñoz levava [o dinheiro].

– Por que você acha que ele tinha uma fixação com o dinheiro?

MQ: Por construir poder, e o poder você constrói com o dinheiro e outras qualidades mais.

– Muitas vezes escutei falar da caixa-forte com dinheiro e pensei que era um delírio. Pode ser verdade?

MQ: Pode ser, porque eu também escutei uma conversa telefônica [sobre isso]. Estávamos voando de Buenos Aires a Santa Cruz e o ex-presidente Néstor falava com o construtor e exigia que fosse mais rápido com o assunto das caixas-fortes. Escutei-o falando sobre as portas que tinham que chegar, que era preciso trabalhar mais depressa, e que era preciso guardar o dinheiro.

– As dimensões?

MQ: Sei que era grande, mas não posso falar quais eram as dimensões porque não escutei, e a conversa se referia à casa que possuem em El Calafate. A casa de Cristina.

Também apareceu o arquiteto que construiu a caixa-forte da casa que Cristina possui em El Calafate. Ernesto Cañas, ex-proprietário de um hotel em El Calafate, agora afastado da cidade e radicado em Buenos Aires, entrou em contato com Nico Wiñazki e o convidou a sua casa para conversar sobre aquela história.

"Como havia um espaço debaixo da escada", disse Cañas, enquanto desenhava um croqui da casa de El Calafate, "fiz para ele um recinto de dois metros por um, com a porta que se abre para fora. Fechei com chave e a entreguei a Barreiro, e não sei o que aconteceu depois com isso." O pedreiro me disse: "Ali, a única coisa que fizemos foi colocar uma caixa-forte do tamanho da mesa". Coincide com as [caixas-fortes] que foram levadas quando o Banco Provincia foi desmantelado. "Eu estava confuso porque Barreiro me disse que comprariam uma porta blindada e a colocariam lá dentro. Para movê-la, são necessárias oito pessoas ali dentro, é impossível. Acho que é lógico ter um lugar para guardar documentos, estamos falando de um sujeito que foi três vezes governador e duas, presidente."

A metáfora da formiga: quando você pisa um formigueiro, tudo desmorona. Então começou essa etapa, a etapa em que tudo veio abaixo. Depois do testemunho de Miriam, o que nos faltava era encontrar algum funcionário ou ex-funcionário para checar a versão das caixas-fortes. Porque as pessoas podiam pensar que a ex-secretária, que havia tido uma relação muito íntima com Néstor, agora falava por despeito. Quem terminou falando foi o ex-vice-governador de Santa Cruz, o ex-vice-governador de Néstor, Eduardo Arnold.

"Era estranho e até mesmo engraçado, por exemplo, quando o sujeito cobrava aluguéis. Rudy Igor Ulloa cobrava os aluguéis de todas essas propriedades que adquiriu na ditadura com a lei 1.050", contou Arnold. "Rudy vinha com os bolsos assim", faz um gesto com as mãos, "de dinheiro e dava todo o dinheiro junto, porque Néstor gostava de ter o dinheiro no bolso." Arnold prosseguiu: "Ela, Cristina, me levou e fomos ver a casa, a casa de El Calafate. Lá vi um mezanino que, pelo que me lembro, não era redondo, e sim hexagonal ou octogonal, e lhe perguntei para que servia aquilo, o que colocariam ali. As caixas-fortes, disse-me. Simples assim. Chamou-me muito a atenção um local daquele tamanho para caixas-fortes".

Quanto mais o governo tentava ocultar o escândalo, cada vez que Lázaro Báez negava ser o testa de ferro de Néstor, apareciam mais provas que indicavam o contrário. Lázaro Báez tinha sua própria caixa-forte em sua chácara inteligente nos arredores de Río Gallegos. Mostramos na televisão as fotos que provavam que o empresário havia desmontado o lugar para apagar evidências. As fotos haviam sido feitas pelo empregado de Báez que desmontou a caixa-forte, Sergio Triviño. No dia seguinte, Báez abriu pela primeira vez as portas de sua casa em Río Gallegos e convidou a imprensa para que filmasse o lugar, e mostrou que havia uma adega no suposto lugar da caixa-forte. Essa operação apenas confirmou nossas provas: chamamos um perito e pudemos comparar a caixa-forte com a adega. Eram iguais. Uma substituiu a outra.

Já antes disso Lázaro havia tentado apagar evidências no Madero Center. Seu pessoal esvaziou a documentação dos escritórios da financeira SGI, aproveitando a demora da Justiça em expedir um mandado de busca e apreensão. Lázaro quis sumir com as provas, e nós tivemos as imagens da operação "limpeza", obtidas pelas câmeras de segurança do edifício, nas quais vemos um homem e uma mulher levando um computador. Logo depois, um desfile de carrinhos de supermercado, com pessoas que levam papéis, caixas e pastas. Os carrinhos saem cheios, descem e voltam vazios, e voltam a sair cheios. A "mudança" acontece algumas horas antes da operação de busca. É uma sequência incrível que coloca em evidência como eles levaram tudo enquanto ninguém fazia nada.

A rota do dinheiro K era uma parede crivada de buracos, uma corrida a lugar nenhum. Para a Justiça nada era suficiente, e foi então que apareceu a pista das ilhas Seychelles. Ao contrário do juiz Casanello, houve um promotor que realmente se pôs a investigar: José María Campagnoli. O promotor partiu de uma premissa lógica: quem constitui uma sociedade "*off-shore*" fora do país evidentemente está tentando ocultar dinheiro. Campagnoli iniciou um processo para determinar se Elaskar havia vendido a SGI ao ser extorquido por Báez. Comprovou uma infinidade de ligações cruzadas que mostravam os vínculos entre as empresas de Báez, Pérez Gadín, o advogado Chueco, Elaskar, Fariña e até mesmo um número telefônico do Ministério do Planejamento. Cruzou dados, voos e transferências. Investigou sociedades na Argentina e no exterior. Descobriu que a Helvetic Services Group, empresa proprietária da SGI, havia trazido US$ 65 milhões em bônus ao país, depositados depois em contas da Austral Construcciones. A manobra de lavagem de dinheiro era clara: os milhões que Fariña, Elaskar e os Báez haviam tirado do país de forma ilegal regressaram legais. Mariel Fitz Patrick acrescenta: "Campagnoli descobriu também que a Helvetic controlava uma rede de 150 empresas criadas para servir de fachada e ocultar os movimentos de dinheiro. Todas eram administradas por uma sociedade chamada Aldyne, radicada nas ilhas Seychelles, um dos paraísos fiscais mais fechados do mundo".

Seychelles e a misteriosa empresa Aldyne eram as peças que faltavam do quebra-cabeça. A essa ilha paradisíaca do oceano Índico Cristina Kirchner viajara em segredo em janeiro de 2013, em uma escala não prevista durante uma visita presidencial à Ásia. No começo de dezembro de 2013, a procuradora-geral da Argentina, Alejandra Gils Carbó, pediu a suspensão de Campagnoli. Gils Carbó, que em teoria deveria defender o promotor por suas atuações, deu início com sua própria assinatura à criação de um comitê de julgamento para avaliar a suspensão do promotor. O caso foi o último escândalo, na véspera do verão, dessa longa história que começou há dois anos. Campagnoli foi finalmente suspenso de suas funções. Seu salário foi reduzido em 30% e ele ficou a um passo de ser destituído. Não bastaram nem os protestos das pessoas nem a campanha em Change.org, que reuniu mais de 150 mil assinaturas de apoio ao promotor.

Na quinta-feira 13 de dezembro, em uma medida sem precedentes, a Corregedoria do Ministério Público afastou-o do cargo. Três dos sete membros do júri não puderam ser imparciais, já que eram militantes da Cámpora e do agrupamento kirchnerista Justicia Legítima. O mesmo aconteceu na instância prévia do processo contra o promotor: quatro dos cinco integrantes do conselho que intercedeu antes do júri eram integrantes do Justicia Legítima, assim como Gils Carbó. Nunca antes havia sido tomada uma medida tão drástica contra um promotor, um castigo que só está previsto para casos de assédio sexual ou roubo de dinheiro do fundo de caixa. “Fui suspenso por investigar o poder”, diz Campagnoli. A equipe de investigação da Promotoria de Saavedra e da Secretaria de Investigações Penais (Sipe) também foi desarticulada e seus integrantes foram transferidos para um arquivo do Palácio de Justiça. Uma matéria feita por Mariel Fitz Patrick para os primeiros programas do PPT de 2014 resume o “caso Campagnoli”, uma metáfora da Justiça na era K: o promotor processado e o culpado livre.

Em outubro de 2012, havia chegado à Promotoria de Instrução Número 10, que estava a cargo de Campagnoli, uma denúncia contra Federico Elaskar, o ex-dono da SGI. A denúncia foi feita por representantes da SGI, após serem intimados pela Afip por um empréstimo com uma hipoteca fantasma que disseram desconhecer e que atribuíram a Elaskar, o antigo presidente. Além disso, eles o acusaram de outras manobras fraudulentas e de tê-los ameaçado.

Poucos meses depois, na primeira emissão do PPT de 14 de abril de 2013, Elaskar contou diante das câmeras uma versão completamente distinta. Disse que havia sido obrigado a vender a SGI, ameaçado, entre outros, pelo contador de Báez, Daniel Pérez Gadín, que a partir de julho de 2011 tinha ficado à frente da financeira. Diante das câmeras do PPT, Elaskar reconheceu que havia sido ele, através de sua financeira SGI, o autor das manobras para levar ao exterior e lavar 55 milhões de euros de Báez, e disse que Fariña lhe trazia do Sul o dinheiro do empresário. No mesmo programa, o próprio Fariña reconheceu ter sido o homem que levava as maletas de Báez. Apesar da contundência da matéria na TV, na segunda-feira, 15, nenhum promotor agiu. À noite, enquanto o Telenoche reproduzia a matéria do PPT, Campagnoli decidiu iniciar ação penal por lavagem de dinheiro. No dia seguinte, apresentou-se no Cartório Distribuidor com uma série de medidas cautelares. A ação ingressou na Justiça Federal. Horas depois, Campagnoli pediu o tape do programa ao Canal 13. Naquela mesma noite, prestei declaração em sua Promotoria.

De forma paralela, a partir da Promotoria de Saavedra e com o valioso trabalho de farejadores dos funcionários da Sipe, Campagnoli continuou a investigação sobre o caso de extorsão e gestão fraudulenta da SGI. À luz do que foi revelado pelo PPT, a investigação começou a tomar forma. A suspeita era que, na verdade, a denúncia contra Elaskar havia sido uma manobra para encobrir a forma extorsiva com que o pessoal de Lázaro Báez tinha se apoderado da SGI.

Em pouco mais de um mês, Campagnoli e seus funcionários descobriram que, em julho de 2011, a SGI havia sofrido frenéticas mudanças acionárias e tinha sido comprada por uma misteriosa sociedade suíça chamada Helvetic Services Group, que Elaskar atribuiu a Báez. Eles descobriram também que o telefone da SGI tinha passado para o nome de uma sociedade do contador de Báez, Daniel Pérez Gadín, e que este tinha viajado para a Espanha acompanhado pelo filho de Lázaro, Martín, e pelo advogado do empresário patagônico, Jorge Chueco. Além disso, os investigadores descobriram que a Helvetic controlava – por intermédio da firma Aldyne, com sede nas ilhas Seychelles – 150 sociedades "*off-shore*" pelas quais teria passado o dinheiro que terminou chegando à Suíça.

Com essas descobertas, Campagnoli não teve dúvidas. Em 22 de maio pediu o interrogatório de Báez, seu contador Pérez Gadín, seu advogado Chueco e de outras sete pessoas de seu entorno vinculadas à SGI.

Em 29 de maio, a juíza María Gabriela Lanz acatou boa parte dos pedidos do promotor e ordenou interrogar Báez e companhia por crime de extorsão. A partir desse momento, começaram as petições "gêmeas" dos defensores dos acusados. Eles alegaram suspeição do promotor e da juíza e pediram a anulação de todos os dados do processo. Não só isso. Em sua ofensiva, também apresentaram uma denúncia criminal contra Campagnoli na Justiça Federal – que foi rejeitada – e duas denúncias administrativas na Procuração, a cargo de Alejandra Gils Carbó, integrante do agrupamento K Justicia Legítima.

Em 19 de junho, a partir de uma investigação da Sipe baseada em documentação oficial, financeira e bancária, Campagnoli reconstruiu a rota dos 55 milhões de euros que Báez havia tirado do país e lavado para trazê-los novamente mediante a compra de bônus argentinos que foram depois depositados na conta de sua empresa Austral Construcciones, na agência Plaza de Mayo do Banco Nación.

A partir desses fatos, Campagnoli decidiu incluir Martín Báez e dois diretores da misteriosa empresa Helvetic Services Group em seu pedido de interrogatório. Acusou todos eles de levar adiante uma manobra de lavagem de dinheiro da qual participaram testas de ferro e *office-boys* de luxo de Lázaro Báez e seus sócios.

Toda essa complexa operação financeira foi concretizada freneticamente entre 14 de dezembro de 2012 e 8 de abril de 2014, quando o entorno de Báez já sabia ou suspeitava de que Elaskar estava a ponto de revelar as manobras de lavagem de ativos. Apenas seis dias depois da última repatriação de dinheiro, transmitimos as entrevistas com Elaskar e Fariña no PPT.

Após esse segundo parecer de Campagnoli, os advogados de Báez, Pérez Gadín e Jorge Chueco reforçaram sua bateria de apresentações para frear a investigação do promotor. Os pedidos de defesa prévia ficaram suspensos, à espera de que a Câmara de Apelações se pronunciasse a respeito da alegação de suspeição que eles fizeram sobre Campagnoli e a juíza Lanz, e sobre o pedido de que os autos passassem à Justiça Federal. Sabiam que o juiz federal Sebastián Casanello vinha realizando a investigação sobre lavagem de dinheiro com extrema lentidão.

Em 21 de outubro, a Sala V da Câmara Criminal confirmou o aval da juíza Lanz a todos os dados do processo compilados por Campagnoli, rejeitou os pedidos de anulação e considerou que não havia ilegalidade na atuação do promotor. Também confirmou a competência de Campagnoli para investigar a extorsão, mas concluiu que os fatos investigados no processo da Justiça Federal e os da investigação realizada por Campagnoli e Lanz tinham conexão, embora fossem distintos. A Câmara também decidiu que os autos passassem para as mãos do juiz Casanello, encarregado do caso sobre lavagem de dinheiro.

Seis meses haviam se passado desde a explosão do escândalo da rota do dinheiro K, e Campagnoli tinha impresso um ritmo vertiginoso à investigação. Apesar dos esforços do promotor Guillermo Marijuán, a partir desse momento o caso Lázaro ficaria empacado no gabinete de Casanello nos Tribunais de Comodoro Py.

Uma das últimas medidas tomadas pela Sipe antes de enviar o caso à Justiça Federal foi o entrecruzamento de ligações dos imputados. Esses cruzamentos confirmaram o vínculo entre Báez, Elaskar, Fariña, Pérez Gadín e Jorge Chueco, além da existência de uma relação ininterrupta, ao menos entre outubro de 2010 e 30 de maio de 2013, o último dia analisado. Esse cruzamento de ligações também indicou que havia 122 chamadas feitas de um número de celular da Movistar registrado em nome do Ministério do Planejamento ao celular do contador de Báez, Pérez Gadín. A Sipe enviou um ofício ao ministério de Julio De Vido para saber quem o utilizava. O ofício foi recebido em 29 de outubro. A resposta chegou no dia seguinte, 30 de outubro. O celular era usado por Claudio Fabian Cerutti, que trabalhava no setor do Cerimonial de Planejamento, chefiado pelo secretário particular e homem de extrema confiança de De Vido, José María Olazagasti. Ainda em 30 de outubro, os advogados de Chueco e Pérez Gadín compareceram à sede da Sipe em Saavedra para protestar aos gritos. Isso porque, embora Campagnoli já não estivesse encarregado do caso Báez, a investigação continuava. Na realidade, o ofício havia sido enviado ao Ministério do Planejamento pouco antes de o processo ser remetido à Justiça Federal. Os advogados de Chueco e Pérez Gadín pareciam estar muito bem informados a respeito do ofício que havia chegado ao ministério sobre as tais comunicações entre um assessor de De Vido e o contador de Báez. Curiosamente, no registro entregue pela Movistar à Promotoria, desapareceram todas as comunicações entre 17 e 27 de outubro de 2010. Nesses dez dias, há um buraco-negro nas ligações. Diante da reclamação da Sipe pelo desaparecimento dos registros, a resposta foi: "Não há ligações". Mas, segundo o relatório das outras empresas de celular, foram realizadas chamadas aos números da Movistar durante esse período. Inclusive chamadas feitas do escritório de Chueco ao seu celular. O estranhíssimo apagão telefônico dessa empresa de celular atingiu as 10 milhões de linhas da Movistar no país, das quais não ficaram registros no período. Não houve nenhuma explicação da empresa sobre um suposto problema técnico. A Movistar é a companhia utilizada por membros da Secretaria de Inteligência e muitos funcionários nacionais.

Outra curiosidade: esse lapso de dez dias em branco coincide com os dez dias prévios à morte de Néstor Kirchner, ocorrida em 27 de outubro de 2010, e inclui a data do assassinato de Mariano Ferreyra. Mas a nova ofensiva dos advogados defensores não foi a única coisa que aconteceu naquele 30 de outubro. Nesse mesmo dia, Gils Carbó tirou de Campagnoli a Promotoria 10, que ele substituía havia dois anos, e que era a que realizava – com a intervenção da Sipe – a investigação sobre a extorsão contra Elaskar e a possível gestão fraudulenta da SGI, que continuava na justiça comum. O argumento da procuradora foi uma suposta "reestruturação" que somente afetou Campagnoli. A medida foi efetivada apenas quatro dias depois. Em sua defesa, Campagnoli apresentou uma carta muito dura à Procuradoria, onde afirmou que o motivo real de seu afastamento da Procuradoria 10 se devia a seus avanços na investigação do caso Báez, e acusou Gils Carbó de encobrir e entorpecer o caso retirando-o da Promotoria que tinha o processo original. Além disso, naquele 30 de outubro, Gils Carbó iniciou dois processos disciplinares contra o promotor, embora os argumentos já tivessem sido rejeitados pela Sala V da Câmara Criminal.

Os advogados também haviam argumentado que Campagnoli integrava um insólito "grupo destituinte", juntamente com o Grupo Clarín, Elisa Carrió e eu mesmo. E afirmavam que o objetivo da investigação do promotor era prejudicar o governo e a família da presidenta, embora nenhum deles tivesse sido denunciado por Campagnoli.

Nesse mesmo 30 de outubro – a equipe de Campagnoli saberia mais de um mês depois – seriam registradas no caso River as últimas comunicações gravadas no telefone grampeado do irmão da ministra de Segurança, María Cecilia Rodríguez. A partir desse dia, a Side informaria que o telefone não registrava comunicações, embora as listas de faturamento em poder da Sipe mostrassem o contrário.

Somente na madrugada de 2 de dezembro, quando confirmaram que o tal Diego Rodríguez era irmão da ministra Cecília Rodríguez, foi que Campagnoli e seus farejadores compreenderam tudo. "Deus tenha piedade de nós", escreveu um deles. Faziam sentido, assim, as comunicações inescrupulosamente apagadas pela Side e o súbito movimento dos processos disciplinares de Gils Carbó contra Campagnoli.

Em 22 de novembro, apenas duas semanas depois de receber os processos contra Campagnoli, o Conselho Avaliador de Disciplina votou a favor de sua suspensão até que a Corregedoria resolvesse sobre sua possível destituição. A decisão foi firmada por uma maioria K integrada pelos promotores Javier De Luca, Alejandro Alagia, Eduardo Álvarez e Diego Luciani.

Luciani, membro da Procuradoria-Adjunta sobre Criminalidade Econômica e Lavagem de Ativos (Procelac), foi denunciado por encobrimento no caso Báez, juntamente com a procuradora, e os promotores Carlos Gonella e Omar Orsi, por ter retirado Lázaro Báez e seu filho Martín da denúncia original. No entanto, isso não fez com que Luciani se abstivesse de votar. O único que se opôs foi o promotor

Ricardo Álvarez, de Paraná. Ele advertiu que não havia sido realizada qualquer instrução e que o acusado não tinha podido se defender. É que tanto a integração do Conselho como as conclusões do parecer haviam sido mantidas em sigilo. Portanto, Campagnoli não pôde exercer sua defesa.

De fato, entre 30 de outubro e fins de novembro, os processos disciplinares contra ele avançaram dentro da Procuradoria. Mas Campagnoli só soube disso quando Gils Carbó o notificou em 5 de dezembro sobre o encaminhamento à Corregedoria, que deveria decidir sobre sua destituição. Entre os argumentos centrais da procuradora para pedir a ação contra o promotor, estão as supostas irregularidades cometidas durante a investigação que, no entanto, já haviam sido rejeitadas pela Sala V da Câmara Criminal.

Em um procedimento relâmpago, em 12 de dezembro, apenas uma semana depois do pedido de Gils Carbó, a Corregedoria suspendeu Campagnoli por quatro votos – todos de declarada simpatia kirchnerista – contra três dos representantes dos advogados e de um ex-procurador. Os votos a favor foram do presidente do corpo e representante do Poder Executivo, Ernesto Kreplak; do promotor Daniel Adler, representante da Procuradoria; de Rodolfo María Ojea Quintana, designado pelo Senado; e de María Cristina Martínez Córdoba, da Defensoria. Contra a sanção votaram os representantes do Colégio Público de Advogados[52]; da Federação Argentina de Colégios de Advogados; e o ex-procurador-geral da Argentina, Juan Octavio Gauna.

Após sua suspensão, Campagnoli denunciou "uma perseguição para impedir que fossem aprofundadas as investigações de atos de corrupção que levava adiante". Tendo como advogado Ricardo Gil Lavedra, ex-deputado radical e ex-juiz do tribunal que condenou as Juntas Militares, Campagnoli ajuizou em 17 de dezembro mandado de segurança para reclamar a anulação do processo contra ele e pedir, mediante uma medida cautelar, que fosse levantada a suspensão.

[52] Instituição similar à Ordem dos Advogados do Brasil. (N.T.)

O juiz Pablo Cayssials rejeitou a medida cautelar. Campagnoli apelou e, em 21 de janeiro, a Câmara no Contencioso Administrativo Federal confirmou essa decisão, sem se expedir sobre a questão de fundo, que ainda está pendente de resolução a cargo do juiz Cayssials.

Paralelamente, a Promotoria de Saavedra trabalhava havia um ano e meio no caso de um assassinato de um torcedor do River, Matías Soria, ocorrido em 10 de junho de 2012 no estádio Monumental. A investigação derivou a um processo paralelo sobre a revenda de ingressos de sócios que servia para financiar a *barra brava*[53] do River e que incluía dois de seus chefes, dois policiais, diretores do clube, e que envolvia seu então presidente, Daniel Passarella.

Entre as escutas telefônicas pedidas pela Sipe – e autorizadas pelo juiz de instrução número 10, Fernando Caunedo – que os investigadores analisaram em meados de novembro, havia uma explosiva. Lázaro Báez era mencionado em uma intervenção telefônica de 15 de outubro de 2013, aparentemente sem conexão com esse caso, mas sim com o processo da extorsão contra Elaskar que, a essa altura, fazia 20 dias que estava com Casanello.

Em um diálogo entre Diego Rodríguez, ex-membro da comissão diretora do River, conhecido como "El Boletero", e Fabio "El Mudo" Penna, da *barra brava*, este lhe dizia que Báez precisava "lavar 300 *palos verdes*" [US$ 300 milhões] e lhe perguntava se queria emitir notas falsas de sua fábrica em troca de uma comissão pelo negócio. O que os investigadores não sabiam nesse momento era que o tal Diego era o irmão da atual ministra de Segurança, María Cecilia Rodríguez. De fato, em conversas posteriores, aparecia "uma irmã" que era funcionária, mas ainda não sabiam em qual dependência ela trabalhava. Em um desses diálogos, Diego Rodríguez lhe dizia: "Com isso não queremos ficar ricos" e, na mesma conversa, ela se comprometia a falar com "Débora". Referia-se à ministra da Indústria, Deborah Giorgi?

---

[53] Facção violenta de torcedores, em geral envolvida em atividades criminosas. (N.T.)

Outra ligação ao número de Diego Rodríguez foi realizada em 17 de outubro de um telefone fixo da concessionária "Ruta 3 Automotores" em Ramos Mejía, onde costuma se ativar a antena do celular de Penna. Nessa ligação, o "Mudo" Penna – ou, pelo menos, parece ser sua voz, ainda que não se identifique – deixa um recado na caixa de mensagens: "Foram depositados 300 *palos* no Banco Província". Esse recado foi escutado três vezes por Rodríguez. Também foram registradas chamadas feitas da fábrica de Diego Rodríguez ao celular de Penna. O pedido de escuta por parte do promotor foi renovado em novembro. Mas, curiosamente, a partir de 30 de outubro, os CDs que a Side enviava começaram a chegar em branco, assim como as transcrições.

Em 26 de novembro, Campagnoli enviou uma carta ao juiz Caunedo com a conversa em que Báez era mencionado e advertiu que a Side havia ocultado ou destruído as escutas a partir de 30 de outubro. Esse também foi o dia em que tiraram Campagnoli da Promotoria encarregada do caso Báez. E – saberia a equipe de Campagnoli mais de um mês depois – foram registradas as últimas comunicações gravadas no telefone grampeado do irmão da ministra no caso River. Desde aí, a Side informaria, impassível, que o telefone não registrava comunicações, embora as listas de contabilidade em poder da Sipe refutassem isso completamente.

Somente na madrugada de 2 de dezembro a equipe confirmou que Boletero era irmão de Cecília Rodríguez, que até esse momento era secretária de Coordenação Militar de Assistência a Emergências do Ministério da Defesa. A descoberta foi feita graças ao lugar de ativação das antenas de celular nos arredores do Edifício Libertador. Para a surpresa dos investigadores, nesse mesmo 2 de dezembro, a "irmã" de Diego Rodríguez foi nomeada nova ministra de Segurança. Campagnoli e sua equipe compreenderam tudo. "Deus tenha piedade de nós", escreveu um deles. Tinha sentido, assim, o sumiço das comunicações e o súbito movimento dos processos administrativos de Gils Carbó contra o promotor.

Na madrugada de 3 e 4 de dezembro, os farejadores da Sipe redigiram uma carta que foi enviada ao juiz Caunedo na manhã seguinte com a descoberta. Nesse texto, eles solicitaram várias detenções e mandados de busca e apreensão, inclusive no escritório conhecido como Ojota, onde a Side realizava as escutas, acusando-a de apagar as chamadas a partir de 30 de outubro. Não sabiam que enquanto isso, na Procuradoria, estava sendo redigido o pedido de suspensão e julgamento político de Campagnoli, que foi notificado somente em 5 de dezembro, embora o documento fosse datado do dia anterior.

Poucas horas depois, na tarde de 4 de dezembro, Rodríguez assumiu o cargo no Ministério de Segurança. "Casualmente", naquele 4 de dezembro, o deputado nacional kirchnerista Leonardo Grosso divulgou pelo Twitter um vídeo em que supostos moradores do Bairro Mitre – onde a Cámpora tem forte presença – denunciavam que Campagnoli perseguia e estigmatizava as famílias humildes da região. Também nesse dia, Grosso enviou uma carta à Procuradoria pedindo que Campagnoli fosse investigado por discriminação. Ainda em 4 de dezembro, Cristina Caamaño – então secretária de Cooperação com os Poderes Judiciais do Ministério de Segurança – renunciou ao cargo. Sua renúncia se tornaria efetiva "retroativamente" a esse dia por um decreto de 9 de dezembro.

No dia seguinte, 5 de dezembro, o juiz Caunedo ordenou que Campagnoli lhe enviasse o processo do River, cuja instrução até esse momento estava nas mãos do promotor, e prorrogou o segredo de Justiça. Em 12 de dezembro, a Corregedoria suspendeu Campagnoli até resolver sua possível destituição. Campagnoli denunciou que a medida foi decidida porque ele investigou Báez e Diego Rodríguez, o irmão da ministra de Segurança que apareceu numa escuta telefônica em que lhe ofereceram lavar US$ 300 milhões da Austral Construcciones, a firma com a qual Báez realiza obras públicas. Além disso, alegou suspeição de Gils Carbó e repreendeu a falta de independência dos membros da Corregedoria que votaram contra ele, questionando-os por serem "kirchneristas" e por terem laços com a Cámpora.

Sem perder tempo, nesse mesmo 12 de dezembro, Gils Carbó designou a promotora Claudia Katok como substituta de Campagnoli e Cristina Caamaño como "coadjuvante". No dia seguinte, 13 de dezembro, o juiz Caunedo decidiu sobre a anulação das listas telefônicas pedidas pela Polícia Metropolitana com informação complementar sobre as escutas. O juiz argumentou que o objeto da investigação não estava claro e que era "uma excursão de pesca" [não tinha muitos dados sobre o que buscava provar], apesar de que fazia meses que ele mesmo controlava essa suposta "excursão".

Ainda em 13 de dezembro, Caamaño assumiu na Promotoria de Campagnoli e não apelou a anulação de parte das escutas decidida por Caunedo. Tampouco se referiu à competência de Casanello – encarregado do processo sobre lavagem de dinheiro contra Báez. Por ser uma decisão prematura e questionável, parecia na verdade uma manobra para que Campagnoli não pudesse continuar investigando.

A primeira coisa que Caamaño fez ao chegar à Promotoria de Saavedra foi pedir o processo do River, em que ficava provado que a direção do clube desviava fundos com fins proselitistas e financiava a *barra brava* como tropa de choque. Caamaño informou aos empregados que, a partir daquele momento, ela pessoalmente se encarregaria dos autos. E assim fez, completamente pelas costas dos empregados de Campagnoli. Quando um dos secretários da Promotoria de Saavedra, que tem a obrigação de registrar e fazer estatísticas sobre os processos, ousou pedir a Caamaño as novidades sobre o caso River, a resposta dela foi: "Sugiro que você não pergunte mais sobre esse caso" e, diante de sua cara de surpresa, completou: "Você tinha que ser mais submisso".

Talvez para não ficar tão comprometida com o encobrimento político de Báez e do irmão da ministra de Segurança, Claudia Katok – a outra promotora substituta – deixou a Promotoria de Savedra, na prática, nas mãos de Caamaño. Mas Katok não apresentou sua renúncia por escrito, e portanto continua recebendo salário extra por substituir Campagnoli.

Para se deslocar até a Procuradoria, Caamaño continuou usando o Toyota Corolla placa FKN-452 designado para ela no Ministério de Segurança, um veículo com motorista e um guarda-costas da Polícia Federal argentina. Justificou dizendo que precisava do carro para "levar os processos" que estavam na Promotoria 10, situada na esquina das ruas Paraguai e Uruguai (centro de Buenos Aires), onde Campagnoli era substituto. Curiosamente, este foi um dos argumentos de Gils Carbó para tirar de Campagnoli essa Promotoria: disse que ele cumpria funções em Saavedra, distante fisicamente da outra Promotoria.

A chegada de Caamaño a Saavedra, como uma espécie de interventora política, foi marcada pelo assédio e a perseguição dos empregados que vinham trabalhando com Campagnoli. Ela interrogou um por um, de forma separada, enquanto o pró-secretário de sua Promotoria, Pablo Becerra, anotava as respostas em um notebook. Em seu interrogatório, ela lhes deu a entender que, por terem trabalhado com Campagnoli, considerava-os portadores de uma "ideologia" – sem especificar qual – que deveriam deixar de lado se pretendiam manter seus trabalhos. Para provar o que dizia, Caamaño mostrava o que eles haviam postado em suas contas de Twitter ou Facebook a favor do promotor suspenso. Ela trazia consigo uma pasta com impressões desses posts nas redes sociais. A ameaça, em alguns casos, não podia ser mais direta: "Pare de encher com esse negócio de Twitter. Eu falo com a procuradora e acabo com você".

Em 10 de fevereiro, em outra represália contra a equipe de Campagnoli, a Sipe foi desalojada de seus escritórios em Saavedra. Seus integrantes foram enviados para trabalhar no arquivo administrativo da Unidade de Investigações de Delitos com Autor Desconhecido, a cargo de Campagnoli até sua suspensão. Assim, eles passaram de um amplo edifício no bairro de Saavedra, cedido pela Prefeitura de Buenos Aires, onde dispunham de um andar inteiro de 200 metros quadrados e dois gabinetes em outros dois andares, para um mezanino de 20 metros em um arquivo localizado na rua Tucumán esquina de Carlos Pellegrini. Decapitada, longe do promotor do qual dependia para firmar seus documentos e sem acesso aos processos que levavam adiante por falta de espaço nesse lugar, a Sipe ficou praticamente desarticulada.

Para entender o que isso significa, é preciso lembrar que a Sipe foi um escritório projetado e colocado em marcha pelo próprio Campagnoli em junho de 2012, antes da chegada de Gils Carbó. Foi criada por uma resolução do então procurador suplente, Luiz González Warcalde, com o objetivo de esclarecer delitos em que N.N.[54] estão envolvidas. Oitenta por cento dos processos criminais que tramitam na capital são denúncias desse tipo. Seu secretário é Ignácio Rodríguez Varela, que integrou ao lado de Campagnoli a equipe que desembarcou no então Ministério de Justiça e Segurança com Gustavo Béliz e Norberto Quantín, quando Néstor Kirchner assumiu a Presidência, para retornar ao Ministério Público pouco mais de um ano depois. A Sipe funcionou desde o início na rua Arias, 4.491, mesmo endereço da Promotoria de Saavedra, dedicada aos delitos de autores desconhecidos e que intervém, ao contrário das demais promotorias da cidade, de maneira permanente em todos os delitos cometidos no território de quatro delegacias (dos bairros de Saavedra, Núñez, Bajo Belgrano e Villa Urquiza), a cargo de Campagnoli desde 1º de julho de 1999. Esta Promotoria e a Sipe funcionaram sempre como uma unidade. Desde o início, a Sipe dedicou-se a realizar investigações especiais, assim como esclarecer roubos e crimes de piratas do asfalto, homicídios, estupros e assaltos a clientes que saem dos bancos, entre outros. Já esclareceu 1.200 delitos graves que haviam sido engavetados. Como uma espécie de FBI *criollo*, em suas investigações a Sipe analisa gravações de câmeras de segurança, cruza antecedentes, rastreia dados da internet e pede escutas telefônicas de suspeitos, entre outras medidas de inteligência criminal. Trabalha com a Brigada Antissequestros da Polícia Federal e com a unidade Investigações da Comuna 12 da Polícia Metropolitana. Em pouco mais de um ano, interveio em três investigações que selaram o destino de Campagnoli e da Sipe: o caso do sequestro de Alfonso Severo, testemunha do caso Mariano Ferreyra, desaparecido em 3 de outubro de 2012 e aparecido no dia seguinte, 10 minutos após as primeiras medidas da Sipe, que terminou com Campagnoli especificando os policiais e agentes de inteligência envolvidos; o caso Báez; e o caso River, em que o irmão da ministra de Segurança acabou envolvido. Nos três casos, o motor foi a recém-criada – e, ao que parece, efêmera – Sipe.

[54] Pessoas anônimas. (N.T.)

Capítulo XVII
Feudos

Formosa: Insfrán

Formosa foi uma das províncias mais ortodoxas na hora de aplicar o "modelo": é a província mais pobre do país, onde a mortalidade infantil chega a 18 por mil. Segundo as cifras oficiais do Indec, 8% da população de Formosa não tem banheiro em suas casas, 20% carece de geladeira e 16% dos lares cozinham com lenha ou carvão. Além disso, 74% dos habitantes não têm computador. Mas apesar desses números terríveis, faz 25 anos que Gildo Insfrán, ex-veterinário, trabalha como funcionário no centro de poder da província: 8 como vice-governador e 17 como governador. Foi reeleito e reeleito em meio a denúncias de corrupção e até mesmo uso de listas de eleitores com histórias de cidadãos paraguaios que cruzam a fronteira para votar em Formosa e retornam a seu país.

O caso de Formosa é a metáfora do poder concentrado e da construção do feudo a longo prazo, forjado sobre anos de permanência no poder, assim como em Santa Cruz. No ano de morte de Néstor Kirchner, Gildo inaugurou o primeiro monumento a Néstor no país, uma réplica dourada e da altura do ex-presidente. O monumento está na avenida Néstor Kirchner e foi inaugurado com a presença do ministro de Planejamento, Julio De Vido.

Insfrán venceu as eleições em 2003, 2007 e 2011 de forma arrasadora. Segundo denúncias da oposição, a façanha foi possível porque contou com estrangeiros: fala-se que mais de 10 mil paraguaios ou argentinos radicados do outro lado da fronteira chegam para votar vindos da ilha de Alberdi, do lado paraguaio, onde uma rádio inclusive instrui seus moradores sobre como fazer para votar em Gildo em Formosa. "São pessoas que foram contratadas pelos *punteros* do insfranismo; recebem um documento similar ao que todos os argentinos possuem e votam em troca de um rendimento, um plano social ou inclusive uma aposentadoria", diz Nuncio Toscano, que foi secretário-geral da sede em Formosa da Associação de Médicos da República Argentina (Amra) até julho de 2013.

Um argentino que vive no exterior pode votar. Ele vai até a embaixada da Argentina, por exemplo em Assunção, e pode votar para presidente. Mas não para governador ou prefeito. Em Formosa, porém, isso é possível. "Votam porque figuram, falsamente, como se estivessem vivendo na cidade de Formosa", diz Toscano. Como se articula uma manobra em que, além de votar com documento falso, as pessoas recebem, em troca, planos sociais ou pensões estatais? A operação do "voto à paraguaia" depende da cumplicidade de vários organismos. Explica Toscano: "Primeiro, do Registro das Pessoas, pela quantidade de documentos entregues. Depois, da Direção de Migrações. E finalmente da Anses. Estamos falando de milhares de estrangeiros que recebem um benefício pago com o imposto de todos os argentinos".

O caso dos votos falsos foi denunciado mil e uma vezes dentro e fora de Formosa. Mas nunca aconteceu nada: Gildo também controla a Justiça. Trata-se de tribunais dependentes, totalmente submetidos, onde os velhos juízes foram se aposentando e, em seu lugar, assumiram filhos de funcionários e políticos peronistas que estão à disposição do regime. É uma Justiça que não admite a possibilidade de que um funcionário governista seja investigado, ao contrário de um opositor. Uma Justiça que não faz nada diante de uma infinidade de pistas clandestinas utilizadas pelo narcotráfico que se espalham por todo o território provincial. Uma Justiça que nada faz também cada vez que na camionete de algum agente de polícia são encontrados pacotes de cocaína e maconha, provenientes do Paraguai e em franca viagem rumo a Buenos Aires.

Blas Hoyos, ex-deputado da UCR de Formosa, descreve: "Reeleição indefinida, controle absoluto dos recursos, falta de distribuição de poderes, consolidação do poder, controle total da Justiça. Ano passado votaram os alunos da classe de 1994, que nunca viram outro governador além de Gildo".

"O grande temor de Gildo é deixar o poder um dia, pois ele traiu seu padrinho político. Traiu e tem medo de que lhe exijam uma compensação por seus anos no poder e por suas riquezas, mas ainda mais pelos inimigos que acumulou", resume Gabriel Hernández, ex-prefeito da cidade de Formosa. A comparação de Formosa com Macondo é inevitável: ao redor da Casa de Governo, há uma feira de quase três quarteirões onde tudo o que se vende é mercadoria de contrabando.

Em Formosa também existe um porto que foi construído em 1987 e nunca funcionou. Foi batizado de Puerto Nuevo e custou US$ 210 milhões. Para fazê-lo, fecharam um balneário municipal. Pensou-se então em um trem que recebesse as mercadorias no porto e em seguida as distribuísse ao resto do país. Mas calcularam mal o lugar devido ao calado: os barcos nunca puderam entrar. Custou milhões de dólares e o dinheiro foi gasto, mas nunca ninguém deu explicações sobre isso.

"Não dá para entender como pensaram em construir um porto nessas praias, onde estavam os balneários mais populosos", diz Blas Hoyos. "A outra pergunta é por que construir nesse lugar, onde o canal de navegação passa pelo lado do Paraguai, não deste lado. Creio que este é o monumento à corrupção e à estupidez humana. Como é possível construir um complexo ferro-portuário sem trens nem barcos?"

O projeto era faraônico. Uma metáfora do progresso. No mesmo lugar seria construída uma estação de trem para escoar a produção que chegasse de barco. O barco nunca passou e o trem nunca chegou. Mas o guindaste foi comprado: custou US$ 35 milhões e foi pago durante uma das gestões de Gildo Insfrán como governador. Agora está abandonado. E está sendo avaliada a possibilidade de instalar um novo porto na cidade de Colonia Aquino. Tomara que seja um porto com barcos.

Em Formosa existe inclusive um governador que contratou a si mesmo. Essa é a história do Elefante Branco da capital da província, o edifício nunca concluído da Assembleia Legislativa. Faz 24 anos que está em construção e que o dinheiro do Estado é consumido para levar adiante as obras inconclusas. Gildo Insfrán deu início ao projeto quando era vice-governador e presidente da Assembleia. Foi ele mesmo quem providenciou a liberação dos US$ 80 milhões gastos até agora.

Perto dali, no bairro de Guadalupe, os moradores não possuem esgoto nem água potável, embora possam admirar o Estádio Poliesportivo Cinquentenário, construído com recursos da província. O campo de futebol tem capacidade para 6 mil pessoas e instalações próprias de um estádio da NBA. Foi inaugurado em 2007 e sedia jogos de vôlei e basquete. O público que comparece nunca supera os 10% da capacidade.

"Fala-se de US$ 50 milhões de custo aproximado", diz Blas Hoyos. "Mas com isso também poderiam ter sido feitas muitas outras coisas. Basta olhar para o bairro de Guadalupe, que está exatamente em frente ao estádio, tampado: é um bairro extremamente carente com mais de cinquenta anos de história e com problemas crônicos, gravíssimos em termos sanitários e de infraestrutura de serviços. Com 0,5% do orçamento do estádio, esses problemas poderiam ter sido solucionados, mas continuam aí mostrando os contrastes de um bairro quase africanizado."

Em meados de 2013, viajamos a Formosa e visitamos vários municípios situados ao longo da estrada 81. Percorremos 200 quilômetros desde a capital Formosa até o povoado de Bartolomé de las Casas. Lá comprovamos também que Formosa é a província da "fome de água". Vimos como as pessoas juntavam água com baldes em grandes poças; a água que usavam para comer, cozinhar ou tomar banho.

Diego Dos Santos, vereador da UCR, explicou-nos a situação crítica da água na província: "Para lhe dar uma referência", me disse, "há 37 municípios, dos quais mais da metade se encontram com escasso ou nulo abastecimento de água".

Formosa é uma província rodeada por águas dos rios do litoral. Marcial García é o único enfermeiro comunitário da região e trabalha também como médico circunstancial: "Utilizamos a água da chuva para que os pacientes bebam, para esterilizar instrumentos e lavar os banheiros", diz ele. "Se não chove, carecemos de água porque é preciso pedi-la e demoram mais ou menos três dias para trazê-la."

Em Bartolomé de las Casas, as pessoas nunca tiveram água encanada. As poças são a salvação para muitas comunidades indígenas, que se perguntam se a obra anunciada pelo cartaz da entrada – promessa de canos, esgoto e água potável – será realizada algum dia. Marcial García continuou: "As manchas nos rostos dos meninos se devem, em parte, à ingestão de água imprópria. O mais provável é que tenham ingerido água não tratada. E também é comum ver garotos com muita diarreia e vômitos".

Seguindo pela estrada 81 por dez quilômetros chega-se a Ibarreta, onde os moradores pagam pela água que a prefeitura lhes envia. Mas há um problema: o serviço é deficiente. Hugo Fernández, um dos habitantes, é taxativo: "A usina de tratamento de água é um reservatório sem água. Não chove há oito ou nove meses, e a prefeitura nos intima a pagar a conta de água embora o serviço não exista. Todo mundo é obrigado a pagar a conta. Pagam por um serviço que não existe. Mas existe água às vezes, quando é repartida. Temos um horário. Das 13 horas às 14 horas mais ou menos. Dispomos de três dias de água por semana. E nesses três dias, uma hora. É a luta da água, a luta de todos os dias".

Em Estanislao del Campo, no centro da província, os moradores chegam caminhando com seus baldes e vão embora para suas casas com os mesmos baldes cheios de água. Carregam esse peso ao longo de quilômetros. Ali, Marta, a encarregada de vigiar o único poço artesiano do vilarejo, diz: "Isso é como tirar ouro para todos nós e para todas as pessoas que vêm buscar água. Em jarros, em garrafas e em garrafinhas de refrigerante vêm buscar água".

Em Pozo de Tigre, a situação é ainda mais grave porque os funcionários usam a água para fazer clientelismo político: quem não apoia o prefeito não recebe água da prefeitura. É o caso de Marisa: "Não levam água para minha casa. Outro dia, estava lá o inspetor e eu lhe disse que levaria água para minha casa, mas ele me disse que não. Disse que não porque não estou na lista. Tenho cinco filhos. Não ter água é crítico. Se não tomar água, você morre. Limpei o poço com os meninos até às 14 horas. Eles choravam e me diziam: 'Mamãe, tenho fome de água'. Fome de água".

Depois da reportagem sobre a "fome de água" no município de Pozo de Tigre, o PPT, em colaboração com a ONG Conin, do dr. Abel Albino, e outras organizações sem fins lucrativos, lançou uma campanha chamada "Argentina Urgente". O objetivo era levar água e outros insumos às populações carentes do norte do país, onde a falta de água e a fome muitas vezes matam. A campanha teve uma enorme repercussão. Rapidamente, milhares de pessoas de diferentes pontos do país e do exterior e, sobretudo, muitíssimas escolas começaram a reunir doações para enviar caminhões carregados de produtos aos povoados carentes do norte. Em outubro de 2013, descobrimos o pior: Gildo Insfrán, em Formosa, estava bloqueando a ajuda promovida por "Argentina Urgente" com pressões e ameaças às pessoas que trabalhavam no projeto. Viajamos a Formosa e falamos com os que estavam ali havia semanas. Descobrimos que a fundação Essen, encarregada da construção de um poço artesiano em Pozo del Tigre, tinha abandonado a obra depois que os responsáveis sofreram ameaças e perseguições por parte do governo local. "Tudo começou na quinta-feira, quando os técnicos da fundação começaram a perfurar o solo para levar água a todo o povoado. Cavaram um buraco de dez metros, mas na noite de quinta-feira o buraco apareceu tampado com terra, tijolo e vidro", contou Rodrigo Alegre, de Pozo del Tigre. E revelou: "A partir do momento em que levamos ao ar a denúncia de Marisa González, contando que tinham 'fome de água', começaram as pressões e ameaças contra ela, sua família e o restante dos moradores".

A campanha teve de ser suspensa em Formosa e continuou, com sucesso, na província de Salta.

Outro dos grandes escândalos da província está associado à distribuição de combustível ao Estado. A respeito disso, Hoyos afirma: "Não há registros dos fornecedores do Estado. Ninguém sabe quem eles são e em que condição estão. No caso específico de toda a distribuição de combustível na província de Formosa, ela está nas mãos do principal fornecedor, que é cunhado do governador, em cuja empresa trabalha a mulher do governador, de sobrenome Galduff".

O deputado provincial da UCR de Formosa, Martín Hernández, explica que a empresa Galduff Combustibles fornece combustíveis ao Estado provincial através de licitações privadas que são vencidas exclusivamente pela mulher do governador. "Claramente, uma situação de negociações incompatíveis com o exercício da função pública", afirma. "Ou seja, o governador contratando sua esposa. Além de favorecer um familiar, favorece a si mesmo." Outro caso do mundo mágico de Insfrán: a avenida costeira da cidade se chama Vuelta de Formosa ("Volta de Formosa"). Possui três quilômetros de extensão e foi inaugurada em 2011. É enfeitada com palmeiras, elegantes postes de luz, sistemas de luzes LED e guaritas policiais pitorescas. Parece uma avenida costeira tão sofisticada como a de Puerto Madero. Custou cerca de US$ 4 milhões. Segundo o site Plazademayo.com, as obras foram executadas com recursos da Unidade Central de Administração de Programas (Ucap), cuja presidente é Stella Maris Manzur. Uma parte importante das obras foi destinada à Covasa S.A., firma presidida por Jorge Pablo Covone, filho de Manzur. Outra contratada recorrente da Ucap – que administra os recursos federais enviados pelo ministro do Planejamento, Julio De Vido – é a Edifikar, propriedade de Eduardo Víctor Solsona, esposo de Manzur. "Sabemos que esta proprietária Manzur é, ao mesmo tempo, dona de imóveis em Puerto Madero", diz o advogado Eduardo Davis. "Ela possui uma mansão com praia particular em Florianópolis, além de uma grande quantidade de imóveis na província de Formosa. Pedimos que fosse iniciada uma investigação séria e concreta por parte da província. O filho de Manzur também tem construtoras e é contratado para obras com valores milionários."

O deputado provincial da UCR de Formosa, Martín Hernández, explica Davis, denunciou tudo isso na Justiça. Desde aí, acredita-se que alguém em Formosa investigue o patrimônio da funcionária e os negócios das obras públicas dos membros de seu entorno.

"Durante esses vinte anos de governo de Gildo Insfrán, a corrupção se exteriorizou no Poder Executivo, nas prefeituras, na polícia", diz o advogado. "É raro encontrar funcionários que não enriqueceram aproveitando-se de sua condição."

A denúncia aponta Manzur como culpada dos delitos de formação de quadrilha, desvio de dinheiro público, lavagem de ativos, encobrimento, negociações incompatíveis com a função pública e enriquecimento ilícito, todos concomitantes. "Manzur centraliza todos os fundos que chegam do governo federal", completa Davis. "A maioria das obras é feita por empresas de seus parentes. Eles montaram um *pool* de empresas. A mãe encaminha obras para o filho e o marido. Em Buenos Aires não acreditam que isso aconteça aqui, pois acham que é demais."

"A corrupção é comum, uma normalidade", diz Carlos Varela, diretor e jornalista da rádio La Corneta. "E aqui nada acontece sem o consentimento do governador. O governo paga 142,27 pesos aos fornecedores por quilo de *puchero* para os refeitórios. Outros fornecedores recebem 97 pesos por quilo. Antonio Mérito Ferreyra, chefe de Gabinete de Insfrán e conhecido como 'Pomelo' Ferreyra, é dono de toda a rede de provedores do sistema de saúde da província, tanto estatal como privada. Todas as ambulâncias, que aluga ao Estado, pertencem a ele. Agora Gildo é milionário, mas eu o conheço desde quando era pobre. Quando seu Citroën não funcionava, lá pelo ano 1979, eu lhe emprestava meu Torino. Naquela época, ele militava no Partido Comunista Revolucionário. Hoje é magnata."

Carlos Varela investigou o chamado "caso das notas X": "Isso é válido aqui. Aqui eles lhe pagam assim para não pagar à Afip". E mostra uma nota escandalosa: "Esta que tenho aqui é a do filho do prefeito do município de Colorado, no valor de 231.463,03 pesos. Ele alugou uma retroescavadeira ao governo de Formosa. Com quatro recibos como esse eu compro uma retroescavadeira. Para que vou alugar?".

Segundo o Censo de 2010, no departamento de Ramón Lista, noroeste da província de Formosa, existem 2.796 moradias; 2.104 são precárias, com telhado de zinco, cana ou palha com barro. Noventa por cento da população de Ramon Lista é wichí. E 90% das moradias não têm água. Além disso, 56,5% das casas não têm banheiro.

Em Formosa convivem três povos indígenas: os wichí, os pilagá e os qom. Segundo o Fundo das Nações Unidas para a Infância, Unicef, em 2011 o índice de mortalidade infantil foi mais alto nos departamentos onde vivem os wichís. Trata-se de Ramón Lista e Matacos, onde a incidência de tuberculose é a mais alta do país. Em um relatório intitulado *A morte Qom*, publicado pelo site Plazademayo.com, o jornalista Diego Roja afirma que "o maior problema enfrentado pelas comunidades indígenas de Formosa é a falta de abastecimento de água dentro das casas e de vasos sanitários com descarga. Em Formosa, os pobres entre os pobres são índios. Ao mesmo tempo, em uma sociedade altamente arregimentada devido ao caráter autoritário do Estado, os índios representam uma anomalia. Por tudo isso, as rebeliões indígenas em Formosa assumem um aspecto dramático".

A luta mais simbólica desses dez anos de kirchnerismo foi a que teve início em novembro de 2010 com os integrantes da comunidade qom La Primavera, localizada a uma hora e meia de viagem da capital de Formosa. "Não queremos que nos condicionem e nos digam como temos que viver, nem como temos que fazer as coisas que procedem do governo", diz o líder da comunidade, o cacique Félix Díaz. Félix visitou o papa Bergoglio com suas reivindicações de terra e dignidade, e é uma farpa que faz estourar o falso discurso kirchnerista sobre a diversidade. Hoje, para o governo, ele é um militante pago pela oposição e pelo *Clarín*. Segundo fontes consultadas dentro da Cámpora, Andrés "Corvo" Larroque, líder da organização, pensa que Magnetto tomou o caso Qom como um elemento para desestabilizar o governo. Acha que Félix Díaz é um sujeito comprado pela "Corporaçao". "Estamos tentando poder recuperar o que somos, porque nos ensinaram a negar o que somos para que sejamos argentinos, para que falemos um único idioma, para que nos vistamos de uma só forma, para que nos eduquemos de um jeito. Então o que procuramos é ser parte dessa sociedade, mas com a nossa forma de vida própria do indígena", disse-me Félix em uma manhã, quando o barro chegava até nossos joelhos e estávamos rodeados pela Gendarmería. Os membros da comunidade estavam a poucos metros, debaixo de toldos que nem sequer eram tendas. Ninguém podia querer essa terra que estavam defendendo; um pedaço de lodo e pedras pelo qual muitos tiveram que dar a vida.

A história tinha começado em 23 de novembro de 2010, quando a Justiça ordenou desmantelar o bloqueio que os integrantes da comunidade qom La Primavera faziam na estrada nacional 86. A manifestação já durava cinco meses e exigia terras que ainda hoje consideram próprias, mas que o governo nacional cedeu à Universidade de Formosa. A ação foi rápida e mortal. Roberto López, um índio da comunidade, morreu. Um policial também morreu. E outro índio, gravemente ferido, foi algemado e agonizou durante vários dias até que conseguiu sobreviver. As cenas foram filmadas. Ainda hoje é possível vê-las em páginas do YouTube e são a prova concreta de que as políticas repressivas não estiveram ausentes em dez anos de kirchnerismo. Veem-se mulheres que correm com crianças no meio da estrada, escutam-se tiros e gritos. Policiais avançam até o acostamento, fumaças de alguma casa queimada e uma grande confusão.

"A ordem do general Muñiz foi 'Matem o Félix', 'Não deixem que Félix escape', 'Não o retenham, matem-no'. Queriam me pegar, mas a maior parte dos policiais não me identificava porque eles vinham de outras partes", recorda Félix. "Era um exército armado para isso. Então os jovens da comunidade começaram a me rodear, tiraram-me da estrada e consegui fugir. E quando fugia, vi que mulheres eram golpeadas e pisoteadas pelos cavalos da polícia. Olhei para trás e vi que saía uma fumaceira de nossas casas." E diz mais: desde aí, uma série de mortes duvidosas atingiu a comunidade. Cinco mortes suspeitas de índios por acidentes e doenças que se agravaram mais do que era esperado.

Pouco depois de serem desalojados da estrada 86, cansados de não serem ouvidos, em 27 de dezembro de 2010 os qom se mudaram para Buenos Aires e acamparam durante cinco meses na esquina da Avenida 9 de Julho com Avenida de Mayo para reivindicar seus direitos. Esse acampamento, longo e cansativo para uma comunidade que até então praticamente nunca havia adentrado uma avenida de cimento, terminaria da pior maneira: com a Cámpora e a prefeitura de Buenos Aires aliadas para expulsá-los da cidade aos pontapés.

As imagens são eloquentes. Ainda podem ser vistas na internet (www.indymedia.argentina.org). Na sexta-feira, 6 de maio de 2011, a Gendarmeria se fez presente no acampamento qom da 9 de Julho para desalojar os índios. Colocou-os em ônibus e seus pertences em caminhões. A Cámpora participou da ação com um bando encabeçado por Andrés "Corvo" Larroque. Ele parecia inquieto, com pressa de consumar a ação de desalojamento. Falava ao telefone. Aparece de pé em uma esquina, ao lado de outros militantes da organização. As fotos seguintes mostram o fim do acampamento. Os qom já nos ônibus, de volta à sua terra.

Félix recorda: "Nesse dia apareceram os ônibus na 9 de Julho. E sofremos muitíssima pressão da Cámpora com esse garoto Larroque. Também havia gente da Tupac Amaru, um tal Vila, e funcionários que diziam: 'Retirem-se daqui ou não haverá mesa de diálogo com o governo'. Larroque falava pelo telefone, voltava e nos dizia isso. 'O que você quer, vamos, o que você quer'. Também dizia que nos colocaria em contato com Aníbal Fernández, porque Randazzo não tinha autoridade para fazê-lo.

"E me dizia que tudo isso tinha chegado longe demais. Mas nós queríamos voltar para nossas casas com uma resposta na mão. Eu pedia a Larroque que tudo fosse transparente e, se alguém do governo quisesse falar, que me ligasse pelo telefone para dialogar. Larroque então se afastava da tenda e falava pelo celular. Depois me perguntava de novo: 'Quanto você quer? Quantas moradias você quer?' Não quero nada disso, eu lhe dizia, somente que me assegurem minhas terras porque estamos passando um mau momento".

Finalmente, os qom deixaram a cidade com a promessa de Florencio Randazzo de que suas demandas seriam atendidas. No fechamento deste livro, o caso continuava sem solução: os qom ainda não foram ouvidos. Díaz se transformou em uma referência internacional da luta contra a desigualdade. Mas toda essa empreitada, que o levou até as portas do

Vaticano, ainda é em vão. Porque não somente seu caso, mas vários outros continuam sem solução. Muito perto de La Primavera, por exemplo, os integrantes da comunidade Nan Qom têm reivindicações similares nos arredores da capital de Formosa. Ocuparam terras que consideram suas, e os supostos donos querem expulsá-los. Enquanto isso, a polícia os mantém cercados à espera da definição da província.

Félix diz: "Esse é o sistema implementado na província quando um grupo de indígenas se manifesta e exige os direitos que lhe correspondem. Os indígenas são isolados e, com o tempo, suas forças vão se debilitando, porque na intempérie, sem água e sem comida, ninguém aguenta".

– Você nunca se reuniu com Insfrán?

– Nunca. Sentimos falta de reuniões para discutir a política aplicada aos povos indígenas. Já não queremos que nos tragam os planos prontos e dizendo 'façam isso', sem que possamos ver uma proposta. Queremos ser parte desta Argentina com liberdade, respeito e a participação que merecemos. Não estamos mendigando ao governo para que nos deem coisas. Queremos que o governo nacional se encarregue dos territórios.

Tucumán: Alperovich

José Jorge Alperovich, governador permanente de Tucumán, chegou ao poder em 2003 apoiado por Eduardo Duhalde, e nunca mais foi embora. Está acostumado a mandar na província como se fosse outra de suas concessionárias: controla o Poder Judiciário, possui maioria automática na Assembleia e, segundo seus opositores, 90% das leis que sanciona são projetos que saem do Poder Executivo, e de ninguém mais. Exerce três mandatos consecutivos graças a uma cláusula que incorporou à Constituição. E, paralelamente à consolidação do kirchnerismo em âmbito nacional, ele teceu uma rede cada vez mais fortes de vínculos com a Casa Rosada.

Em Tucumán, a mortalidade infantil continua alta – 14,1% em 2010, de acordo com a Direção de Estatísticas e Censos da província – e seus habitantes recebem, em média, o segundo pior salário do país. É uma província com uma infraestrutura arruinada, povoados inteiros sem água potável e sua indústria principal está em crise: o açúcar, cujo retrocesso dá lugar ao plantio de soja, um negócio também controlado pelos homens do poder. Tucumán também é a província onde o governo espiona os opositores, segundo declarações feitas à imprensa pelos próprios ex-delegados. E onde as repressões aos protestos sociais são frequentes, assim como as ações para desalojar índios que costumam reclamar suas terras na região dos cultivos de soja.

A reeleição indefinida é proibida em Tucumán, mas Alperovich, aproveitando sua maioria legislativa, introduziu uma cláusula durante seu segundo mandato permitindo a re-reeleição. Nos meandros do texto, o governador esclarecia que a reeleição se tornava efetiva a partir do mandato vigente, descartando dessa maneira seu primeiro período de governo. De modo que, para Alperovich, seu primeiro mandato (2003-2007) não existiu.

"Quando o tempo de José Alperovich terminava à frente do governo, o mandatário reformou a Carta para permanecer no poder durante mais tempo. Como ele fez? Com maioria na Assembleia, reformulou a Constituição em 2006, pensando no longo prazo. Habilitou a reeleição por um período e incluiu uma cláusula transitória estabelecendo que o mandato que estava em curso no momento da reforma, 2003-2007, não seria levado em conta no tocante à reeleição. Assim, Alperovich e uma dezena de legisladores, prefeitos e representantes comunitários que assumiram pela primeira vez em 2003 poderiam estar por três mandatos consecutivos, enquanto os demais poderiam estar apenas oito anos no mesmo cargo", escrevem os jornalistas José Sbrocco e Nicolas Balinotti, em *El zar tucumano* ("O czar de Tucumán"), a biografia não oficial do governador, livro que quase todas as livrarias da capital evitam exibir. Quando o fazem, logo chegam agentes de controle da Direção de Rendas.

"Dessa maneira", prosseguem os autores, "Alperovich poderia ser governador até 2015 ou 2019, caso seja estabelecida uma norma como a existente em Santa Cruz, Catamarca e Formosa." Isso poderia acontecer, apesar de que René Goane, membro da Corte, tenha alfinetado seus colegas supremos dizendo: "A cláusula transitória que Alperovich pediu é grosseira, discriminatória e anticonstitucional. A democracia precisa de alternância, não de reeleição para a vida toda". O jornalista Álvaro José Aurane, na edição de 8 de abril de 2004 do jornal *La Gaceta*, escreveu: "Desde o início da gestão, o governador José Alperovich vem demonstrando que, de maneira consciente ou inconsciente, considera o presidente Néstor Kirchner como um modelo de governante".

Assim como Kirchner traiu Duhalde, pode-se afirmar o mesmo sobre Alperovich em relação a Miranda, seu antecessor. Ambos não pouparam críticas aos governos anteriores, embora tenham sido liderados por seus antigos sócios políticos.

A aliança com o kirchnerismo permitiu que Tucumán fosse uma das províncias que mais receberam planos sociais Argentina Trabaja ("Argentina Trabalha"). Somente em 2010, o governo nacional destinou 242 milhões de pesos para o financiamento dos planos. A estação de trem Central Córdoba é um símbolo dos mandos e desmandos de Alperovich e do governo federal. Ela foi palco de um dos grandes papelões da União e da província. Em 18 de junho de 2009, durante uma teleconferência com Cristina em Buenos Aires e Alperovich na estação, foi anunciado o início do serviço ferroviário que ligaria a capital à cidade de Tafí Viejo. Um trem usaria esses trilhos depois de 30 anos. Para isso, foram reconstruídas as estações do percurso, e um carro circulou trazendo representantes do governo federal. Milhares de pessoas festejaram nas ruas. O trem de Tafí Viejo fez apenas um trajeto e deixou de funcionar.

O governo de Tucumán é uma grande família que justifica o sobrenome de Alperovich, "o czar": ao seu lado aparece Beatriz Rojkés. A esposa do governador é presidente do PJ de Tucumán, senadora e terceira na linha de sucessão presidencial. Ou seja: quando não estão Cristina nem Boudou, ela é a presidenta dos argentinos. Ligada a Beatriz estão Silvia Rojkés, cunhada do governador e secretária de Educação, e Carlos Rojkés, cunhado do governador, membro do Banco de Tucumán, assessor do Senado da província, apresenta um programa no canal estatal. E Verônica Rojkés, sobrinha do governador, funcionária do Senado federal. Também está Rubén Rojkés, outro cunhado do governador, acionista das empresas Luxury BH, fornecedora do Estado provincial. E Pablo Zeitune, genro do governador, diretor de Comércio de Tucumán. A lista continua. Isaac Benjamín Bromberg, primo do governador, foi representante da Casa de Tucumán e hoje é deputado nacional da Frente para a Vitória. E também está Beatriz Mirkin, prima do governador e ministra de Desenvolvimento Social 2003-2011, hoje deputada nacional da Frente para a Vitória PJ. Oscar Mirkin, outro primo do governador, é o secretário de Obras Públicas de Tucumán. E Lucía Temkin, sobrinha do governador, é diretora da Secretaria Privada da "La Beti", como Beatriz é conhecida em Tucumán, também é milionária: na declaração de bens de 2010, admitiu ter um patrimônio de 20 milhões de pesos em propriedades, depósitos bancários e ações de empresas familiares. "Quando não está em Buenos Aires", explica Sbrocco, "ela se encarrega de administrar as empresas do governador. Tem um escritório lá e atende no escritório da Automotores Alperovich."

Segundo o livro dos jornalistas Sbrocco e Balinotti, estas são as empresas do grupo Alperovich:

Canal 10

Em um momento de tensão entre Alperovich e o empresário da comunicação Alberto Llaryora, ex-sócio do Canal 10, o veículo ignorava ou relegava a informação oficial. Alperovich conseguiu a intervenção do canal, tirou da jogada a empresa New Line, de Llaryora, e o canal passou a ser controlado pelo Estado provincial e a Universidade Nacional de Tucumán (UNT). A história tinha começado muito tempo antes, quando em 1986 Alperovich desembarcou no Canal 10 como diretor e "socorrista econômico".

Rádio LV12

Em 2005, Alperovich, por intermédio do ex-diretor do Banco de Tucumán Camilo López, adquiriu a LV12, uma das principais rádios da província. Inicialmente, a venda seria fechada por US$ 400 mil, com metade do pagamento com recibo e a outra metade sem declarar. A negociação terminaria fechando em menos de US$ 100 mil.

Rádio LV7

Em 2011, Camilo López comprou outra rádio de grande audiência: LV7. Desse modo, o banqueiro López – que foi colega de Alperovich na faculdade – controla as duas principais frequências de AM da província. "A estratégia de Alperovich para comprar ou arrendar as rádios é muito simples. Primeiro, retira delas a publicidade oficial – que é o único sustento da maioria desses veículos de comunicação – e depois envia-lhes todo tipo de inspeções laborais e tributárias", escrevem Sbrocco e Balinotti.

León Alperovich de Tucumán S.A.

A direção da empresa León Alperovich de Tucumán S.A. é integrada pela presidente, Beatriz Rojkés de Alperovich, e a vice-presidente, Mariana Alperovich, filha do casal. O diretor titular, Gabriel Alperovich, é o filho mais velho. O administrador titular é Raúl Fernando Estofán, irmão do presidente da Corte Suprema da província, e o suplente é o contador José Luis Romero. Mas o governador e sua esposa não apenas têm presença forte na León Alperovich de Tucumán S.A. A empresa possui também 59.848 hectares distribuídos nos municípios de Suncho Pugio, El Rosario e Uturungo, em Santiago del Estero.

Avanco S.R.L.

Em 15 de abril de 1992, nasceu a Avanco S.R.L. fundada por Rubén Ricardo Rojkés, irmão de Beatriz, e de Roxana Judith Weiss. Pouco mais de seis anos depois, em 7 de setembro de 1998, José Alperovich se incorporou e se associou unicamente com Rubén Rojkés, com porcentagens igualitárias. Em 31 de agosto de 2000, a tabeliã Hebe Amalia

Orlando e a advogada María Cristina Márquez de Robin, em representação do Registro Civil de Comércio da província, foram testemunhas de que Alperovich havia se tornado sócio majoritário da Avanco S.R.L. Em 28 de maio de 2003, Alperovich cedeu, como está certificado no documento notarial, 45% das ações a Rubén Rojkés, e dessa maneira a empresa voltaria a se apoiar em partes igualitárias entre o governador e seu cunhado.

La Divina

Enquanto a Avanco tramitava uma ampliação de atividades comerciais no Registro Público de Comércio, Rubén Rojkés, em representação da empresa, apoderava-se de um terreno de 3 mil hectares em Horcones, perto de Rosario de la Frontera, em Salta. Batizou-o de "La Divina", e ali a Avanco agora planta soja e cria gado. A Avanco adquiriu "La Divina" de uma empresa familiar em convocatória de assembleia de credores. Um dos ofertantes foi Rojkés, que chegou com uma maleta repleta de dinheiro para quitar a dívida concursada. Com esse dinheiro pagou aos credores, e a dívida foi saldada nos meses posteriores até ser concluída em novembro de 2003, um mês depois que Alperovich assumiu seu primeiro mandato no governo. No total, a quantia que a Avanco pagou foi de 1,8 milhão de pesos. Mas a soma seria maior, segundo pessoas próximas da família vendedora.

Alperovich S.A.

Como se não bastasse, desde 17 de novembro de 1998 Alperovich dirigia outra empresa que tinha seu nome: a José Alperovich S.A. "O cargo de diretor é pessoal e indelegável", diz a ata que constituiu a sociedade entre o governador, sócio majoritário, e sua esposa. O documento foi certificado pelo notário público Nicasio Olmos. Também integram o diretório: Beatriz Rojkés, Gustavo Isaac Andjel, que é diretor de uma das concessionárias Volkswagen, Gabriel Alperovich (um dos filhos do casal governante) e Marta León de Alperovich, mãe do mandatário.

Hotel República

Alguns negócios têm nome próprio, como o Hotel República, onde se hospedam os jogadores do Atlético Tucumán quando se concentram antes de cada partida. O hotel é dirigido atualmente por Sara Alperovich, segundo ela reconheceu em entrevista ao livro *El zar tucumano*. As concessionárias são um setor familiar: José administra as marcas Volkswagen e Kia. Seu irmão Naum comercializa Ford, Hyundai e, nos últimos tempos, também os carros Chery.

Alperovich Motors S.R.L.

Os filhos do governador também participam dos negócios familiares. Em 12 de dezembro de 2006, foi publicada no *Boletín Oficial* da província a constituição da sociedade Alperovich Motors S.R.L., cujos sócios gerentes são Gabriel e Mariana Alperovich. Em 2011, o governo de Tucumán regulamentou um imposto para aqueles que compravam carros fora da província. Caso o emplacamento seja feito em Tucumán, deve-se pagar 2% do valor do carro na Direção de Rendas da província com o pretexto de favorecer o mercado interno. As dez concessionárias de Tucumán são do grupo Alperovich. "Ou seja", interpretam Sbrocco e Balinotti, "é uma medida que propicia a ânsia de arrecadação e atenta contra a liberdade comercial, e que favorece o interesse econômico das empresas locais que vendem automóveis. A esse setor, justamente, dedicam-se algumas empresas do governador e de sua família."

Alom S.R.L.

Em 15 de junho de 2010, Alperovich se associou a Samuel Ignácio Chalom para constituir a empresa Alom S.R.L., dedicada à construção, às atividades imobiliárias e financeiras, e à compra e venda de carros novos e usados. A última incorporação de Alperovich a seu patrimônio foi uma luxuosa casa construída em Yerba Buena, onde funciona um de seus redutos. O governador gosta de receber ali os funcionários com churrascos e bons vinhos. A casa está localizada na esquina das ruas Martín Fierro e Ituzaingó. Seu cunhado Rubén Rojkés foi o encarregado de controlar as obras. Por essa residência, Alperovich teria desembolsado uns 2,5 milhões de pesos.

De acordo com Sbrocco e Balinotti, em 2002, antes de chegar à Casa de Governo, Alperovich era senador nacional. A partir de então, sua fortuna começou a se tornar mais conhecida. Naquele ano, o então senador justicialista por Tucumán havia declarado duas propriedades na província no valor total de 282 mil pesos; um automóvel de 19 mil; objetos da casa no valor de 23.866; títulos e participações em sociedades no país ou no exterior no total de 3.261.309 pesos; e US$ 450 mil em dinheiro.

Mas em 2011 as coisas tinham mudado. Naquele ano, Beti captou todos os olhares após uma investigação jornalística que a colocava como uma das senadoras mais ricas do país, com 20.627.274 pesos. Em sua declaração de bens de 2011, a senadora registrou também depósitos bancários e dinheiro no valor de 5 milhões de pesos. A maior parte do patrimônio declarado por Rojkés figura em ações da León Alperovich de Tucumán S.A.

O senador radical José Cano descreve assim: "Você circula pelo interior da província e vê no distrito ou no município um carro que tem um adesivo com o *slogan* 'Um amigo me vendeu'. Trata-se dos carros vendidos pelo grupo Alperovich".

A Assembleia de Tucumán é unicameral. Uma única câmara, que tem 49 legisladores: 42 governistas e 7 da oposição. Graças aos aumentos que determinaram para suas folhas de pagamento entre novembro de 2012 e meados de 2013, eles recebem 17 mil pesos de salário mais 40 mil de gastos sociais, ou seja, 57 mil pesos por mês para aprovar pedidos do Executivo. César Pelli, o arquiteto de Tucumán mais famoso do mundo, não teve nenhuma dúvida na hora de qualificar como "horrível" o edifício da nova Assembleia. Mas não é apenas horrível. Também é caro. Em 2007, esse edifício custaria 21 milhões de pesos. Cinco anos depois, acabou custando 130 milhões.

Santiago del Estero: Zamora

Gerardo Zamora chegou ao governo de Santiago del Estero em 2005, quando tinha 41 anos. De origem radical, ele empreendeu uma longa carreira como legislador e depois como prefeito da capital, Santiago. Em seguida, obteve 46% dos votos como parte de um acordo entre forças políticas opositoras, aliadas à Frente para a Vitória, para terminar no juarismo, na época encarnado na figura anciã de Nina, a viúva do caudilho provincial Carlos Juárez. Pouco antes de chegar ao poder, Zamora rompeu com a UCR – na realidade, foi expulso –, aproximou-se de Néstor Kirchner e assinou com o então presidente uma ata de reparação histórica que lhe assegurou, além de crédito simbólico, um fluxo de dinheiro para reciclar a província à sua imagem e semelhança. No segundo mandato como governador da província (2009-2013), Zamora arrasou nas urnas: foi reeleito governador com 85% dos votos.

Ao lado da avenida mais importante, está sendo construído o edifício mais alto da província (as "Torres Gêmeas", brincam os habitantes): duas torres com revestimento de vidro que sediariam as secretarias de Educação e Saúde – descreve Sergio Carreras em *La Voz del Interior*. – Também estão em andamento as obras do novo edifício da Assembleia Legislativa e do Trem ao Desenvolvimento, que ligará a capital com La Banda; a instalação de nova rede de esgoto; e a praça central da cidade está sendo reconstruída. As novas realizações do governador incluem até um campo de golfe com 18 buracos, projetado pelo grande especialista estadunidense, o arquiteto Robert Trent Jones, em Termas de Rio Hondo. A capital também conta com uma moderna e enorme estação de ônibus com ar-condicionado e um centro de convenções, que se somam às novas obras viárias, elétricas e hídricas no interior da província.

A submissão de Zamora ao poder central teve seus frutos: cada habitante de Santiago del Estero "recebeu" em 2013 uma média de 7.745 pesos de coparticipação, ao passo que um cordobês recebeu 4.317 e um bonaerense, 2.103 pesos, segundo o Instituto de Análise Fiscal. A União enviou à província quase 5 bilhões de pesos em 2012 e 8 bilhões em

2013. Para 2014, espera-se que o envio total a partir de Buenos Aires chegue a 11 bilhões de pesos. Mas também é certo, dizem em Santiago, que, com cimento e mais cimento, Zamora encobriu denúncias de concursos públicos fraudados, falta de licitações, enriquecimento ilícito de funcionários, uso eleitoral do emprego público, controle do Poder Judiciário e asfixia da liberdade de imprensa.

Segundo dados do Censo de 2010, 40% dos lares de Santiago não possuem água nem vaso sanitário. E 80% não possuem rede de gás natural nem esgoto. Além disso, 70% da população não tem computador, 18% não tem geladeira, e a província registra 44,6% de trabalho informal, o que a coloca no pódio nacional das províncias nesse quesito. Seu déficit habitacional compete palmo a palmo com outros três enclaves do kirchnerismo onde a pobreza contrasta com o dinheiro investido em melhorias de edifícios públicos: a Salta de Urtubey, a Formosa de Insfrán e o Chaco do chefe de Gabinete, Coqui Capitanich. Além disso, Santiago del Estero está entre as três províncias mais desmatadas do país, apesar de ter sido a primeira a sancionar a Lei de Florestas e de receber recursos milionários para a proteção dos milhares de hectares florestais que continuam de pé, ameaçados por serras elétricas e máquinas agrícolas que não param de avançar. Milhares de camponeses e descendentes de etnias indígenas ainda esperam que sejam cumpridas as falsas promessas de divisão de terras.

"E ainda por cima colocou sua mulher. Nós o ajudamos a chegar lá e o apoiamos, para que terminasse no juarismo. Acabou sendo pior que os juaristas, governando na base da extorsão e da pressão", costuma dizer o governador Emilio Rached, agora convertido em seu rival político. Em meados de 2013, Zamora não escondeu seu afã pela reeleição: decidiu que sua esposa seria candidata a governadora. Claudia Ledesma Abdala, personagem habitual das páginas de *30 Días*, uma versão local da revista *Caras*. O plano era simples: Ledesma governadora, Zamora chefe de Gabinete, e depois de quatro anos a possibilidade de voltar a ser eleito para mais dois mandatos até 2025, como sonhava Kirchner no âmbito nacional.

Claudia Ledesma Abdala quase não tinha antecedentes políticos, apenas o de ter sido ouvidora pública na cidade de La Banda. É tabeliã e advogada. E foi alvo de algumas denúncias vinculadas à ocupação de 1.700 hectares de Água Amarga, no norte de Santiago del Estero; com enriquecimento de sua família graças aos contatos com o Estado.

Misiones: Closs

Nos últimos 13 meses, a província de Misiones, outro pequeno universo de concentração do kirchnerismo, teve dois governadores: Carlos Rovira, entre 1999 e 2007, e depois Maurice Closs, que continua até hoje. Rovira foi o candidato natural de Néstor Kirchner até que, em 2006, uma coalizão liderada pelo bispo emérito de Iguazú, Joaquín Piña, falecido em julho de 2013, impediu que fosse reformada a Constituição provincial para estabelecer a reeleição indefinida. A manobra contava com o apoio aberto de Néstor Kirchner e, portanto, a derrota de Rovira foi interpretada também como uma das primeiras derrotas do kirchnerismo em plena época de glória. Mas o que o kirchnerismo não conseguiu com Rovira foi possível com Closs.

Antes de sua morte, Piña, enquanto gravávamos outro episódio do PPT, nos contou: "Por ser uma pretensão tão exagerada, fez com que as pessoas reagissem. Quando aqui ocorreu o triunfo da não reeleição indefinida de Rovira, Kirchner me ligou e reconheceu que tinha errado ao apoiar Rovira. Mas depois veio Closs, que tem sido um dos governadores mais submissos e obsequiosos em troca... de quê? Não sei. O grande problema aqui é o da coparticipação. O governo federal fica com tudo e nos envia migalhas. São relações carnais, são puxa-sacos do governo federal".

Para entender Misiones, uma província onde a desnutrição infantil provoca estragos, é preciso compreender primeiro que Closs e Rovira são a mesma coisa. Rovira é o patrão, Closs o executor. Carlos Eduardo Rovira possui como antecedente ter sido presidente da Vialidad provincial até 1995, ano em que foi eleito prefeito de Posadas. Depois, em 1999, elegeu-se governador com o apoio de Menem, e pouco a pouco se aproximou do governo de Néstor Kirchner. Essa aliança deu início à chuva de dinheiro para as obras públicas.

Sergio Alves, jornalista local, diz: "É evidente que há um ciclo vicioso, triangulações fechadas entre o governo provincial e algumas das empresas construtoras fortemente ligadas a alguns sujeitos como Carlos Rovira, cujo sogro é o dono da empresa favorita do governo – Spotorno".

Rovira é casado com Romina Spotorno, filha de Néstor Spotorno, um empresário da construção sustentado pelas obras públicas. Rovira nunca trabalhou na iniciativa privada. Sempre foi funcionário público. No entanto, sua casa é uma das propriedades mais caras da província. Uma enorme muralha de concreto quebra a harmonia da margem do rio Paraná. O paredão oculta e protege a mansão do ex-governador. São 200 metros de concreto para evitar que a água entre em sua propriedade. O ex-governador é hoje deputado provincial e presidente da Câmara de Representantes de Misiones. A partir de seu cargo no Parlamento provincial, Rovira continua sendo o homem forte de Misiones e controla um montante de 190 milhões de pesos para o pagamento dos salários.

O diretor de jornalismo de Misiones 4, Pablo García, completa: "Houve intermináveis denúncias de sobrepreços nas obras públicas, obras que não eram necessárias, diante da situação de fome enfrentada por Misiones".

A situação da fome na província é tão dramática que os números da desnutrição são manipulados por organismos oficiais para evitar escândalos. Em novembro de 2013, revelamos isso em uma matéria do PPT: nela era possível ver como os mecanismos de medição da desnutrição foram manipulados para ocultar a realidade de 98 meninos com sérios problemas de alimentação. Descobrimos que um estudo realizado para medir a desnutrição concluiu que havia 103 garotos nesse estado na província. Para determinar esse resultado, foram seguidos três parâmetros: idade, peso e altura. No entanto, depois que a primeira matéria foi ao ar, com o aval de médicos, o governo encomendou outro estudo, argumentando que os índios não compartilham das mesmas tabelas antropométricas. Dos 103 garotos que figuravam no primeiro estudo, ficaram apenas 5 no novo. A diferença foi que os parâmetros utilizados para realizar a medição eram apenas idade e peso. O médico Carlos Villanueva havia assinado o primeiro relatório e logo corroborou o segundo. "Temos que separar 'indígenas' de 'pessoas'. Eles têm um desenvolvimento étnico diferente", disse o médico ao PPT. E acrescentou: "A altura dos indígenas é sempre inferior. Creio que não existe um gráfico antropométrico para eles".

Depois que teve início a investigação em Misiones, foi encomendado um terceiro estudo, que concluiu que na província só havia 18 meninos desnutridos. A história de Francisca Benítez, publicada no *Clarín* por Gonzalo Sánchez, ilustra a Misiones feudal: "Morrer nos braços da mãe".

"Francisca Benítez recorda que caminhava e caminhava, mas não tinha jeito: Milagros, sua bebê de 15 meses, dava sinais de que não aguentaria e morreria em seus braços. Estava amarela, e Francisca percebia isso enquanto apressava o passo e continha a vontade de chorar."

A bebê faleceu naquela mesma noite – sexta-feira passada – de insuficiência respiratória derivada de um quadro de desnutrição, e foi notícia: o município de Montecarlo, terra de solo vermelho e sol abrasador, agora deve sua fama repentina a essa desgraça que destampou a panela vazia da fome na província de Misiones. Somente neste povoado, segundo um relatório da prefeitura, há 49 crianças em situação crítica por desnutrição. Mas trata-se apenas daqueles que puderam ser contados. Porque, por fora desse universo, a população infantil em risco, que não conta com a cobertura de nenhum plano social, é várias vezes superior. "São muitíssimo mais numerosos. Aqui, em qualquer família que você visitar, verá que existe uma criança com problema de saúde", explica o professor Rubén Ortiz, um homem que conhece Montecarlo como poucos. Fala-se de 6 mil crianças com problemas de nutrição em toda a província, e há polêmica sobre as estatísticas reais.

Francisca tem 23 anos. Não tem um trabalho formal e não é casada. Tem um companheiro que trabalha no monte plantando pinheiros para uma fábrica de papel e outro filho de 4, que também ingere menos calorias do que é recomendado para um menino da sua idade.

Ela agora conversa conosco, sentada em frente à porta de sua casa de madeira, sem água potável, sem banheiro, sem luz. Perto dela está sua irmã, Nélida, mãe de dois filhos que às 15 horas ainda não comeram e já apresentam problemas de motricidade por essa mesma razão. Francisca jura que foi assim: que ela tentou inscrever sua filha no Plano Fome Zero promovido desde maio pelo governo local mas, por problemas de documentação – a menina não tinha o Documento Nacional de Identificação (DNI) – acabou perdida em um labirinto de burocracia. Ainda assim, disseram-lhe que finalmente estava inscrita e que a avaliação da saúde de Milagros seria fiscalizada por médicos locais. Isso, justamente, foi o que nunca aconteceu. "Ontem soube que nunca fui inscrita nesse plano", explica Francisca. "Mas depois da morte da menina, vieram duas pessoas do governo pedindo que eu assinasse uma constância de visitas que dizem que fizeram, mas eles não vieram nunca e não me explicaram o que tinha que fazer para que minha filha tivesse a cobertura", afirma. E o que ela diz parece ser a norma. Porque o caso de Francisca se repete no quarteirão seguinte, e também na casa ao lado, e onde quer que seja.

Visitamos quatro casas, e em todas encontramos pelo menos um caso de desnutrição comprovado com certificado médico. Os habitantes de Montecarlo não parecem ter sido informados sobre a maneira como se articula o plano de emergência nutricional estabelecido pela província para amenizar a fome: a grande maioria não entende do que se trata. "É propagandístico", assegura um médico do hospital particular de Montecarlo, que não revela o nome temendo retaliações. "Dizem que combatem a fome, mas não passa de anúncio: por isso, não me surpreende que Milagros não esteja na lista do Plano Fome Zero."

Nesse longo caminho que separa o enunciativo do concreto, Francisco Suárez, 45 anos, tampouco encontra respostas. Ele tem um filho de 2, Mauricio, que jamais falará por um problema no desenvolvimento neurológico, também vinculado à escassa alimentação. Mauricio também não caminha, e hoje comerá o que come diariamente a maioria dos meninos de Montecarlo: um prato de lentilhas ou polenta no almoço – que a prefeitura distribui casa por casa, de segunda a sexta –, e uma xícara de leite com um pão no lanche, que os garotos buscam no refeitório escolar. Nem jantar nem café da manhã: não tem mais nada. Francisco é *tarefero* – colhe erva-mate. Trabalha por temporada e recebe Ajuda Universal por Filho. Mas não é suficiente.

Ele também quis se inscrever no Plano Fome Zero, mas nunca o compreendeu totalmente. "Fui lá ver como era e me disseram que precisava conseguir um padrinho. Sou católico e meu filho tem um padrinho de batismo, mas me disseram que esse não servia, que tinha que ser outro, não sei, nunca entendi", conta o homem. "O Estado não se ocupa das pessoas", afirma o professor Ortiz, enquanto se indigna com o que escuta. "Os habitantes de Montecarlo estão jogados."

"Os *tareferos* são salvos por seu sindicato, de onde obtêm o que podem para comer. Mas depois, tchau, acaba tudo. E o modelo não promete mudanças porque esta é uma terra de fábricas de celulose estrangeiras e grandes madeireiras, e o modelo, além de ser contaminante, tende a aniquilar as pessoas... a começar pelas crianças."

Misiones é também a província que foi testemunha da luta, da condenação e da liberdade de María Ovando. "María começou a existir quando foi presa", dizia o título da história que publiquei no *Clarín* e que ficou conhecida por causa do PPT. Diante de algumas perguntas ela fecha os olhos e move a cabeça para trás, como se em sua cabeça as lembranças pudessem se organizar, como se pudessem se mover, voltar a se encaixar. Esse gesto dura uma eternidade e depois disso, quando seus olhos voltam a se abrir, estão úmidos e esquivos.

– Há quanto tempo está aqui, María? – perguntei-lhe.

E então moveu a cabeça para trás, fechou os olhos e fez um longo silêncio.

– Não me lembro. Acho que faz um ano. Mas não me lembro bem.

– Passou Natal e Ano Novo aqui? – Ela assentiu com um gesto de cabeça. – E sua família veio visitá-la?

– Não.

– Há quanto tempo você não vê sua família?

– Sinceramente, não me lembro. Faz tempo que não os vejo e não sei como estão.

– Quantos filhos você tem?

– No total são doze.

"É como um animalzinho", me diz Rapa, meu produtor, quando saímos do presídio de Villa Lanús, em Misiones. A palavra me choca, mas Rapa a pronuncia até com ternura. Eu penso que é como um animalzinho ferido, e que talvez todos sejamos isso, no fundo.

Em 38 anos de carreira nunca terminei uma matéria em silêncio, com lágrimas nos olhos e dando a mão ao entrevistado. Acabo de fazer isso com María Ovando. María Ramona Ovando, assim se chama. Tem 37 anos, nove irmãos, analfabetos como ela, trabalha colhendo erva-mate desde que aprendeu a caminhar, aos 11 foi entregue a uma família para trabalhar como empregada doméstica, aos 15 teve sua primeira gravidez, teve 12 crianças e a caçula, Carolina, morreu em seus braços porque não chegou a um centro de saúde para que a atendessem. María a enterrou debaixo de uma árvore unha-de-gato e não disse nada até que a polícia chegou.

"Meu pai me batia com fio e minha mãe, quando se zangava, não me dava de comer", conta María, que acabou sendo criada por uma mulher a quem chamava de "madrinha". Aos 14 começou a sair com Manuel Castillo, que abusava dela e com quem teve nove filhos. María tem cicatrizes de Castillo, dessas que não se apagam: nos braços, no torço, no couro cabeludo.

"Manuel era mais rebelde que meu pai, que era duro", disse ela ao psiquiatra Oscar Krimer. "Meu pai me dizia que deixasse Manuel porque continuaria me matando" Não disse "me mataria", disse "continuaria me matando", como se matá-la fosse coisa de todos os dias. "Uma vez, fui embora por três dias e ele me buscou e me ameaçou dizendo que era capaz de me queimar, queimar meus filhos e meus pais. Eu tinha medo e vergonha. De todo jeito, senhor, eu cuidei bem de meus filhos, amo todos eles, a todos dei o peito durante um ano." Maria fugiu então do Paraguai para a Argentina, conviveu com Rogelio Ramírez, com quem teve dois filhos, e depois com Demetrio Ayala, com quem teve sua última filha, que nunca reconheceu e que carrega o sobrenome Ovando.

"Demetrio tinha um rifle para caçar pombos que sempre estava carregado. Ele me dizia: 'Eu falo uma vez. Depois, você já sabe'. Às vezes jogava a comida na minha cara quando não gostava do que eu cozinhava. Até hoje me lembro disso. Demetrio não queria trabalhar. Eu tinha que enfrentar tudo sozinha", recorda. María trabalhava na pedreira municipal de Colonia Delicia, de segunda a sexta, das 6 horas às 11 horas. Nunca lhe pagaram: "Nunca vi dinheiro. Eles me pagavam com vale-comida, mas nunca era suficiente". Cento e setenta pesos por mês em tíquetes para comprar comida em um só local.

"Vivemos muito tempo sob uma tenda de plástico preto. Sei cozinhar dentro quando chove. Pedia minha casa na prefeitura, mas me tratavam como idiota. Depois me deram o Plan Techo ("Plano Teto"), uma casinha de madeira com divisões, com uma cama grande onde eu dormia com Demetrio e Carmen, a bebê; no beliche dormiam três meninos na parte de baixo e dois em cima. Banheiro não tinha. Só tinha um banheiro improvisado no monte, sem teto; tampouco havia água e luz. Eu buscava água com os meninos no riacho Aguaray Guazú."

Na última semana de março de 2011, María estava sozinha em sua casa com seus filhos e netos. "Carolina começou a se queixar de dor de barriga de manhã cedo. Fiquei desesperada porque a via mal enquanto dava de mamar a Carmen. Então deixei a bebê com meu filho Roque, o mais velho (tinha cinco anos) e carreguei Carolina até a estrada 12. Era de dia e fazia muito calor. A cicatriz da minha cesariana doía e meus braços começaram a ter câibra, mas continuei assim mesmo porque queria levá-la ao hospital de Puerto Esperanza. Saí de casa sem moeda, sem dinheiro, tive que caminhar com Carolina toda a subida da estrada até chegar ao ponto de ônibus. Pedia carona aos carros para que me levassem, mas nenhum parou. Estive cerca de 3 ou 4 horas debaixo do sol. Carolina respirava devagarzinho e ali em frente estava o cartaz verde do riacho Aguaray Guazú. Eu tinha a mente em branco. Em um momento a coloquei no chão, e seu corpo estava duro e frio. Depois não me lembro de mais nada. Fiquei desesperada, minha cabeça doía, um calor subia pelo meu corpo e eu pensava: como vou voltar para casa? Ele tinha uma arma, um rifle, eu não sabia o que estava me acontecendo, tinha a cabeça vazia, meio aturdida."

Na margem do riacho, María cavou um buraco com as próprias mãos e enterrou a menina. Em abril, quando trabalhava na pedreira, foi detida. A polícia a ameaçou dizendo que merecia a morte porque tinha matado sua filha. Uma semana depois, Demetrio vendeu a casa e todos os pertences familiares. O oficial de polícia que a deteve declarou depois que María o olhou "com rosto diabólico". María Ovando começou a existir para o Estado quando tiveram de prendê-la. O primeiro documento que Carolina teve foi seu atestado de óbito. Eu soube de María através de duas mulheres: a jornalista local Alicia Rivas Zelaya e a ex-deputada portenha e dirigente do MST Vilma Ripoll.

Quando o rosto e os silêncios de María Ovando apareceram na televisão, o caso se politizou: chegaram a dizer que ter ido ao ar no PPT faria com que a deixassem presa por dez ou vinte anos. Ripoll ingressou com pedido de *amicus curiae* nos autos, anexando mais de 26 mil assinaturas graças ao apoio da Radio Mitre. Era crescente o medo que o poder tinha do julgamento público. "O julgamento deixou evidente a ausência de Estado", disse ao *Clarín* o advogado Eduardo Paredes. "Quando perguntaram ao prefeito Ebert Veda Duarte sobre a ajuda [universal por filho], ele respondeu que a Anses ficava muito longe", disse.

O presidente do tribunal afirmou, no final de uma audiência diante de uma roda de jornalistas da capital: "Você, que vem da cidade, está acostumada a não caminhar. Mas aqui as pessoas estão acostumadas a caminhar. Portanto, se ela não caminhou, foi porque não queria". O centro assistencial mais próximo ficava a 25 quilômetros dali.

A máquina de propaganda oficial foi representada no julgamento pelo jornalista Waldemar Florentín: disse que María tinha matado um de seus filhos a marteladas e que também havia assassinado seu primeiro marido. Nos dois casos, está comprovado que não foi assim: o primeiro marido a abandonou quando foi embora para o Paraguai e o menino morreu de uma parada cardiorrespiratória. Na quarta-feira, depois do meio-dia, María Ovando foi colocada em liberdade.

Concluído o mandato de Rovira, chegou a vez de Closs governar Misiones.

Antes de ser governador, Closs era senador e companheiro de bancada de Cristina Kirchner. E antes de se juntar à Frente para a Vitória, Closs era o presidente da UCR. Não se deu mal nesse salto. Ganhou em 2007 e foi reeleito em 2011. "Maurice Closs tem um vínculo muito forte, é ultradependente de Cristina Fernández de Kirchner. Creio que Closs não faz nada sem consultar a Cristina", diz García. Closs também tem seus negócios: as concessionárias da YPF lhe pertencem, fazem parte de uma empresa com filiais em Posadas, Iguazú e Aristóbulo del Valle. Além disso, Closs é fornecedor de combustível de seu próprio governo. Mas seu forte é o negócio turístico. Ganhou, com um sócio, a concessão da área Cataratas Parque Nacional Iguazú, um passeio que supera 1 milhão de visitantes por ano. Pili Morel, vereador de Puerto Iguazú, explica: "Ele é um dos sócios mais importantes da UTE Cataratas. Não se esqueça de que, para cada visitante que entra no parque nacional, parte do dinheiro vai para o governador".

Em Iguazú, Closs decidiu abrir um hotel chamado Amerian, onde aloja as visitas ilustres e organiza eventos para o governo. Na mesma cidade de Puerto Iguazú, o lote de mais de 200 hectares destinado ao setor hoteleiro de luxo convive com integrantes de povos originários que realmente vivem em situações desumanas: aldeias guaranis que carecem de água, refeitório e eletricidade.

Durante seu primeiro mandato, Closs decidiu entregar a selva Iriarpú, um terreno ao lado de Puerto Iguazú que ficou nas mãos de empresários, para a realização de mega-hotéis. Nessa região localizam-se Hilton Iguazú, Oil Suit e Palo Rosa, entre outros hotéis. Um projeto de campo de golfe avançou dentro de uma comunidade guarani.

Decidido a fazer parte da história local, Closs tenta construir um farol em frente ao seu hotel. Pili Morel agrega: "Não creio que Iguazú necessite investir 100 milhões de pesos em um farol. A ideia seria investir em água potável e esgoto". O farol projeta-se no Monumento das Três Fronteiras e custará 66 milhões de pesos. O Farol de Closs, por esses erros da geografia, não terá mar. Morel afirma: "Três por cento da população não tem esgoto e 40,5% da população não tem água potável".

Closs tem outro fraco: os helicópteros. Sempre se desloca neles. Para não ter de alugar, comprou um em 2010. Deu a desculpa de que a província precisava de uma ambulância aérea. "O helicóptero é usado exclusivamente pelo governador", diz Adolfo Wipplinger, deputado provincial. "Nem sequer está equipado para uma emergência. Closs o utiliza para ir a cerimônias políticas e sempre vai a Iguazú por causa dos hotéis."

O helicóptero nunca trasladou um paciente que precisava de ajuda. Mas já transportou a presidenta.

Em 2011, Closs se cansou dessa aeronave e assinou um decreto para renová-la e comprar outra mais nova. O helicóptero anterior tinha menos de um ano de uso. Closs planeja a construção de três helipontos, que custariam 1 milhão de pesos. Um no hospital Madariaga de Posadas, outro em sua residência de governador e o terceiro em Aristóbulo del Valle.

Beatriz Curtino, docente e pesquisadora da Universidade Nacional de Misiones, ilustra em números: "Segundo o censo de 2010, 10% da população se encontraria abaixo da linha de indigência e cerca de 30% são pobres".

A última cifra do Indec diz que Posadas possui 2% de indigência, ou seja, quase não há indigentes na cidade, explica o deputado provincial Luis Pastori. Basta percorrer a cidade para você perceber que isso é mentira. Nós tínhamos o Instituto Provincial de Estatísticas e Censos (Ipec), um organismo que há meio ano deixou de publicar, supostamente seguindo orientações nacionais.

Temos uma sociedade em que 50% das pessoas recebem assistência do governo federal, com 300 mil recebendo ajuda universal por filho e milhares de planos sociais para donas de casa e homens jovens. Misiones é talvez a cara que o kirchnerismo quer nos mostrar onde mais prevalece o assistencialismo. A província depende dos recursos que chegam do governo de Cristina.

Capítulo XVIII

O patrão do mal

Segundo o Relatório Mundial sobre Drogas 2013 do Escritório das Nações Unidas sobre Drogas e Crime (UNODC), a Argentina é o terceiro país de onde provêm mais drogas confiscadas em procedimentos oficiais em todo o mundo, por todo tipo de via de transporte (marítimo, terrestre e aéreo). Fica atrás apenas do Brasil e da Colômbia. Além disso, a Argentina é identificada como um dos 25 maiores produtores mundiais de precursores químicos, segundo o *International Narcotics Control Strategy Report* ("Relatório Internacional de Estratégias no Controle de Narcóticos") da Agência Antidrogas dos Estados Unidos (DEA), divulgado em março de 2013.

No âmbito local, os números do consumo são alarmantes. O de maconha entre os jovens passou de 7,6% em 2007 para 11,1% em 2011, segundo o UNODC. Isso coloca a Argentina no terceiro posto entre os países com mais consumidores de maconha na América do Sul, perto do Chile e do Uruguai. O consumo de cocaína também cresce entre os jovens: aumentou de 2,5% em 2009 para 2,8% em 2011, superado somente pelo do Chile. Enquanto o governo diz que o consumo geral de cocaína é de 0,8% (segundo o relatório de 2013), fontes da DEA asseguram que a Argentina é o maior consumidor de toda a América Latina, inclusive na frente do Brasil. A Argentina também é o segundo consumidor latino-americano de êxtase, atrás apenas do Chile.

Segundo a DEA e o UNODC, enquanto o consumo aumenta, os carregamentos apreendidos pela Argentina diminuem. As quantidades confiscadas passaram de 107 toneladas de maconha e 12 de cocaína em 2008 para 28,5 toneladas de maconha e 4 de cocaína em 2011. O declínio foi progressivo: 2008, 107 toneladas de maconha e 12 de cocaína; 2009, 56 de maconha e 12 de cocaína; 2010, 36 de maconha e 7 de cocaína; 2011, 28 de maconha e 4 de cocaína. Fontes da Gendarmería consultadas para este trabalho afirmam que a quantidade total de drogas sequestradas por ano pelas forças de segurança não supera 10% da quantidade de droga consumida no país. E os outros 90%? Entram pela porta, com a ajuda da polícia, de juízes, políticos e forças de segurança.

Enquanto cresce o consumo de drogas sintéticas entre os jovens, a apreensão de pastilhas de êxtase também despencou: passou de 136.500 pastilhas em 2009 para 94.271 em 2010 e a apenas 17.962 em 2011.

A DEA aponta o conflito decorrente da detenção do avião militar estadunidense, levado adiante pelo chanceler Héctor Timerman em fevereiro de 2011, como o ponto de esfriamento da cooperação entre a agência antidrogas dos EUA e o governo argentino.

Isso, asseguram, incidiu diretamente na queda das apreensões. Em novembro de 2013, o jornalista Daniel Santoro, do *Clarín*, revelou que a agência antinarcóticos dos EUA reduziu sua equipe na Argentina a um único agente porque o "Ministério de Segurança do país desalenta" os planos de cooperação com as polícias provinciais, fundamentalmente as do Noroeste da Argentina (NOA).

"Até poucos meses atrás", escreveu Santoro, "eram três os agentes da DEA na Argentina. Inclusive antes do incidente de 2011 do avião militar estadunidense que foi apreendido pelo chanceler Héctor Timerman, essa agência tinha um escritório em Buenos Aires e outro em Salta. A limitação das tarefas da principal força antinarcóticos do mundo em troca de informação, planos de capacitação e equipes, coincide com o último relatório do Departamento de Estado segundo o qual a falta de cooperação internacional 'erodiu' a capacidade de interdição de drogas das forças de segurança nacionais."

O relatório de 2012 da Junta Internacional de Fiscalização de Entorpecentes (Jife) afirma que na Argentina, segundo dados do governo, aumentou a quantidade de laboratórios clandestinos de processamento de pasta-base de cocaína descobertos no país. Não fornece números. A Jife também detalha novas saídas de exportação. Diz que a Argentina é um dos maiores "fornecedores" da Austrália e – juntamente com o Chile – da Nova Zelândia, onde a maioria das apreensões de remessas de drogas provém do Cone Sul, em "mulas" ou com redes de tráfico com escala na África.

Por último, em 2013, de acordo com dados do Serviços Penitenciários Federal e da Província de Buenos Aires, havia 3.130 estrangeiros em presídios argentinos. Desses presos, 1.258 estavam detidos por casos vinculados ao narcotráfico. Mas os jornais não paravam de publicar notícias sobre ações de narcotraficantes em todo o território, e o governo federal, pressionado, reconhecia o caos.

A instalação de traficantes colombianos na Argentina foi um processo progressivo, que começou com a chegada de seus familiares buscando refúgio da guerra do narcotráfico enfrentada pela Colômbia em meados e fins dos anos 1990. O símbolo da primeira onda migratória importante foi encarnado pela esposa e os dois filhos de Pablo Escobar, o maior chefão das drogas colombiano e talvez o maior da História. Os Escobar chegaram ao país pouco depois da morte de Pablo e se instalaram com nome falso no bairro de Belgrano. Ali tinham assegurados um bom nível de vida, os encantos de Buenos Aires e a tranquilidade. Mas isso foi só no primeiro momento. Depois começaram os negócios e, a partir dos anos 2000, a situação ficou mais pesada. Os narcotraficantes colombianos viram que na Argentina podiam abrir empresas e criar sociedades para desenvolver seus negócios vinculados à lavagem de dinheiro proveniente da venda de drogas; que não havia controles; que a fronteira norte era uma peneira; que o consumo de drogas era crescente; e que, além disso, podiam reativar as rotas de comércio até a Europa. Assim, começaram a abrir empresas, primeiro timidamente, no início dos anos 2000, e já com mais intensidade em meados dessa década, em pleno apogeu econômico, quando a Argentina kirchnerista era uma festa e não parava de crescer ao ritmo de taxas chinesas. Eles começaram a notar que não havia controle sobre os movimentos societários, sobre a criação de suas empresas e sobre os investimentos que faziam em dólares em espécie. Investiram comprando propriedades em condomínios da zona norte da Grande Buenos Aires porque não havia nenhum controle nem limitação que os impedisse de realizar operações de lavagem de dinheiro. Depois disso, veio a importação da violência, os tiros, os assassinos de aluguel e as mortes.

Rolando Barbano é o chefe da editoria de polícia do *Clarín*. É um dos jornalistas que mais conhecem e sabem interpretar os movimentos dos narcotraficantes na Argentina nos últimos anos. Barbano assegura que a principal motivação dos traficantes para vir ao país é que gostam da Argentina, porque são seduzidos pelo estilo europeu de Buenos Aires e pela possibilidade de viver misturados entre os novos ricos do kirchnerismo. Rapidamente, diz Barbano, assim que se instalam, eles podem ter um alto nível de vida: carros, propriedades em Puerto Madero, diversão. E diz mais:

"Tem-se observado a chegada de muita gente vinculada ao narcotráfico colombiano a Nordelta, no município de Tigre. Nas últimas operações realizadas, descobriu-se que havia muitos colombianos morando nesse bairro e em condomínios de Pilar e San Isidro. Em geral, o que mais se vê aqui são traficantes colombianos vivendo a boa vida. Mas depois existe outro problema na Argentina, que são os narcotraficantes instalados em bairros carentes ou favelas como a 1-11-14, redutos de traficantes peruanos em nosso país. Muitos desses traficantes peruanos cresceram e conseguiram sair da favela e comprar casas de fim de semana em condomínios na região metropolitana de Buenos Aires, mas suas bases de operação continuam sendo nas favelas da capital".

A partir de 2008, mais ou menos, o fenômeno que Barbano descreve se tornou visível. Começaram a circular, cada vez com mais frequência, as notícias de grupos de narcotraficantes desarticulados em condomínios da Grande Buenos Aires. Mas também as notícias das lutas entre as próprias gangues.

Então percebemos que quase todos os traficantes costumavam realizar grandes investimentos imobiliários e que muitos edifícios construídos em Puerto Madero acabavam sendo um canal de lavagem do dinheiro sujo. O complexo de bairros Nordelta, em Tigre, aparecia como a grande ambição dos traficantes, inclusive de "peixes grandes". Em 2012, por exemplo, chegou ao país um dos chefes da droga mais procurados do mundo: o colombiano Henry de Jesús López Londoño, conhecido como "Mi Sangre" e apontado como o chefe do cartel "Los Urabeños". Desde sua entrada na Argentina, em fins de 2011, López Londoño tinha morado em diversos condomínios e casas de campo da zona norte da região metropolitana para evitar ser localizado, enquanto sua esposa e seu filho moravam em Nordelta.

Em 2011, o narcotraficante colombiano Ignacio Álvarez Meyendorff, buscado pela Justiça dos Estados Unidos, acusado de transportar cocaína em submarinos, tinha sido detido quando chegou a Ezeiza procedente do Taiti. Soube-se que Meyendorff vivia na Argentina desde 2005, onde havia montado uma empresa construtora e morou um tempo no condomínio Abril, em Berezategui.

Mas se houve um caso que acendeu a luz de alerta foi o dos dois homens colombianos executados a tiros no estacionamento do shopping Unicenter de Martínez em 2008. As vítimas tinham chegado ao país havia pouco mais de um ano. Héctor Duque Ceballos, conhecido como "Monoteto", e Jorge Quintero viviam em Pilar e Puerto Madero. Cada um deles recebeu oito disparos. O assassino rapidamente fugiu de moto. De imediato, o caso foi enquadrado em um processo relacionado com os cartéis colombianos que enviam pessoas à Argentina para buscar uma nova alternativa de rota comercial à Europa.

Em 7 de agosto de 2008, em pleno apogeu da disputa entre o governo e o campo, ocorreu outro crime que desnudou máfias e ilustrou a mestiçagem existente entre traficantes estrangeiros e empresários locais. Naquele dia, Sebastián Forza, Leopoldo Bina e Damián Ferrón foram a uma reunião no hipermercado Walmart de Sarandí e não voltaram mais.

Cinco dias mais tarde, em 13 de agosto, os corpos dos três homens foram encontrados em uma vala, a uns 600 metros da estrada 24, em

General Rodríguez. Haviam sido executados com precisão de especialista. O tríplice crime de General Rodríguez desnudou a máfia da efedrina e a operação de traficantes mexicanos no país. Além disso, revelou a proximidade dessas operações com o próprio governo, já que se soube que uma das vítimas tinha doado fundos para a campanha presidencial de Cristina. A investigação mesclou-se com outro processo de peso: o da máfia dos medicamentos, levado adiante pelo juiz Norberto Oyarbide.

Tudo isso acontecia enquanto os traficantes peruanos se enfrentavam a tiros pelo controle da venda de drogas na cidade. Exércitos de meninos recrutados nas favelas de Retiro, Barracas e Bajo Flores semeavam tiroteios nesses bairros, seguindo ordens de chefes do tráfico presos ou nas sombras.

Segundo os especialistas, hoje tudo piorou. O tráfico de drogas permeia todo o país. A situação está fora de controle em grandes cidades como Rosario, Córdoba e Mendoza. Não há cartéis, e sim clãs pequenos, produtores e vendedores de droga locais, que negociam com políticos e policiais e convivem com os que continuam dedicando-se ao grande negócio: a exportação. Além disso, há violência.

As catorze balas que atingiram a casa do governador de Santa Fé, Antonio Bonfatti, em setembro de 2013, colocaram o tema do tráfico em vermelho vivo. O mandatário estava em sua casa com sua esposa, em plena noite, quando se efetuaram os disparos: catorze balas para um funcionário.

"Essa noite cheguei em casa depois de uma intensa semana de trabalho. Comecei a cozinhar arroz com mariscos. Liguei a TV para assistir ao jogo entre Argentina e Peru e, quando escutava um gol, ia até a sala para ver as imagens. Sentei para ver os últimos vinte minutos do jogo e escutei um ruído que parecia ser de foguetes. Era como se estivesse caindo um móvel no vestíbulo, e pensei que Silvia tinha levado um tombo. Quando me aproximei, vi fragmentos de alvenaria caindo ao chão. Aí tomei consciência do que se passava e gritei à minha mulher: 'Deita no chão!' Fiz a mesma coisa", contou Bonfatti, e depois foi contundente: para o governador, tratou-se de um ataque de setores do narcotráfico por suas políticas de luta contra as drogas numa cidade onde os vendedores de narcóticos são vistos em cada esquina, e onde já é normal falar de assassinos de aluguel. A partir desse momento, o debate voltou com força aos meios de comunicação e a ineficácia do governo federal ficou cada vez mais evidente.

Enquanto os peruanos comercializam os pontos de droga da cidade de Buenos Aires e abastecem a demanda de consumidores de classe alta, os colombianos se dedicam a gerenciam o negócio da droga; ativam a rota desde os portos locais até a Europa e estão aplicando um *know-how* muito desenvolvido. Os mexicanos, por sua vez, dedicam-se à elaboração de drogas sintéticas e se tornaram famosos com o tríplice crime de General Rodríguez. E os clãs familiares, vinculados às polícias e *barras bravas*, controlam o negócio em cidades do interior como Rosário e Córdoba.

Como exemplo de clãs familiares dedicados ao negócio, em zonas específicas do país, está o caso de Delfín Zacarias. Trata-se do traficante milionário mais importante detido em Rosário, juntamente com toda sua família, nos últimos tempos: um homem que sabia viver a boa vida jogando pôquer no Conrad de Punta del Este. Uma matéria de Germán de los Santos no jornal *La Nación* revelou sua história:

A narcofamília: fabricavam meia tonelada de droga por mês em um condomínio fechado.

Rosário. – Três vezes por mês, Delfín Zacarías sentava ao volante de seu carro esportivo Audi TT e marcava no GPS o destino que tinha registrado: o hotel Conrad de Punta del Este, aonde ia jogar pôquer e lograva, segundo declarou depois à Justiça Federal, ganhar sempre dos apostadores "brasileiros bobões". Quase sempre voltava a Rosário com mais dólares do que havia levado, que somente uma vez declarou na aduana. O pôquer representava uma escapada da rotina, que não era exatamente a monotonia de um escritório do centro da cidade, mas de um laboratório de cocaína que ele administrava com sua família em uma casa da área residencial de Funes, um município próximo de Rosario, que durante a última década absorveu importantes empreendimentos imobiliários e condomínios de luxo. Nesse lugar, no início de setembro passado, a Polícia Federal apreendeu 300 quilos de cocaína e pasta-base. Em um chalé de cores pastéis, rodeado de árvores, com uma piscina de natação e uma casa de madeira para as crianças, os Zacarias tinham uma capacidade de produção mensal de meia tonelada, que, através de outras redes do narcotráfico, era distribuída em *bunkers* – pontos de venda de drogas – de Rosario. Transitavam nesse universo do tráfico sem usar armas nem violência. Contavam com proteção policial, o que facilitava as coisas. Segundo se constata nos autos, aos quais *La Nación* teve acesso, a organização tinha o aspecto de uma pequena empresa familiar, com uma divisão de funções e tarefas que a dotava de certa eficiência. Delfín era o "cabeça" do grupo e se encarregava de articular a provisão da droga no atacado e conseguir os precursores químicos, matéria-prima fundamental para elaborar cloridrato de cocaína.

Um ponto chave da investigação, realizada pelo juiz federal de Rosário Juan Patrício Murray e que levou à detenção de 12 pessoas em 5 de setembro passado, foi o monitoramento de Zacarías feito pelos investigadores da Polícia Federal, quando ele foi com sua camionete VW Amarok buscar 2 mil litros de acetona, adquiridos por 340 mil pesos – um dia antes de sua captura. Essa substância química foi vendida por Hugo Silva, seu irmão Alfredo e seu sobrinho Javier, que a retiraram da empresa Alconar S.A., em Grand Bourg, na província de Buenos Aires.

Depois de abastecer o "gasoil" [diesel], como a acetona é chamada nas escutas telefônicas, Zacarías retornou a Rosario e se encontrou com sua mulher, Sandra Marín, e seu filho Joel no estacionamento de um posto de gasolina, na esquina de Circunvalación com Córdoba.

Ali trocaram de carro. Delfín levou o Toyota Rav 4 e Sandra dirigiu a Amarok, onde estava o carregamento de acetona, até o chalé em Funes, acompanhada de perto por seu filho, que dirigia uma Ford Ranger. Depois de descarregar os 40 garrafões, mãe e filho se puseram a "cozinhar" cocaína. Às 19h35, Joel recebeu um telefonema: "Espere um pouco porque estou trabalhando com minha mãe", respondeu, segundo consta dos autos. Poucas horas depois, o próprio Delfín ligou para o fornecedor da acetona para reclamar da qualidade do produto. "O motor não pega; não posso terminar a roupa", disse. Flavia, filha de Delfín Zacarías e Sandra Marín, encarregava-se da administração e da contabilidade do laboratório de drogas. Fazia essas tarefas em seu apartamento da rua Rodríguez, 1.065, em pleno centro de Rosario.

Esta jovem de 24 anos era a "responsável por levar os papéis da organização e pagar as contas porque muitos bens da família estavam no seu nome". Além disso, era a "ligação" entre seu pai e o "engenheiro", um homem com sotaque boliviano ou do norte do país que figura no processo como o fornecedor da pasta-base de cocaína. Participavam da organização não apenas os filhos do casal Zacarías, mas também seus cônjuges. Na operação de busca e apreensão, a polícia encontrou pacotes de cocaína e balanças na casa de Ruth Castro, ex-mulher de Joel e mãe da neta de Delfín, em Granadero Baigorria. Ruth aparece numa conversa telefônica que envolve dois agentes, um da Polícia Federal e outro da polícia de Santa Fé. Um tal "Diego" – suspeito de ser um alto chefe da polícia de Santa Fé – "enviou-lhe um recado" de Hernán – cujo apelido seria o de um integrante da Federal – ordenando "fechar as persianas dos *bunkers* da zona norte porque tinham início operações antidrogas".

A fachada do laboratório de cocaína era a empresa de *remises*[55] Frecuencia Urbana, de Granadero Baigorria. Mas Zacarías fez todo o possível para não passar despercebido com o dinheiro que gastava. Há alguns anos começou a construir uma mansão em frente ao rio, em San Lorenzo, e um enorme ginásio, cujo projeto era de mais de 6.500 metros quadrados.

O lugar que escolheu também chamava a atenção: uma zona semirrural, sem muito apelo comercial, onde o edifício de seis andares se destacaria. Esse estilo de vida começou a levantar suspeitas.

Como essas construções infringiam o código urbano da cidade, o Conselho Deliberativo lhe concedeu uma exceção para que pudesse

[55] Veículos comuns usados no transporte público que não cobram usando taxímetro, e sim tarifas predeterminadas de acordo com a quilometragem. (N.T.)

edificar. Em troca, Zacarías prometeu "apadrinhar" a construção e a manutenção da praça, além de financiar a iluminação pública de nove quarteirões, com canteiros incluídos. Zacarías também prometeu fazer as gestões para que no terreno fossem instaladas filiais do McDonald's e de uma cadeia de cinemas internacional.

Em outubro de 2012, um ex-funcionário da Prefeitura de San Lorenzo denunciou Delfín Zacarías ao Ministério de Segurança de Santa Fé, onde colocaram lupa sobre seu repentino enriquecimento. A Subsecretaria de Delitos Econômicos da província, criada após a prisão do ex-chefe de polícia Hugo Tognoli, centrou seu olhar nos veículos e propriedades que Zacarías havia adquirido: 36 imóveis entre 29 de dezembro de 2008 e 23 de dezembro de 2009, e 24 carros e camionetes – entre eles quatro de luxo. Flavia Zacarías colocou oito propriedades em seu nome. Comprou-as entre maio e julho de 2009; depois agregou outros quatro imóveis, cinco carros e um caminhão.

Tanto no mundo das forças de segurança como no dos teóricos e especialistas, há um consenso de que a Argentina já não é um país de trânsito, mas de produção e consumo. A ideia de que a Argentina era um país de trânsito para o narcotráfico remonta ao início dos anos 1990, quando os colombianos, cercados pela DEA, não podiam exportar a cocaína diretamente de seu país. Hoje o que acontece é que trazem a cocaína da Bolívia, não da Colômbia, porque é possível passar sem grandes dificuldades pela fronteira porosa do norte do país. Em seguida, a cocaína atravessa todo o país até chegar a Buenos Aires, onde os pequenos envios são transformados em grandes carregamentos por alguma empresa criada especialmente para esse fim. A droga é dissimulada em algum carregamento de carvão, móveis e pisos para estádios de futebol, por exemplo, e vai para o exterior. Isso é feito no caso do macrotráfico e da exportação.

"No âmbito local", completa Barbano, "o problema do tráfico de drogas atravessa todo o país: os traficantes vão pagando com favores os serviços que contratam para trazer cocaína. Isso faz com que cada intermediário se transforme em revendedor e varejista dentro do país. E na Argentina, o melhor negócio para o varejista é vender *paco*. O *paco* é feito a partir de um processo químico em *cocinas*[56] instaladas na região metropolitana ou na capital federal, através de uma redução química da cocaína ou da pasta-base de coca."

Virginia Messi, jornalista da editoria de polícia do *Clarín*, ilustra com perfeição em outra coluna:

"A Argentina é uma rota importante para os grandes grupos de narcotráfico. E um mercado crescente. [...] Traficantes colombianos que moram em luxuosos condomínios fechados fundam empresas e ativam a rota da cocaína desde o porto de Buenos Aires até a Europa; o fenômeno do *paco* e da violência; a corrupção do Estado que somente este ano obrigou a desarticulação de parte das cúpulas policiais de Santa Fé e Córdoba; a fronteira norte sentindo saudade dos soldados da Gendarmería que hoje patrulham as zonas violentas da capital e arredores, onde funcionam virtuais supermercados varejistas de drogas; a guerra entre facções que já fez mais de 200 mortos em Rosario; as guerras entre clãs familiares de traficantes em San Martín que duram mais de dez anos; as pistas clandestinas; a ausência de condenações por lavagem de dinheiro. E a lista continua."

O narcotráfico não é um fenômeno exclusivo da Argentina nem tem motivações difíceis de entender: o quilo de cocaína, que na Colômbia vale US$ 1 mil, na Argentina pode chegar a US$ 5 mil; nos EUA, US$ 20 mil; na Europa, US$ 50 mil. E isso se pretendemos apenas explicar o que ocorre com a cocaína, sem entrar no auge global das drogas sintéticas.

A Argentina tem um mercado consumidor nada desprezível e também um fluxo comercial pelo Atlântico que a torna atrativa para os grandes grupos de narcotráfico. Daí as apreensões de grandes carregamentos escondidos entre peixes, frutas, móveis, carvão etc.

Além disso, como hoje tudo pode ser controlado com um telefone celular, nosso país também se transformou em um escritório de importantes traficantes da região, que, estando em uma fazenda ou

56 "Cozinhas", como são conhecidos os laboratórios clandestinos que utilizam fogões para fabricar *paco* a partir dos resíduos da produção de cocaína. (N.T.)

um condomínio em Buenos Aires, controlam carregamentos a milhares de quilômetros de distância. Por isso, com frequência chega a nosso país algum pedido de extradição dos Estados Unidos para esse ou aquele sujeito – por exemplo, o colombiano Ignacio Álvarez Meyendorff, acusado de transportar volumes assustadores de drogas. Essa droga, a que vai para os EUA, certamente nunca passou por Buenos Aires, mas seus donos andam aqui com DNI de estrangeiros e seus filhos estudam nos melhores colégios e universidades. São cidadãos do Mercosul e, se não possuem antecedentes criminais, não se lhes pode negar a residência.

A droga entra pela fronteira norte e termina nos pontos de venda dos bairros mais pobres. Esse é o caldeirão onde explodem as guerras entre facções rivais.

Em Santa Fé, até mesmo o governador sofreu um atentado do narcotráfico em sua casa. Em Bajo Flores, em [...] 10 de outubro [de 2013], matadores de aluguel entraram em um salão de sinuca do setor paraguaio da favela 1-11-14 e assassinaram cinco pessoas. Em 28 de outubro, na Villa La Cárcova (San Martín), Enzo Ledesma, de 13 anos, morreu baleado em meio a uma batalha entre vendedores de *paco*. No dia seguinte, na operação “Fundo Branco”, 12 pessoas foram detidas. Entre elas havia vários “empresários” colombianos suspeitos de lavar dinheiro em suas residências de condomínios de luxo.

O historiador Jorge Ossona, membro do Clube Político Argentino, definiu em um editorial do *Clarín* a forma como o traficante agora nos obriga a conviver com ele. “O narcotráfico está em todo lugar, mas sua presença é mais densa nos nichos da nova pobreza. Nos bairros de classe média, as quadrilhas de traficantes se instalam em armazéns, churrascarias, *quioscos*[57] e empresas de *remises*. Já nos subúrbios da Grande Buenos Aires, os grupos se instalam na residência do clã ou do *puntero* vendedor.”

[57] Pequenos pontos de venda de guloseimas, refrigerantes, cigarros e outros produtos, muito comuns nas cidades argentinas. (N.T.)

Continua: "Os compradores que vagam por suas ruas entram em contato com os 'soldados' que permitem a troca, realizada em esquinas ou praças. Ostensivamente armados, os 'soldados' protegem o lugar 24 horas por dia. E assim mostram explicitamente aos vizinhos e competidores que possuem uma franquia, outorgada por algum lugar do Estado".

Já em 2009 circulava a notícia de que os traficantes recrutavam aposentados e grávidas para vender droga em bairros da zona sul de Buenos Aires. O promotor Alejandro Castro Olivera (da Promotoria especializada em drogas para toda a região que abrange Lomas de Zamora, Esteban Echeverría, Almirante Brown, Avellaneda e Lanús) advertia que os traficantes que operam na Grande Buenos Aires recrutam distribuidores nos bairros.

"Eles seduzem as pessoas mergulhadas na pobreza com promessas de bons lucros. Montam um '*quiosco*' para um aposentado, por exemplo, e pagam a ele entre 100 e 200 pesos por dia. Sabem que, se os aposentados forem detidos, têm a possibilidade de uma prisão domiciliar devido à idade", contava o promotor. "Também aliciam grávidas porque, se forem detidas, elas têm o benefício de poder cumprir a pena em suas casas. Por isso vemos que há muitos bebês nos *quioscos* de venda de droga. Eu agrego esse agravante no momento de pedir a condenação, por terem criado os meninos nesse ambiente", explicava o funcionário.

De fato, enquanto este capítulo era escrito, veio a notícia de que um grupo de traficantes tinha ocupado um refeitório em Chacarita e havia confrontos entre moradores.

Em novembro de 2013, as capas dos jornais falavam sobre o narcotráfico. Os juízes, os políticos, os funcionários, todos falavam do narcotráfico e admitiam aos quatro ventos que a situação havia saído do controle.

No mesmo dia em que a Suprema Corte pedia ao Estado medidas severas contra o tráfico de drogas, o secretário de Segurança, Sergio Berni, admitia que os esforços eram insuficientes. Também dizia que 7 mil traficantes já haviam sido detidos em 2013. Mas nesse mesmo dia, nos presídios argentinos, contavam-se cerca de 10 mil presos e apenas 2 mil por tráfico de drogas. Ou seja, os números não batiam.

O certo é que os juízes federais do norte do país se cansavam de pedir medidas urgentes para a luta contra o tráfico de drogas. Segundo a Suprema Corte, os processos abertos por narcotráfico nas justiças de Salta e Jujuy em 2005 haviam sido 9 mil. Em 2012, o número chegou a 19 mil.

As políticas do kirchnerismo em relação ao narcotráfico têm sido erráticas. Em primeiro lugar, o kirchnerismo reconheceu sua existência apenas nas províncias governadas por opositores.

Para os funcionários do governo, Córdoba e Rosario são o caos e "é preciso fazer alguma coisa", ao passo que das fronteiras quase não se fala – só se fala quando a pressão é inevitável. Mas falar não significa fazer. O dado mais evidente é que a Sedronar, organismo criado nos anos 1990 para erradicar o narcotráfico em todo o país, esteve sem presidente desde março de 2013 devido a diversas disputas internas no governo, e isso dificultou as tarefas das diferentes forças de segurança que devem ser articuladas no país para enfrentar as drogas. Obviamente, também falham os controles da "estrada branca"[58] da droga.

"É preciso lembrar que a droga chega pelas estradas de diferentes modos. Seja em grandes carregamentos de caminhões, que sempre vêm com um carro na frente para avisar sobre possíveis obstáculos policiais ou controles, seja com as chamadas 'mulas', que trazem a droga em pequenas quantidades, fazendo trabalho de formiga, em ônibus até o ponto de acoplamento em Rosario ou à própria capital federal", explica Barbano.

Em 2013, mostramos no PPT distintos pontos de fronteira em que se podia livremente, por exemplo, enviar um menor para fora do país ou realizar qualquer tipo de contrabando ou tráfico. Calcula-se que, através de nossas fronteiras, passam três voos diários de pequenos aviões que descarregam drogas em pistas clandestinas de nosso país; essas aeronaves

[58] A *ruta blanca* ("estrada branca") é como ficou conhecida a estrada 34, na fronteira da província argentina de Salta, importante via de acesso de drogas provenientes da Bolívia. (N.T.)

foram vistas no sul de Santa Fé e inclusive no norte da província de Buenos Aires. A droga passa também através dos chamados *paseros* – pequenos contrabandistas "formigas", que atravessam levando de um a dois quilos: eles recebem de 300 a 500 pesos por quilo e juntam a droga do outro lado da fronteira, para então levá-la aos grandes centros urbanos.

Diante da certeza dos voos clandestinos, estourou na Argentina o debate pela lei de abate de aviões. Grosso modo, o que se discute desde novembro de 2013, quando todo o espectro político reconheceu o caos do narcotráfico, é se aeronaves que entram no espaço aéreo e não se identificam devem ou não ser derrubadas. No final do ano passado, Daniel Scioli dizia que "é um debate que deve ser realizado". Opinião contrária foi expressa por Agustín Rossi, ministro da Defesa, segundo o qual o abate era como "uma pena de morte sem julgamento prévio". Mas o capítulo apenas começava. Tarde.

O promotor Carlos Rívolo é outro dos especialistas no tema.

"Nos últimos anos, [a Argentina] teve uma evolução realmente negativa. Deixamos de ser um país absolutamente de consumo para ser um país de produção. Aqui havia uma situação associada ao trânsito, com destino fundamentalmente à Europa. Hoje há um vínculo com o assunto das drogas sintéticas. As operações de busca e apreensão começam a mostrar que há laboratórios na Argentina. Com isso, é estabelecida uma estrutura de base que precisa ter articulações para poder funcionar, de modo que o país tem hoje uma situação muito complicada."

Rívolo completou:

"Os traficantes têm sobretudo a possibilidade de financiamento. O dinheiro é usado para tudo. Inclusive para a compra de materiais primários e secundários. Em segundo lugar, [os traficantes] têm um terreno fértil onde podem se instalar sem nenhum tipo de detecção. O terceiro fator é certo controle laxo, uma falta de controle por parte das forças. Diante de tudo isso, não me cabe a menor dúvida de que temos que ser implacáveis. A droga realmente mata. E se alguém negocia com isso, não deve haver nenhum tipo de contemplação."

Rívolo concluiu:

"Conheço o promotor-geral de Orán, o ponto mais setentrional do país, e não queria estar na pele dele porque é uma pessoa que se expõe diariamente. Com o juiz federal acontece exatamente a mesma coisa. Todos conhecemos as ameaças que recebe. A realidade é que são fronteiras muito quentes e o tema dos radares está falhando."

– Pode-se dizer que o inimigo está dentro?

– Sim, claro que o inimigo está 100% dentro. Há alguns anos, nós nos perguntávamos se isso podia ser algo parecido com a Colômbia. Creio que ainda não é. Mas não deixemos que isso continue avançando para ter um problema desses, pois chegará um momento em que essas pequenas questões que estão ocorrendo, como o atentado ao governador de Santa Fé, vão se multiplicar e nos transformaremos no México.

O ex-deputado da província de Buenos Aires pela Coalizão Cívica, Sebastián Cinquerrui, filiou-se ao Partido Socialista de Rosario e trabalha para Hermes Binner no território provincial. De seus dias ao lado de Elisa Carrió ficou um trabalho muito volumoso sobre narcóticos e a dependência de droga.

Hoje, Cinquerrui é uma das poucas figuras públicas da Argentina que, abertamente, diz que até Aníbal Fernández tem cumplicidade com o narcotráfico.

"A responsabilidade é absoluta" – explica –, "porque a essa altura já ninguém pode acreditar que o narcotráfico tenha se instalado, desenvolvido e expandido na Argentina na última década por ineptidão. Foram tomadas decisões de Estado que levaram um país que era de trânsito e de incipiente consumo a ser o de maior consumo *per capita* e o terceiro maior exportador de drogas ao mundo depois da Colônia e do Brasil, segundo a ONU. Um país que tem sido muito amigável com os lavadores de dinheiro, muito amigável com as famílias dos narcotraficantes e com eles próprios, que volta e meia vemos que vivem em condomínios de nossa província. O que tem ocorrido na Argentina é uma decisão política de Estado nos últimos anos, que fez com que o narcotráfico sentisse que o país é uma plataforma ou um trampolim para poder se desenvolver."

Cinquerrui vai além:

"Creio que, a essa altura, temos de falar de conivência política com o narcotráfico. Não de falta de idoneidade, porque os sinais de alerta no mundo estavam ligados. Quando vemos o que ocorreu na Argentina com a efedrina, por exemplo, com o desenvolvimento desse negócio. No mundo todos haviam sido advertidos: México, EUA, tinham decidido restringir a indústria legal da efedrina, porque ela era desviada à produção de metanfetamina, e finalmente a proibiram. Nesse contexto, havia a necessidade de conseguir um lugar onde não fosse penalizada, onde a indústria legal não fosse auditada pelo negócio da anfetamina. O Estado argentino sabia de tudo isso e poderia ter agido para evitar. Mas não o fez. Fez o contrário. E então passamos de uma importação de 10 ou 11 toneladas por ano para 25 toneladas por ano, em 2006 e 2007. A juíza Servini de Cubría documentou 50 toneladas, nós tínhamos documentado 25 por comércio legal, sem contar a que vinha por contrabando ou dissimulada como pólvora. E mesmo assim, além de não fazer nada, o governo ampliou a habilitação de 100 para 6 mil importadores. As drogarias habilitadas passaram de um punhado para 250, tudo isso no transcurso de dois a três anos. Também poderíamos citar a falta de radares: por exemplo, a Espanha cedeu radares e a Argentina os rejeitou. Não havia necessidade econômica de investir nisso. Quando, há poucos dias, o ministro da Defesa declarou que 700 voos ilegais foram detectados nos últimos dois anos, a primeira pergunta que me vem à cabeça é: O que foi feito com esses voos? O que foi detectado? Armas? Eles podem ser detidos? Pessoas? Tráfico de quê? Contrabando de tabaco? O que foi que houve? E, além disso, se nos últimos dois anos houve 700 voos não registrados, nos oito anos em que nada foi registrado houve 3 mil voos, poderíamos dizer, e nunca ninguém disse nada, ninguém via isso. A Suprema Corte diz que chove droga na Argentina, e o governo nacional toma políticas contrárias à restrição da oferta e permite que essa oferta de droga, essa lavagem de dinheiro, acabe se desenvolvendo no país."

Cinquerrui sustenta a existência de uma decisão política de não controlar o narcotráfico. E de não controlar a ampla cadeia de insumos que são vendidos no mercado legal para a elaboração de diferentes tipos de droga.

"O tema dos precursores químicos é fundamental por sua amplitude", define. "Porque deveria haver um controle das casas de material de construção que vendem cloro para piscinas, ao mesmo tempo em que são controladas as que vendem efedrina. A Argentina controlou relativamente bem a circulação dos precursores químicos ao exterior, ou seja, que esse precursor, esse produto químico utilizado por exemplo para a destilação de cocaína, não pudesse chegar tão facilmente aos países produtores de folha de coca, como a Bolívia. Mas a Argentina não controlou a entrada de pasta-base. Então controlou o que teve vontade de controlar e descontrolou outras coisas: a pasta-base vem entrando, temos produtos químicos para produzir cocaína, e a Argentina deixa de ser um país de trânsito e consumo para se tornar um país produtor. E ainda por cima temos duas leis de lavagem de divisas, um fracasso macroeconômico. É preciso ver os grupos que foram beneficiados por essa lavagem de dinheiro. Ninguém pergunta de onde vem o dinheiro usado para a compra de edifícios em Puerto Madero, Audis, casas nos condomínios da zona norte. A indústria química é um descontrole, baseada na não penalização. Temos situações muito concretas, como o tipo de polícia, política e juízes que existem na Argentina. Tudo isso, até agora, cria um âmbito muito favorável para que a indústria se desenvolva sem a necessidade de um cartel de drogas. Creio que, a essa altura, as autoridades do Estado são cúmplices e até mesmo sócias do desenvolvimento do narcotráfico na Argentina."

À pergunta de como se traduz esse vínculo espúrio entre o Estado e o narcotráfico, Cinquerrui responde graficamente, com um caso conhecido.

"A campanha presidencial de Cristina Kirchner, como denunciamos na Justiça, tem 20 ou 30 empresas, pessoas físicas que financiaram sua campanha e têm vinculações com o narcotráfico, seja porque estão na máfia dos medicamentos ou porque estão no processo da efedrina, ou mesmo porque desviaram precursores químicos ou porque estão em processos associados à cocaína. Esses que contribuíram para a campanha presidencial são, em última instância, os que vão pedir retribuição de favores. É quase matemático, como o caso de Forza, assassinado no tríplice crime de Avellaneda em 2009. Em um momento, ele doou 200 mil pesos à campanha de Cristina Kirchner. Evidentemente o fazia porque teria impunidade, negócios ou amparo por parte das autoridades políticas do Estado nacional.

A história do narcotráfico em tempos K termina da maneira mais inesperada: com um padre K à frente da Sedronar. Em fins de novembro, com Cristina convalescente após sua cirurgia na cabeça, o novo chefe de Gabinete, Jorge Capitanich, anunciou a nomeação de Juan Carlos Molina para chefiar o escritório de luta contra as drogas. Foi o anúncio, também, de uma nova política de drogas, já que isso significava que o escritório de agora em diante trabalharia com o foco na recuperação de dependentes e não na luta contra o narcotráfico, que ficaria concentrada na Secretaria de Segurança, dirigida por Sergio Berni. Quem é Molina? Um homem que soube manter o equilíbrio entre o frio e o calor; ou melhor, que soube construir vínculos tanto com Capitanich como com Alicia Kirchner, de quem é confessor.

"'Padre, assessor *ad honorem* da dra. Alicia Kirchner. Torcedor do River!', assim se define em sua conta do Twitter o padre Juan Carlos Molina, designado em fins de novembro presidente da Sedronar", publicou *Infobae*.

Com o carimbo da Fundação Valdocco, que criou, Molina dirige quatro abrigos: um para jovens dependentes em Puerto Bermejo, no Chaco; outro para comunidades indígenas de El Impenetrável[59], no Chaco; um para crianças e adolescentes do município de Cañadon Seco, em Santa Cruz; e o último para crianças órfãs do Haiti. Suas obras são mantidas, em boa parte, graças à ajuda estatal.

[59] Região florestal no noroeste do Chaco, que abrange também as províncias de Salta, Formosa e Santiago del Estero. (N.T.)

A simpatia de Molina pelo governo nacional está à vista: em sua conta do Twitter, ele colocou fotos com Néstor e Cristina Kirchner, Juan Cabandié e Estela de Carlotto. E quando lhe perguntaram se ele "se sente parte do modelo", respondeu: "Absolutamente".

Molina não é somente assessor *ad honorem* da ministra de Desenvolvimento Social, Alicia Kirchner, mas também seu confessor. Mantém uma relação tão estreita com a funcionária que foi visto consolando-a durante o velório de seu irmão Néstor na cidade de Buenos Aires. E quando enterraram o ex-presidente em Santa Cruz, Molina foi um dos três padres que encabeçaram a missa.

Um artigo da Organização Jornalística Independente (OPI) Santa Cruz recorda que Molina estava junto com Alicia no restaurante Rocco na tarde de 2007 em que a ministra foi vaiada por moradores, que lhe jogaram farinha e ovos. Anos mais tarde, ele foi mencionado como possível candidato a vice-governador da irmã de Néstor Kirchner. Também é indicado como um dos sacerdotes que pediram a saída do bispo Juan Carlos Romanín, opositor da Frente para a Vitória.

A associação que Molina dirigia tinha o nome Fundación Pibes de la Patagônia ("Fundação Meninos da Patagônia") e, segundo denunciou a OPI Santa Cruz, "tinha 42 docentes e um diretor para 30 alunos". Entre os professores que recebiam salário da província estava seu irmão, Marcos Molina.

Além disso, sua fundação recebe ajuda municipal e da YPF. De fato, há uns anos, se alguém ligasse para a fundação era atendido por uma secretária eletrônica da petroleira que derivava a chamada para a ONG.

Durante o histórico conflito petroleiro em Las Heras, em 2006, Molina tentou mediar, mas fracassou na tentativa e desapareceu, o que lhe valeu algumas críticas. "Molina conseguiu que 50% do montante dos nossos salários referentes aos dias não trabalhados fossem pagos pela Repsol para sua obra", revelou um trabalhador que participou das negociações.

Uma jornalista local contou na época que Molina se definia como "o Padre Coragem". "É um padre moderno", comentou.

Quando o chefe de Gabinete, Jorge Capitanich, anunciou sua nomeação, não poupou elogios. "É uma pessoa com experiência no trabalho de campo e com vocação para servir os mais pobres", definiu.

"Coqui" não apenas o conhece por seu trabalho no Chaco, província que governou. No início do ano passado, a viagem de Capitanich com suas filhas ao Haiti acabou em escândalo, já que não tinha autorização da mãe das menores. De acordo com o site *Expediente Político*, Molina os acompanhou no avião oficial que utilizaram.

Capítulo XIX

A fenda

Nunca pensei que aquela palavra, "fenda", estaria hoje tão vigente. Usei-a pela primeira vez para dar título a um DVD que foi distribuído com o jornal *Perfil*: eram várias entrevistas sobre a ditadura, com Gabriel Cavallo, Juan Cabandié, Estela Carlotto. Mas o título estava errado: aquilo não foi uma fenda, e sim um abismo. Hoje, vendo em perspectiva os dez anos K, a fenda é outra: a que o próprio governo construiu desde sua posse em busca de um consenso que não tinha; a que usou para se legitimar e, ao mesmo tempo, prostituir como nunca antes a maioria dos organismos de direitos humanos, desnaturalizando-os. Repito: há muito tempo, a fenda é a pior coisa que nos acontece.

A Argentina poderá se recuperar de sua economia artificial, de sua errática política exterior. Mas a fenda, que começou na política, já se transformou em cultural: famílias divididas, amigos que não se falam. A última fenda demorou mais de 30 anos para se fechar. Os linchamentos públicos de jornalistas, as campanhas sustentadas pelo aparato de propaganda estatal para desqualificar opositores, os "expurgos" universitários e as agressões puras e simples não contam com casos similares na história da democracia argentina.

Eu nem me lembrava daquele título, *La grieta*, quando me ocorreu repetir a ideia para receber meu 14º prêmio Martín Fierro:

"Faz mais de 20 anos que assisto a essas entregas e nunca vi em nenhuma o que pode ser percebido hoje: a divisão irreconciliável. Eu a chamo 'A fenda' e acho que é a pior coisa que nos acontece. E é algo que vai extrapolar o atual governo. A fenda já não é só política, mas também cultural. Separou amigos, irmãos, cônjuges, jornalistas. Essa história de que o que está contra é traidor da pátria. A última vez que algo assim ocorreu durou 40 anos. Todos somos o país, ninguém tem o *copyright* da pátria nem da verdade. Tomara que possamos superá-la algum dia. Duas meias Argentinas não fazem uma Argentina inteira."

Estratégia de consolidação eleitoral, busca de coesão da frente interna diante de um inimigo comum, reescritura de um passado que nunca foi para poder sustentar o presente, batalhas contra inimigos imaginários que não produziriam nenhum custo? A Fenda e o Relato se entrelaçam construindo o que, dez anos depois, pode ser visto como a última batalha da geração dos anos 1970, o gesto desesperado dos que viam passar o último trem que era preciso tomar para chegar finalmente ao poder.

Alberto Fernández identifica essa conduta com um argumento quase mercantil:

"Foi identificada uma necessidade que ninguém tinha visto", diz. "A corrida teve início quando o juiz espanhol Baltazar Garzón mandou pedir a captura de 45 oficiais argentinos. Estávamos no escritório do avião voltando de uma entrevista com Bush, quando [José] Pampuro ligou. Kirchner me pediu que atendesse. "Estamos com um problemão", disse Pampuro. "Baltazar Garzón pediu a detenção de 45. Estão todos." Estavam Videla, Massera, Suárez Mason, todos... "A situação estava travada", prossegue Fernández. "Por um lado, havia um decreto de [Fernando] de la Rúa que proibia a extradição, por direitos humanos, a qualquer lugar do mundo; por outro lado, eles não podiam ser julgados aqui em virtude das leis de Obediência Devida e Ponto Final[60] e dos indultos[61]. Néstor

[60] A Lei de Obediência Devida (1987) estabelecia a presunção, sem admitir prova em contrário, de que os crimes cometidos durante a última ditadura argentina (1976-1983) haviam sido realizados seguindo ordens superiores. Já a Lei de Ponto Final (1986) não permitia a realização de ações legais contra esses militares. (N.T.)

[61] Decretos sancionados pelo ex-presidente argentino Carlos Menem, em 1989 e 1990, indultando militares e civis que cometeram crimes durante a ditadura. (N.T.)

pediu então que o Congresso anulasse o decreto que impedia a extradição dos repressores."

Para o ex-juiz federal Gabriel Cavallo, a decisão oficial daquele momento não teve muita importância:

"A revogação foi uma revogação decorativa. Judicialmente, os processos já estavam em curso. Fizeram isso para se livrar da culpa, politicamente. A única política verdadeira de reparação das vítimas e de julgamento dos atos cometidos durante a ditadura foi realizada pelo Poder Judiciário. Essa é a verdade. Todo o resto é invenção. A revogação das leis fui eu que fiz em 2001. A Câmara confirmou nesse mesmo ano, e o caso chegou à Corte em 2006."

De fato, quando Kirchner chegou ao governo, as leis de Obediência Devida e Ponto Final, promulgadas durante a presidência de Raúl Alfonsín, já tinham sido declaradas inconstitucionais pela Justiça. E haviam sido reabertos os Julgamentos pela Verdade referentes a delitos de lesa-humanidade. Mais tarde, a Corte também declararia nulos os indultos do ex-presidente Carlos Menem.

O esclarecimento de Cavallo revela outro item do ABC kirchnerista: governar para a plateia. Não importa tanto o que é feito em si, mas como e para que é feito – e, basicamente, como isso é comunicado. Alejandro Katz introduz, nessa conduta, o papel dos ritos:

"Debruçados em um cais deteriorado, os que olhavam fluir as águas de um passado ideal com olhos melancólicos sucumbiram à promessa do líder, que os fez acreditar que guiava o grande barco da História e que esta era a última ocasião em que podiam subir a bordo. Há um instante emblemático dessa promessa: o momento em que alguém, para reescrever sua própria biografia, ordena que seja retirado o retrato do Grande Ditador. Foi uma ordem sem risco, que condensa a morte da política: a partir desse momento, a política é substituída pelo rito e, a partir de então, o que é dito e o modo de dizê-lo são muito mais importantes do que o feito e o modo de fazê-lo; o jogo das imagens torna-se mais real que a dureza da realidade."

Na quarta-feira 24 de março de 2004, às 10 horas da manhã, Kirchner ordenou tirar da parede os quadros de Jorge Rafael Videla e Reynaldo Bignone de uma das galerias do Colégio Militar.

"Existem sujeitos como Horacio González, que veem passar o último barco de ideais e não enxergam que a sala de máquinas está cheia de negros escravos martelando os pistões dos motores ou remando na embarcação. A única coisa que veem é o cartaz em cima que diz "Vamos à Revolução". E o sujeito salta porque sabe que é a sua última oportunidade", explica Katz.

Se tomamos a crise do campo como o contexto de fundação do Relato, esses grupos de intelectuais orgânicos surgiram nessa época. "A Carta Aberta foi escrita por mim", recorda agora Alberto Fernández.

Quando estávamos no meio do conflito do campo, Horacio González e Nicolas Casullo vieram me ver. Eles chegaram com um ímpeto que me parecia maravilhoso. Queriam discutir sobre um momento muito tenso em que tínhamos ficado encurralados em uma situação institucional gravíssima. Porque três meses após nossa vitória nas eleições, com 25 pontos de diferença em relação ao segundo colocado, a verdade é que estavam nos matando a pedradas. Mas nunca imaginei que chegaria a esse ponto.

Hoje, Fernández adverte sobre a desnaturalização do papel do grupo Carta Aberta e assegura que expressou essa preocupação a vários de seus membros:

Alguns eu recebi quando já tinha renunciado. Vieram me ver em meu escritório da avenida Callao, e eu lhes disse: "Vocês nasceram para ser a consciência crítica do kirchnerismo, não para ser a justificação intelectual da barbárie. Vocês explicam tudo: explicam Moreno, explicam De Vido, explicam Boudou. O que é isso? Vocês estão aí para dizer que este sistema não suporta um Boudou, não para dizer que é bom que Boudou esteja".

Capítulo XX
Pesada herança

Os governos – dizem – são definidos pelo que deixam.

Como será a Argentina pós-K no campo econômico? Eu me permito reproduzir parte de uma coluna que escrevi no *Clarín* em fins de 2013:

"Dívida Pública 2001: US$ 120 bilhões.

Dívida Pública 2013: US$ 240 bilhões.

Por favor, que a Cámpora explique como foi que nos endividamos.

Os revolucionários de escritório repetem, quarenta anos depois, o voluntarismo dos anos 1970: se a realidade não se encaixa, é a matemática que mente. Algo similar ocorreu com o "Relato" após o resultado das PASO: caiu de bruços, como cai todo mito quando desmorona; de repente, os Reis foram os pais e não se pode voltar atrás. Algo similar ocorre com os números da pobreza. Segundo a ONG Un Techo para Mi País (Um Teto para Meu País), o período 2001-2011 foi o de maior adensamento histórico de favelas: 55,6% a mais. Além disso, 85,2% das favelas da década ganha não têm rede de esgoto e 79,9% carecem de sistema de escoamento pluvial. As estatísticas se referem apenas à Grande Buenos Aires, onde há 864 favelas com 508.144 famílias. Subestimar a inflação faz com que o Indec infle as taxas de crescimento (e, desse modo, como *bonus track*, paga mais dívida aos credores de bônus que entraram na reestruturação) e falseie as da pobreza; a diferença entre o instituto oficial e outros centros estatísticos é de 9 milhões: para o governo, há

9 milhões de pobres a menos. Segundo o Observatório da Dívida Social da Pontifícia Universidade Católica Argentina (UCA), existem no país quase 11 milhões de pobres (26,9% da população), ao passo que para o Indec a quantidade é de 2,2 milhões (5,4%). O governo considera "pobres" os que não podem cobrir a Cesta Básica Total (CBT, que inclui alimentos, roupas, transporte, educação e saúde) e supõe que, em 2012, basta ganhar 13 pesos por dia para cobri-la, ou seja, 1.588 pesos para uma família-padrão. Os que recebem menos de 6 pesos por dia são considerados indigentes. O descalabro estatístico é total e conduz a paradoxos. Faz com que em Chaco e La Rioja, por exemplo, a desocupação seja igual a zero. O Observatório da UCA e o de Dados Econômicos e Sociais da Confederação Geral do Trabalho (CGT), liderada por Hugo Moyano, quase não diferem em suas cifras de pobreza: para a CGT, a pobreza chegaria a 27,2%. A pobreza afeta 38,8% dos menores de 18 anos, o que significa que quase 4 de cada 10 menores vivem em situação precária. As taxas seriam ainda mais altas se não fosse pela Ajuda Universal por Filho (AUF). Caso não fosse levada em conta a AUF ou a pensão para mães de sete filhos ou mais, a cifra da pobreza chegaria a 42,9% e a da indigência, a 15,9%.

El Tongui, em Lomas de Zamora, e Villa Fraga, em Chacarita, são as favelas mais novas do kirchnerismo. El Tongui nasceu em 2009 quando várias famílias ocuparam um terreno municipal vizinho do Camino Negro, a 15 minutos do centro. Hoje tem 120 quarteirões e pelo menos 4 mil famílias. Villa Fraga começou como um assentamento sobre os terrenos de manobra do Ferrocarril Belgrano Cargas. Hoje são dois quarteirões com mais de 700 famílias e um labirinto de becos. Outro crescimento vertiginoso ocorreu nas favelas 31 e 31 Bis de Retiro: foi ao mesmo tempo vertical e horizontal; hoje, "la 31" é um centro de especulação imobiliária, onde o aluguel de um quarto com banheiro comum custa ao redor de 1.800 pesos por mês.

Na Argentina, temos um modelo muito heterogêneo, dual, de capitalismo de desenvolvimento, explica Agustín Salvia, diretor do programa Observatório da Dívida Social Argentina. Mantivemos nas últimas décadas um capitalismo que não gera emprego e inclusão social para todos, com uma parte da população sobrante: há várias Argentinas funcionando em distintas velocidades no mesmo território. Na medida em que existir essa dualidade estrutural, essas duas Argentinas não poderão se juntar pelo simples funcionamento dos mercados; são Argentinas que se reproduzem de maneira independente uma da outra: os edifícios de Puerto Madero continuam crescendo, as condições tecnológicas das grandes empresas melhoram, aumenta a venda de carros e há inclusive melhores tecnologias no setor de serviços, mas, ao mesmo tempo, continua havendo mais vendedores ambulantes, mais flanelinhas, mais gente fazendo bico, mais serviço doméstico, setores de baixa produtividade que não contribuem para o crescimento e a produção integral. Para o capitalismo, essas são massas sobrantes: criam seus próprios empregos, geram mecanismos para garantir sua subsistência e o fazem em condições de marginalidade; essa população não é demandada pelos setores mais dinâmicos da economia."

Essas linhas, escritas antes de 2014, não incluem a desvalorização do peso, o brutal aumento de preços diante do fracasso dos produtos "cuidados", os aumentos mensais de 6% da gasolina promovidos pela YPF, a "ameaça" de Kicillof sobre o fim dos subsídios e a possibilidade bastante certa de uma nova desvalorização quando o aumento da inflação tornar insuficiente a desvalorização de janeiro. A inflação projetada para este ano superará, segundo todas as consultorias, os 40%; há quem diga que poderia chegar a 55%. O governo decidiu tarde tomar um caminho de ladrilhos soltos. Assim escrevemos em fevereiro: "O governo está rodeado de ladrilhos soltos. Qualquer passo que der, em qualquer direção, piora as coisas".

O aumento de preços ameaça dissolver a desvalorização.

A inflação de janeiro, próxima de 6%, marca uma tendência anual que complica seriamente as negociações paritárias.

Uma recomposição salarial de valor fixo agora, mais um 30% depois (com uma visão prudente), desatará, ao mesmo tempo, mais inflação e repercutirá nos preços.

O piso de 25% para as taxas de juros é insuficiente diante de uma inflação de 30% no ano passado e ainda superior no ano corrente. Se decidirem aumentá-las, o crédito ficará mais caro. A que taxa emprestariam os bancos o mesmo dinheiro pelo qual pagam 30%? A 50%? Essas medidas, mesmo que funcionassem, gerariam recessão ao retirar dinheiro circulante.

À medida que se liberam um pouco restrições à compra de dólar, perdem-se mais reservas e o dólar paralelo aumenta.

A aposta política na recuperação do crédito internacional – que o governo descartou durante anos – apresenta vários inconvenientes: não é imediata – o papelão com o Clube de Paris é prova disso – e ficou mais complicada esta semana quando o acordo com a Repsol foi suspenso. A petroleira espanhola – à qual Kicillof ia pedir uma indenização e acabou pagando – desconfia dos bônus argentinos e pediu que lhe pagassem com reservas do Banco Central, o que o governo se negou a fazer; a Repsol pede agora que lhe paguem com bônus do Estado espanhol, que a Argentina teria que adquirir no mercado internacional (o que significa reservas também). A outra petroleira, Chevron, obriga o país a realizar um aumento do preço da gasolina, porque a desvalorização puxou para baixo o preço em dólares que o governo tinha se comprometido a manter. Um aumento da gasolina também terá impacto sobre os preços que o governo tenta conter.

No mundo, discutem se os problemas com o dólar no Brasil, na Turquia e na África do Sul são um efeito de imitação da crise argentina ou ao contrário. Enquanto não chegam a um acordo, o certo é que o que foi vento a favor agora parece vento contrário. Diante do labirinto de ladrilhos soltos, o governo decidiu transformar a crise econômica em um problema moral ou psicológico: fala de um complô mundial contra a Argentina (é verdade, a desculpa não é muito original) ou de uma operação dos bancos (sendo que as pessoas só podem comprar dólares em pequenas quantidades), da Shell (que vendeu divisas com a autorização do próprio governo: seria então um complô do Banco Central?) ou de alguns colunistas econômicos.

Outra medida desesperada tem a ver com a pátria: Capitanich chamou as pessoas que criticam as medidas de antipatriotas, equiparando o governo com a nação. Criticar o governo não é criticar a pátria porque o governo não é a pátria; no melhor dos casos, faz parte dela. Quiseram os paradoxos que, quando o chefe de Gabinete pronunciou seu discurso patriótico, o presidente da Argentina fosse Boudou, um patriota que negociou a reestruturação da dívida de 2010 seguindo o que os credores diziam. A Justiça investiga um caso em que a consultoria Arcádia Advisors, representante dos bancos favorecidos pela reestruturação, disse ao então ministro da Economia como tinha que fazer o acordo. O delito é tráfico de influências. Capitanich faz lembrar o ministro da Economia de Alfonsín, Juan Carlos Pugliese, dizendo em pleno caos inflacionário: "Falei a vocês com o coração e me responderam com o bolso". Kicillof, por sua vez, age convencido de que a teoria e a prática são a mesma coisa: diz que não há motivo para aumentar os preços que não tenham componentes importados. Esse especialista em história da economia parece não ter estudado história contemporânea: não entende que o dólar funciona na Argentina como a única reserva de valor acessível a quem não joga na bolsa ou no mercado financeiro. Desde que assumiu seu cargo, o Banco Central perdeu US$ 3 bilhões de reservas, e continua insistindo no erro.

– Já não podem fazer nada, chegaram tarde – sentenciou Ismael Bermúdez há vários meses nos microfones da Radio Mitre. Tinha razão.

O governo conseguiu, após essa coluna, frear a perda de depósitos do Banco Central: fez isso proibindo quase todas as importações e tentando equilibrar o mercado com US$ 3 bilhões de depósitos compulsórios[62]. Foi uma solução *one shot*: não poderá ser usada duas vezes frente a uma crise cambial. O governo reza e espera: que a Argentina ganhe a Copa do Mundo (o que provocaria uma mudança no humor social) e que chegue dinheiro fresco – algo bastante incerto e, em todo caso, possível a médio ou longo prazo. Se a crise política não superar a econômica, é provável

[62] Recursos que os bancos são obrigados a deixar imobilizados no Banco Central. (N.T.)

que a Argentina chegue a 2015 com estagflação: recessão e inflação alta ao mesmo tempo, com um ambiente sindical e social em convulsão.

Com relação à educação, a "década ganha" deixará como herança o fato de que, segundo cifras de 2013, menos da metade dos alunos terminam o Ensino Médio. A Argentina tem um dos índices mais baixos da América Latina sobre a quantidade de estudantes que concluem o Ensino Médio: 43%, atrás da Bolívia, Paraguai e Equador. De forma paradoxal, em meio a uma gestão que reivindica – ao menos formalmente – o papel do Estado, o número de matrículas nas escolas estatais registrou uma queda ininterrupta desde 2003: 250 mil alunos a menos. O êxodo da educação pública resultou em um aumento de 18% do número de inscrições em escolas particulares. Apenas 14% dos estudantes do ensino superior recebem o diploma, de acordo com um relatório publicado pela Unesco. O governo, enquanto isso, orgulha-se de destinar uma fatia cada vez maior do PIB à educação; é evidente, com base nas cifras, que se trata de um gasto ineficiente.

Em fevereiro de 2010, no 47º Curso de Orientadores do Conselho Superior de Educação Católica (Condusec), o presidente da Comissão Pastoral Social, monsenhor Casaretto, afirmava diante de mais de 1.500 docentes que a Argentina deve "ocupar-se dos 900 mil jovens de todo o país que não estudam nem trabalham", segundo estatísticas da Comissão Econômica para a América Latina e o Caribe (Cepal) e da Organização de Estados Iberoamericanos (OEI).

Há 746 mil jovens entre 18 e 24 anos que não estudam nem trabalham, o que equivale a 24% do total de jovens nessa faixa etária. Um de cada quatro jovens "ni-ni" (não estudam nem trabalham) pertence às camadas mais baixas da população e nem sequer terminou o Ensino Médio, o que complica a chance de encontrar emprego bem remunerado que lhe permita, no futuro, sair da pobreza. O desemprego entre os jovens (18,5%) é quase quatro vezes maior que o desemprego dos adultos: 5,1%.

Do ponto de vista do habitat, e levando em conta que a cada ano somam-se 60 mil lares ao problema da falta de moradia, entre 2001 e 2010 o número de inquilinos aumentou de 11,1% a 16,1%. As moradias precárias são 3.386.606, e mais de 6 milhões de famílias têm problemas de moradia. Segundo uma pesquisa realizada pela Associação de Empresários da Habitação (AEV, na sigla em espanhol), seis de cada dez famílias de classe média – um terço do total de famílias do país – gostariam de comprar uma primeira casa ou reformar a que habitam e não podem. Na base da pirâmide social, quase 500 mil lares são considerados pelo censo de 2010 como "moradias irrecuperáveis".

Na área da saúde pública, a década deixará o seguinte: 40% da população carece de cobertura média de plano de saúde, e cresce a pressão sobre hospitais públicos com escassos recursos e asfixiados pela inflação e a falta de insumos. É o que revela um estudo elaborado pela Associação Civil de Atividades Médicas Integradas (Acami), integrada pelos institutos Cemic, Fleni Osde e os hospitais Britânico, Alemão e Italiano. Somente o sistema de saúde pública da província de Buenos Aires, com 14 milhões de habitantes, deve atender mais de 45 milhões de consultas por ano. Já a cidade de Buenos Aires, com uma população de 3 milhões, origina quase 10 milhões de consultas – a diferença vem do fato de que 35% dos pacientes atendidos na capital provêm da região metropolitana. As províncias de Formosa e Chaco são as mais deficientes nesse campo: 65% da população não tem cobertura médica. Em Santiago del Estero, 64%; Chubut, 62%; Salta, 60%. O sistema sanitário – diz o estudo da Acami – é um dos sinais mais notórios da desigualdade social. Assim, enquanto 97% das famílias de classe alta tem cobertura médica, entre as camadas mais baixas apenas 30% possui alguma cobertura. Além disso, 70% são atendidos exclusivamente em hospitais e pertencem aos grupos mais vulneráveis: 10% têm mais de 65 anos de idade e 28% têm menos de 15.

A Argentina desperta do kirchnerismo como quem desperta de um sonho que foi se transformando, lentamente, em pesadelo. No fechamento deste livro – março de 2014 – é difícil dizer qual será o destino dos K: o núcleo duro de 20% (que ainda mantêm) sobreviverá fora do Estado? E, nesse caso, terminará se dissolvendo como o menemismo? Ou será – como o peronismo clássico – uma espécie de mito aferrado a seu próprio relato? A Cámpora, a aposta de Cristina em sua liderança jovem, conseguiu certa presença nos bairros mas nenhuma representação nas universidades ou nos colégios do Ensino Médio. Transformou-se em um movimento ao contrário: foi de cima para baixo, de modo que precisa do poder para continuar nele. Carta Aberta – os outros sustentadores do relato – sofre de decrescimento vegetativo; este foi, de fato, seu último trem. Os meios de comunicação K – como ocorreu com o CEI[63], depois da fracassada re-reeleição de Carlos Menem – se acomodarão ao futuro, seja com Scioli, Massa ou Macri. A rede vinculada ao Estado sem dúvida sofrerá uma forte diminuição: ela depende apenas do orçamento público e não tem leitores, ouvintes nem telespectadores que a sustente. *The dream is over*. Assistimos nessa década à última batalha da geração dos anos 1970, que projetou nela todo o seu DNA: vanguardismo, arrogância, falta de escrúpulos. Nos próximos anos, a década roubada se transformará em mais uma história e descobriremos, surpresos, velhas histórias que nunca teríamos imaginado. A Argentina tropeça sempre na mesma pedra. Tomara que este tropeço sirva para entender que não há mudanças rápidas, que a mudança é lenta, que necessita de compromisso e trabalho, e que este será um país quando decidirmos trabalhar sem esperar para ver os resultados.

Jorge Lanata

[63] Citicorp Equity Investment, um fundo de investimentos que nos anos 1990 controlou um conglomerado de meios de comunicação na Argentina. (N.T.)

Este livro foi composto em Adobe Caslon Pro
e impresso pela Geográfica Editora Ltda para a
Editora Planeta do Brasil, em novembro de 2014.